广东经济社会转型期企业劳动关系冲突与协调

——劳资政三方 37 年的博弈

李 敏 黄嘉文 著

科 学 出 版 社

北 京

内 容 简 介

改革开放以来，广东的经济和社会转型一直处于全国的前列，其中企业劳动关系市场化转型也先行一步。至 2014 年的 37 年间，广东企业的劳方和资方，以及政府三方五主体之间展开了各种博弈，完成了基本的劳动关系制度建设。本书依据博弈理论、结构化理论、冲突管理理论和制度理论，采用历史文献研究和实地调研方法，对广东 37 年的企业劳动关系发展三阶段中的三方五主体冲突焦点、协调策略和制度建设进行了研究。研究目的在于分析广东经济和社会转型对劳动关系带来的具体影响因素、转型历程特征、三方五主体的博弈目标和博弈行为，以及劳动关系冲突和管理的结果。研究发现，任何有关劳动关系转型之中冲突的焦点和协调策略，都离不开经济、社会、政治、技术等关键因素的影响；劳资双方的博弈是一个议价能力较量的过程；广东企业劳动关系管理需要考虑全球化的影响，加强政府规制。

本书可供从事劳动关系管理的政府官员、企业中的相关专业人士，以及学术同行阅读参考。

图书在版编目（CIP）数据

广东经济社会转型期企业劳动关系冲突与协调：劳资政三方 37 年的博弈 / 李敏，黄嘉文著. —北京：科学出版社，2016
 ISBN 978-7-03-048927-2

I. ①广… II. ①李… ②黄… III. 企业-劳动关系-研究-广东省 IV. ①F279.276.5

中国版本图书馆 CIP 数据核字（2016）第 138392 号

责任编辑：马 跃 / 责任校对：李 影
责任印制：徐晓晨 / 封面设计：无极书装

科 学 出 版 社 出版
北京东黄城根北街 16 号
邮政编码：100717
http://www.sciencep.com

北京京华虎彩印刷有限公司 印刷
科学出版社发行 各地新华书店经销
*
2016 年 6 月第 一 版 开本：720×1000 1/16
2016 年 6 月第一次印刷 印张：15 1/2
字数：312 000
定价：89.00 元
（如有印装质量问题，我社负责调换）

前　言

"广东 1978 年农村人均收入仅为 193 元，稍高于 100 美元。城市居民人均收入也只有 402 元，1980 年全省农业人口仍然占 80%……然而，自 1980 年以后，我年年访问广东，每次都感受到显著的变化……到 1987 年，农村人均收入已增加了两倍多，达到 645 元，城市居民人均收入已提高到 1233 元。"

这是哈佛大学教授傅高义（1991）在其著作《先行一步：改革中的广东》的开场白。回想历史，1978 年 12 月，中央制定沿海地区发展新战略，试行市场经济制度，使之推动中国其他地区的经济发展。而广东毗邻香港、最有条件引进先进技术和管理方法，因此中央批准广东带头实验，正如傅高义所总结的"先行一步"，由此开启了广东的经济社会转型，即从计划经济体制向社会主义市场经济体制的转变。与其他省份相比较，最大特征在于其外向型经济所占比例最大，即 1978～2014 年，外资和民营经济的大力发展，促进了广东省经济的高速发展，GDP 年增长率曾超过 20%，出口额一直位居全国第一。

与经济社会转型先行一步特征相对应的是劳动关系转型，无论是从计划经济体制中的"铁饭碗"劳动关系转型为市场经济的契约型劳动关系，还是自 2010 年"南海本田罢工事件""富士康员工跳楼事件"之后所发生的劳动争议数量和处置方式，广东劳动关系的规制和争议处理在全国也是最引人关注的。从制度分析，自 1978 年开始的经济社会转型过程中，各种制度都在变革之中，劳动关系管理制度同样在广东成为焦点探索内容之一，在全国先行一步改革试点。例如，1980 年先在深圳特区企业执行劳动合同制度（王河，1983），1992 年深圳试点最低工资制度（韩兆洲和安宁宁，2007），加上全国性的《劳动法》《劳动合同法》《最低工资规定》，以 2014 年 9 月颁布、2015 年 1 月 1 日施行的《广东省企业集体合同条例》为转型期阶段性制度完善的标志。广东是一个典型的外向型经济、出口导向劳动密集型企业占主导的省份，受各种经济因素、社会因素、政治因素和技术因素的影响，企业、商会、劳动者（城镇职工与外来工）、工会、政府三方五主体之间展开了各种博弈。截至 2014 年，整个转型过程可以划分为三个阶段。

第一阶段为 1978～1994 年。1978 年的改革开放为起始点，《中华人民共和国劳动法》生效之前为结束点，其特征为劳动关系管理采用行政手段，并向法规管理转型探索。其中，国有企业和集体所有制企业的劳动关系开始探索市场化管理路径；而外资企业的劳动关系则完全采用合同制方式，尤其是 1992 年 3 月邓小平南方谈话之后，意识形态获得解放，外资和民营经济大力发展，进入中国市场的外资企业和新建立的私营企业劳动关系完全市场化运作，实施劳动契约管理。

第二阶段为 1995～2007 年。这个阶段以 1995 年 1 月 1 日施行我国第一部劳动法典《中华人民共和国劳动法》为起点，到 2007 年颁布的《中华人民共和国劳动合同法》生效之前为止。在这一阶段，劳动关系被法律确定为契约关系，按照市场经济的规则约束劳资双方的责任和义务。但由于经济处于起飞阶段，各个环节对资本的依赖仍然较强，资本呈现强势状态，加上国有企业减员增效、冗员下岗，以及集体所有制企业改制带来的各种复杂问题需要处理，造成企业劳动关系市场化过程中劳资冲突激烈的局面出现，具体表现为劳动争议频繁发生，有些企业甚至出现激烈的劳资冲突，导致财产、生命的损失。

第三阶段为 2008～2014 年。这个阶段的起点在于《中华人民共和国劳动合同法》的正式实施，劳方开始依据具有操作性的劳动合同法条款维护自己的合法权益，广东企业劳动关系三方五主体博弈呈现公开化、常态化状态。其中，国有企业的劳动关系渐趋稳定与和谐，外资与私营企业的新生代劳动者开始为其合法权益展开各种形式的抗争，低收入行业的私营中小企业劳动关系处于规制的边缘地带，但政府在逐渐加强规制。这个阶段的终点在 2014 年 9 月 25 日，广东省人大通过《广东省企业集体合同条例》，该条例于 2015 年 1 月 1 日开始实施，虽然不是强制性地方法规，但其标志着劳动者一方与资方（管理方）的集体利益博弈被法律所规制，劳方被允许与资方（管理方）展开利益之争，一旦劳方提出工资集体协商，资方需回应。

2014 年，广东企业劳动关系规制的必要法律体系已经基本建立，加上 2014 年 10 月 20 日召开的中国共产党十八届四中全会确定了"依法治国"的战略，预示着自 2015 年起，不仅中国经济社会将进入"新常态"，劳动关系的管理也将用法治思维和法治方式，提升一个规制的层次。即无论是个别劳动关系还是集体劳动关系，都将有法可依，并有希望得到和谐处理，进入劳资博弈的常态。

1998 年获得诺贝尔经济学奖的学者阿马蒂亚·森认为："决不能让人们贫困到被迫犯罪或者危害社会的地步。"在他看来，贫困不仅造成穷人的不幸和苦难，而且贫困还可能导致社会不稳定，从而增加社会成本。当前，社会的贫富差距还相当大，中国为缩小差距的各种经济社会转型还在进行，广东省也是如此，和谐劳动关系构建有助于缩小贫富差距，劳动者目前不仅仅满足于基本法定权益的保障，还希望参与企业的盈利分摊，增加自己的收入。2014 年虽然颁布了《广东省企业集体合同条例》，允许劳方与资方利益博弈，参与企业的盈利分摊，但后续的挑战在于集体合同的签订协商与执行。

但是有了劳动关系的各种法规条文，资方（管理方）不完全履行、政府放松监管、工会角色不到位，劳资之间的矛盾还会威胁社会的和谐稳定。例如，工资集体协商中雇主的不合作、工会的缺位或者立场等，都将带来新的问题，即广东省经济社会转型期劳动关系的转型后续工作更加任重道远。可喜的是，2015年的1月1日羊城晚报（A7版）报道，国务院法制办就《企业裁减人员规定（征求意见稿）》开征民意，明确企业需裁减人员，应当提前30日向本企业工会或者全体职工说明情况并提供相关证明。并且除法律规定的禁止裁员的情形外，意见稿规定，在本单位连续工作满15年，且距法定退休年龄不足5年的不得被裁员。这条新闻说明中央政府已经意识到需要对劳动关系中弱势一方（即劳方）的权益保障规制细化。

总体评价，在广东省的经济社会转型过程中，经济制度先行、劳动制度滞后，以廉价劳动力的红利换取了经济的高速发展，现在到了重视和谐劳动关系构建、加强政府规制的阶段。在劳动关系的企业管理和政府规制过程中，受到外向型经济结构和主要劳动力为外来工的社会因素影响，尤其是广东经济结构中香港投资的企业所占比例较多，毫无疑问，香港企业、香港商会对劳动关系的影响非常大。所呈现的转型结果为：一方面，据国家统计局的数据（2014）显示，2013年广东省的经济总量为全国第一，国民生产总值突破6万亿元人民币；但另一方面，劳资矛盾较尖锐，中国统计年鉴的数据显示其劳动纠纷的案件数也是全国第一，尤其是政府制定了劳动关系的一套规制、部分企业雇主也履行了其社会责任，仍然引发各种劳资冲突，全国发生的典型劳动关系冲突案例多数发生在广东省，给社会和经济和谐发展带来了困扰。其原因在于：企业的劳动关系已经完成了市场化的转型，但雇主的社会责任履行还有很大的空间，当地政府对于劳动规制还处于转型之中，有不少的空白之处，同时工会的作用有待发挥。虽然广东企业的劳动关系有多种表现形式，既有对立的也有合作的，但还未构建一个以预防劳资冲突、消灭冲突萌芽的劳动关系冲突处理机制，基本上处于劳资冲突爆发之后的事后处理状态。2014年9月广东省人大通过的集体合同条例，开启了一个劳资平等博弈的时代。展望未来经济新常态的局面，各种经济结构、社会结构进一步调整，经济社会转型深化过程的矛盾将不断出现，需要劳动关系三方的各个主体灵活处理，广东劳动关系冲突和协调的各方力量和谐博弈。在这个过程中，有必要对过去37年的博弈历史和制度建设进行回顾和理论分析，力求未来的动态均衡。

研究基于广东劳动关系的劳资政三方五主体关系，采用博弈理论、结构化理论、冲突管理理论和制度理论，对其经济社会转型过程中的企业劳动关系发展历史进行分析和提炼，并重点分析三个阶段中劳动关系各方的冲突焦点、协调策略和制度建设。研究目的在于分析广东经济和社会转型对劳动关系所带来影响的具体因素、劳动关系转型的历程、劳动关系三方五主体在转型37年之间博弈的目标和博弈行为，以及劳动关系冲突和管理的结果。

通过研究，得到三个主要结论：第一，任何有关劳动关系冲突的焦点和协调策略，都离不开经济、社会、政治、技术等关键因素的影响。第二，劳资双方的博弈是一个议价能力较量的过程。无论是劳资三方五主体的任何一个参与者，都是在动态思考，在博弈中动态调整各自的目标和策略，保持相互关系的和谐状况。如果劳资双方中的任何一方过于强调自己的利益，都会破坏平衡关系。第三，广东企业的劳动关系管理需要考虑全球化的影响，加强政府的规制。劳动关系冲突协调处理的最终目标不能以任何一方的利益为主，在全球化的背景中，没有一个经济区域可以脱离资本国际化的影响，广东政府需要制定针对外向型经济的劳动关系规制政策，以保持经济转型过程中所创造的竞争优势，通过构建劳资双方的和谐关系，既保持对资本的吸引力，又合理维护劳动者的权益，始终不断提升广东省的国际竞争力。

研究采用历史文献研究和实地调研方法，研究思路为：首先界定"经济社会转型"的内涵与外延，并根据经济发展的转折点和劳动法、劳动合同法生效时点划分广东企业劳动关系转型中的3个典型阶段。在此基础上，运用统计数据、历史文献资料、案例和问卷数据重点分析37年中各阶段的劳资三方五主体之间博弈的外部环境和议价力量的动态变化、博弈行为和博弈结果。最后，进行归纳分析，并对未来广东企业的劳动关系冲突管理策略提出建议。

目　　录

第1章 概 论

本章首先对"经济社会转型"概念进行界定，并解释广东作为改革的先锋、先行一步的背景因素，从而使读者对广东外向型经济发展战略的选择和执行有一个基本的认知框架。在本章还将划分广东经济社会转型中劳动关系转型的阶段，并提出整个研究的分析框架，即基于特定的经济、社会和政治因素背景下，广东外向型经济中的劳动关系三方五主体的博弈框架。

1.1 经济社会转型的界定与广东先行一步的背景因素

1.1.1 经济社会"转型"的内涵

自工业革命以来，西方各国经历了经济和社会的多次转型，正因如此，有关"转型"（transformation 或者 transition）的研究，一直受到学者们的关注。在学界最有影响力的著作之一是由匈牙利学者波兰尼（2013）撰写的《巨变》（*The Great Transformation*）[①]，其分析的是欧洲文明从前工业化时代转型到工业化社会的历史巨变，其中伴随思想、意识形态、政治、经济政策的转变，研究的起点问题是"为什么欧洲大陆经历了 1815 年到 1914 年的长期和平昌盛，却突然崩溃……落入世界大战与经济萧条"？所得出的研究结论是对自由市场体系的剖析和国家与制度积极功能的认可，即在经济关系和社会关系中，政府是处于第三方的地位，一方面必须不断调整货币与信贷的供应，另一方面必须为劳工需求的转变提供协助。波兰尼的学术观点对本书有关劳动关系制度的研究有着重要的参考价值，尤其是在 1978 年之后中国的改革过程中，政府对劳动关系制度规制的地位、作用和结果，验证了波兰尼的观点。

中国社会在共产党领导下经历了两次转型：第一次是自 1949 年中国革命胜利、新中国成立，半殖民地半封建的旧中国经过新民主主义社会走向社会主义社会；第二次是自 1978 年开始、目前正在进行的改革开放，被邓小平称为"第二次革命"（科斯，2013），本书仅研究第二次转型。从第二次转型的起点 1978 年到 2014 年确定"依法治国"战略的 37 年中，中国对外开放、对内改革，从社会主义计划经济走向中国特色社会主义市场经济，经济的高速发展全面提升了中国的

[①] 该书初次出版是 1944 年，英文书名为 *The great transformation: The political and economic origins of our time*，本书参考的是中文版，2013 年由社会科学文献出版社出版

综合国力，创造了世界奇迹。无论是第一次转型还是第二次转型，都给中华民族带来了新的发展机遇。时至今日，"转型"一词已经被学术界广泛接受（李友梅等，2009）。

然而，经济学和社会学两个研究领域的学者，对于"转型"的内涵却有不同的理解和界定。在经济学研究者眼中，"转型"与"经济"紧密关联。在传统的发展经济学中，厉以宁（2013）认为从 1979 年起，中国经济进入了"双重转型"阶段，即从农业社会向工业社会的转变和从计划经济体制向市场经济体制的转型，后者为前者的实现道路，并且是双重转型的重点，因为中国从 20 世纪 50 年代到 70 年代末的实践表明，"依靠计划经济体制转向工业社会是一条不成功的道路"（厉以宁，2013），因此，发展转型的关键是选择正确的转型道路，体制转型成为关键环节。与此同时，自 20 世纪 80～90 年代兴起的制度经济学的一个分支"转轨经济学"，重点研究计划经济体制向市场经济体制的转轨过程（樊纲，2014），这个转轨过程有明确的目标模式，即制度转轨。时至今日，有关经济制度转型的讨论依然是研究热点之一，吴敬琏、马国川于 2013 年发表专著《重启改革议程——中国经济改革二十讲》，指出现有的体制具有很强的过渡性质，市场化改革尚未完成，权利寻租和贫富分化变得日益严重，唯有重启改革议程，才能解决"中国向何处去"的问题。

自 2008 年的全球金融危机之后，中国的学术界在关注经济制度转型的同时也关注经济结构的转型，涉及中国经济市场化的深入改革问题（韦森，2012），包括国有企业与民营企业关系的结构调整，国内需求结构的改变，还涉及金融市场制度和结构的改革等。

因此，目前中国的经济转型研究侧重两个内容：经济体制转型和经济结构调整。例如，秦晖（2012）、Appiah（1998）、Tsang（2002）、Tan 和 Peng（2003）、Li 和 Zhang（2007）认为，中国在改革开放中的"转型经济"指的是从计划经济体制向有中国特色的市场经济体制转变的过程以及经济结构的调整过程。

在中国经济实现了快速发展的同时，社会问题也可能越聚越多，社会矛盾可能出现尖锐化的趋势。因此，不仅社会学家开始关注"转型"，经济学家也关注"观念文化与思维方式的转型"（樊纲，2014；厉以宁，2013）。改革开放之后，最先关注社会结构转型的学者是社会学家陆学艺和李培林（1991），他们认为，经过十多年的改革开放，中国已经进入了一个崭新的社会转型时期，其中转型的主体是整个社会结构，而转型的标志既包括"产品经济社会向有计划的商品经济社会转型，从农业社会向工业社会转型"，也包括"从乡村社会向城镇社会转型，从封闭半封闭社会向开放社会转型"（陆学艺和李培林，1991）。1992 年，李培林在《中国社会科学》杂志上发表题为"另一只看不见的手：社会结构转型"一文中把社会转型与经济体制转型结合起来，他认为两者是密不可分的，李培林（1992）强调："社会结构转型是影响资源配置与经济发展的另一只看不见的手。"之后，许多社会学的理论工作者都在关注社会转型的问题，并且认同这个概念，即"社会转型的表现在于社会系统全面的、结构性的调整与转化"（阎志刚，1996）。

综上所述，经济社会转型的内涵是：在国家发展转型的工业化进程中，一方面经济体制和经济结构由计划经济向市场经济转变，另一方面，社会结构、文化形态、价值观等也发生不同制度下的转变。涉及劳动关系的转型，同样发生了由计划经济体制下的劳动关系制度向市场经济体制下的劳动关系制度转变。学者王晓晖（2012）在其专著《生产政治》中指出：中国在最近几十年经历了前所未有的"大转型"，主要表现之一就是"自我调节市场"的扩张，具体表现在劳动力、土地和货币的商品化。其中有两个典型过程：一个是国有企业职工从"有组织的依赖关系"（华尔德，1996）向市场化过渡，另一个是农民工进城务工。人类社会是一部社会变迁的进步历史，可以比喻为驾驶着一辆车，"转型"意味着从原来的行驶轨道变线，进入新的行驶轨道。但在这个"变线"过程中，驾驶员与乘客的认知可能会有区别，何时变线、如何变线、如何处理变线中的矛盾，等等，不同社会主体处于不同的角色、地位，会有不同的判断和行为选择。依此类推，在劳动关系转型过程中，资方、劳方、政府三方的目标取向、行动、规则等会有明显的差异性，这些差异性必然带来三方关系的博弈。

1.1.2　广东发展外向型经济的背景

英国著名的社会学家吉登斯提出研究国家发展转型要考虑三大因素，包括社会文化因素、经济因素、政治因素，其中特别是政治因素，即政治组织、政治人物的核心作用至关重要（Giddens，2009）。

广东作为先行一步的改革开放试验区，有必要回顾其转型的背景因素。1978年12月18日至22日，中国共产党召开了十一届三中全会，全会决定把全党的工作重心转移到"发展生产力"上来，决策结果是"对内搞活，对外开放"的"改革、开放"初步设想。然而，当时面临的经济发展困境是：资金短缺、技术落后、劳动生产率低下，发展生产力的必备要素中，引进技术所需资金是最大的缺口。而根据国家外汇管理局网站的数据，新中国成立后近三十年的时间里，外汇储备非常少，1978年年底的外汇储备仅为1.67亿美元，如果需要购买国外的先进设备、引进先进技术，资金将成为制约因素。为此，1979年4月邓小平首次提出要开办"出口特区"，目的在于充分利用经济全球化的背景，把国外的技术和资金与本国的廉价劳动力结合起来，通过出口贸易解决资金短缺、技术落后的问题，同时积累外汇储备。当时，中共中央决定在广东、福建两省实行"特殊政策、灵活措施"，其核心要求是寄希望于两省抓紧有利的国际形势，先行一步，把经济尽快搞上去，并决定在深圳、珠海、汕头、厦门试办"出口特区"。1980年5月，中共中央和国务院决定将广东的深圳、珠海、汕头和福建的厦门 4 个出口特区改名为"经济特区",同年 8 月 26 日,第五届全国人民代表常务委员会第十五次会议批准了《广东省经济特区条例》,对外宣布"在深圳、珠海、汕头三市,分别划出一定区域,设置经济特区"。至此,广东有 3 个经济特区,标志着广东的改革开放走在全国前列。

之所以选择在广东设立 3 个经济特区发展外向型经济,与广东的地理位置、华侨众多密切相关。广东地处华南地区,东临福建,北接江西、湖南,西连广西,南邻南海,珠江口东西侧分别为香港、澳门。广东的面积为 17.89 万平方千米,相当于 162 个香港面积的大小,1978 年的常住人口为 5064.15 万人,在语言、历史文化等方面有其独特风格。例如,广东的方言为粤语、客家语和闽语,而且粤客两大方言的中心在广东。广东的省会城市广州距离香港口岸大约 180 千米,而1978 年香港大约有 400 万人,其中 80% 祖籍在广东,地方语言也是粤语。由于广东与香港的地理位置相邻,语言相通,传统与文化习俗基本一致,百姓之间有千丝万缕的联系,社会关系网络非常密切,从地理位置优势评价,广东被中央选中为改革试验区的机会非常大。

选在广东先行一步的另一个重要原因在于领导人的远见。1978 年春天,中央派习仲勋到广东担任广东省委第二书记,1978 年年底,习仲勋任省委第一书记,之后他又当选为省长。习仲勋担任广东省委书记之后,在十一届三中全会的准备会议上作了题为"广东的建设如何大干快上"的工作汇报,根据虹霓(2009)的报道,习仲勋意识到广东的经济发展面临的困难很多,因此他希望中央能够给广东更大的支持,"如果中央容许广东吸收港澳、华侨资金,从香港引进先进设备和技术,购进电力,进口饲料,就可以先把国营农场、畜牧场、淡水养殖场等武装起来,作为示范,培养人才,取得经验"(虹霓,2009)。当时召开的中共十一届三中全会对于广东省来说,更是一个历史转折点。1979 年年初,广东省委领导习仲勋等向叶剑英汇报了省委关于落实中共十一届三中全会的精神,提出充分利用外资和现有的条件,搞补偿贸易等加工经营,以及广东先行一步的意见,叶剑英听了之后希望广东省委尽快向邓小平同志汇报。1979 年 4 月,习仲勋在北京讨论调整国民经济和当前的思想理论工作会议上,向中央直接提出"不仅经济体制、整个行政体制上也要考虑改革。中国这么大,各省有各省的特点,有些应根据省的特点来搞"。习仲勋的建议重点在于希望中央放点权,让广东先行一步。

习仲勋的建议得到了中央领导的支持,最后由邓小平作出决定。邓小平指示:"办一个特区,过去陕甘宁边区就是特区嘛!"当谈到配套建设资金时,邓小平同志说:"中央没有钱,你们自己去搞,杀出一条血路来!"(虹霓,2009)。

事实上,在十一届三中全会召开之前的 1978 年 4 月,国务院副总理谷牧根据中央的意图,已经派出几个代表团去考察,其中一个是委派到港澳地区的考查团,经过实地调研之后，形成了一份经济考察报告。报告中提及在 20 世纪 60～70 年代，香港推行出口导向型战略，重点发展劳动密集型的加工产业，在很短的时间内实现了经济的腾飞，成为亚洲最发达的地区之一，被誉为"亚洲四小龙"之一。香港利用西方发达国家产业转移的契机，吸引外资和技术，其发展模式被认为可以复制，而复制香港发展模式最理想的地方就是广东的深圳。

1978 年的深圳仅仅是一个香港旁边的小渔村，人口几万人，一旦改革失败，影响面非常小。深圳特区前身为原宝安县的县城，1978 年全县工业总产值仅有6000 万元。在成立特区之前，交通部香港招商局就在蛇口开发了 1 平方千米的荒坡建立工业区，创办了 23 家工厂，开通了国际微波和直通香港的货运码头，其后又吸引外资兴办企业，在较短的时间内建成了初具规模的现代化的工业小城。1980年 8 月，广东省经济特区管理委员会从银行贷款 3000 万元，结合部分地方财政，模仿"蛇口模式"，在罗湖 0.8 平方千米的区域兴建金融、商业、旅游住宅设施，并提供给外商，赚取到了外汇，然后利用这部分资金继续进行工业园区的基础建设。根据当时制定的《广东省经济特区条例》，深圳市制定了一系列吸引外资的优惠政策，这些优惠政策包括企业经营自主权、税收、土地使用、外汇管理、产品销售、出入境管理等。深圳政府通过来料加工、补偿贸易、合资经营、合作经营、独资经营和租赁的形式，吸引了大量外资，从而加速了经济特区的迅猛发展。自从 1979 年创办深圳经济特区以来，截至 2002 年年底，深圳特区实际利用外资为315.18 亿美元。其中，1979～1989 年，深圳与 30 多个国家与地区的客商签订协议 6890 多项，实际利用外资为 27 亿美元。1979～1999 年，一共有 60 个国家和地区的客商来深圳投资，累计投资项目达到 2.36 万项，合同外资为 298.39 亿美元，实际利用外资为 200.45 亿美元，发展到 2009 年，其国内生产总值达到 4479.15亿元[①]。

根据历史资料分析，广东经济发展初期最缺乏的生产资料是资金，而土地和劳动力却相当充沛。为了解决资金的难题，只有依靠华侨和外部资金。根据利丹（2008）的研究，广东引进的资金中，侨资和港资占绝大部分。从广东省统计年鉴（1990，1991，1992）的数据分析，1979～1991 年，广东合同利用外部资金 298.61亿美元，实际利用外部资金总额为 149.35 亿美元，其中华人、华侨、港澳同胞的资金占 80%以上。截至 1991 年，广东共有侨资、港资企业 16 376 家，近 300 万名劳动者受雇于港资企业。与新中国成立初期相比，1991 年广东的国民生产总值中有 25%是在国际市场上实现其价值的（利丹，2008）。从广东省统计年鉴（1992）得知，1991 年广东外贸出口总额为 136.88 亿美元，位居全国第一。1985 年，广东销往香港的商品占全省外销品的 70%，1991 年上升为 84%，其中，华人、华侨、

①　资料来源：http://baike.sogou.com/v6427513.htm

港澳同胞投资的企业产品又占了相当比例，他们的销售网络和人际关系帮助广东产品拓展市场。但也许正是这种依靠港资的发展历史背景，使得香港商会对广东的劳动关系规制有较大的影响力。

　　分析广东省统计年鉴（1990）的数据，在外向型经济发展政策下，广东的经济结构从 1978 年的农业大省变成 1989 年的工业大省，初步完成了工业化转型。至 1987 年，广东省工业产值已占全省工农业总值的 79.6%，成为国民经济的主导部门，食品、机械、化工、纺织缝纫业成为广东省支柱工业部门，自 1989 年起，广东国内生产总值在全国 30 个省份中，连续占第一位，经济总量占全国的 1/8。

　　随着广东的出口导向型政策的落实，中国的外汇储备发生了量的巨变。根据中国外汇管理局的数据，改革开放之初中国外汇储备增长缓慢，从 1978 年到 1989 年的 12 年间，除 1989 年为 56 亿美元外，其余各年的外汇储备余额均未超过 50 亿美元。但在 1996 年 11 月，中国的外汇储备首次突破 1000 亿美元。2001 年达到 2000 亿美元，到 2002 年年底达到 2864 亿美元。进入 21 世纪，中国外汇储备增速开始加快，2006 年 2 月中国外汇储备超过日本成为全球第一外汇储备国，2006 年 10 月突破了 1 万亿美元，2009 年 6 月底突破 2 万亿美元，2009 年 12 月达到 23 991 亿美元，约占世界总额的三分之一。截至 2013 年年末，国家外汇储备余额为 3.82 万亿美元，这一数据相比 2012 年年末增长了 5097 亿美元。

1.1.3　广东发展外向型经济中劳动关系转型的动因

　　解决就业问题永远是政府所关注的核心问题之一，也是劳动关系转型的动因以及规制劳动关系争议的主要动因。1978 年改革开放之前，中国的劳动者只有四种身份：农民、工人、干部以及待业者，其中工人和干部享有的是终身制、俗称"铁饭碗"制度，并且只有城市户口的居民才可以在城市企业就业。并且，工人与干部分开管理，工人由劳动行政部门管理，干部则由人事行政部门管理，企业没有任何招聘和辞退的权利，职工工资基本不能根据市场行情进行调整，干好干坏一个样（王继承，2009）。这种计划经济色彩浓厚的"大锅饭"体制导致职工工作积极性低下，严重阻碍了企业劳动生产率的提高，也制约了劳动力的合理配置和流动。

　　在 1980 年设立的深圳、珠海、汕头经济特区招收工人时，首先对劳动用工制度实施了初步改革，尝试契约制的用工形式，即所有新招的员工与企业签订劳动合同，打破传统的"铁饭碗"制度，给企业更多的经营自主权，但老职工还享有原来的用工制度，用通俗的话总结就是老职工老制度、新职工新制度（李华杰和李其应，1997），这种老人老办法、新人新办法的改革思路一直影响到 2014 年的事业单位人事制度改革。当时用人制度改革的具体做法是：企业根据生产任务定额、定员，提出招工计划，报企业所在的市劳动局审核批准，在指定招工地区或由市劳动服务公司推荐，或由企业按计划、按规定自行招聘。招工年龄在16岁以上，被录用的合同制工人，实行三个月至半年的试用期，试用期间一律不迁户口和粮食关系。试用期满后，经企业所在的市劳动局批准，再办理正式户口接收和粮食关系转移的手续。在员工被试用期间，工作表现不好、不符合企业用人条件或个人不愿意继续工作的员工可被退回户籍原地。

但伴随着外向型经济的发展，工业产值的提升，劳动力结构的调整并不理想，广东省的就业仍然是一个大问题。改革开放之初的广东经济结构与劳动力结构，表现为一个典型的农业大省特征，即使在改革开放十年之后，其农业大省的特征依然存在。根据广东省统计年鉴（1990）的数据，1989年第一、第二、第三产业的就业人数的比例分别为53.7%、24.6%和21.7%，其结构状况与美国1870年、日本1920年相似，而第二产业产值占40.3%，其结构状况却相当于经济发达国家20世纪70年代的水平，劳动力结构与产值结构偏离度为53.8%，这些数据与当时广东的经济发展历史密切相关。由于广东省基础工业薄弱，石油、化工、煤炭、冶金产品主要依赖外省提供及进口，要发展经济，必须调整产业结构，一方面提高第一产业的劳动生产率，另一方面改变工业的内部结构。要做到这些，就意味着要从农业转移一部分劳动力出来，同时引入资金发展石油、化工等重工业。

值得注意的是，从广东实施出口导向的外向型经济发展模式之后，开始的十多年一直以"三来一补"的模式引进外资，所发展的产业都是劳动密集型，其中轻纺产品出口发展最快，以玩具、服装、制鞋为典型出口产品（任达，1989）。这些行业的主力在于乡镇企业，而农业户籍的劳动力可以自由进入乡镇企业就业，不受计划经济体制中"铁饭碗"用工制度的约束。因此，鼓励劳动密集型的乡镇企业发展，一方面解决了外向型经济发展所需劳动力来源的问题，另一方面也解决了农村人口就业问题。

广东针对农民工就业问题，首先是鼓励农村发展乡镇企业，这些乡镇企业发展到今天，有的已经成为世界知名企业，如顺德的美的集团。在广东的乡镇企业发展过程中，创造了大量的非农岗位的就业机会。1984年1月1日，中共中央发布了中央一号文件，文件规定"准许农民自筹资金，自理口粮，进入城镇务工经商"。1985年，国务院提出"允许农民进城开店、设坊、兴办服务业，提供各种劳务"等经济政策，以弥补国有企业和集体企业在生产过程中的不足。当时农民有迫切提高收入的积极性，非常渴望进入城市寻找机会从事工作以改善生存状况，这些进城务工的农民后来就被称为农民工或民工。农民工的户籍身份为农民，工作时间具有"两栖"的特点：一年之间大部分时间生活在城镇或当地的非农产业部门；到了节假日或者农忙时节则回到他们的家乡，从事农业生产。能够在城市找到工作的农民工，所从事的工作一般是城市居民不愿干的工作，可以说是城市中最苦、最累、最脏、最险的工作。与城市正式工人相比，农民工在工资待遇、工作时间、权益保障方面存在着较大差距，20 世纪 80 年代和 90 年代，他们基本上没有与企业签订劳动合同。

除了外资企业、乡镇企业之外，广东在外向型经济发展过程中，还有一种典型的劳动者，即大量的个体工商户。上山下乡的知识青年返城后，就业成为大问题，1980 年全国的知识青年有 800 万人、广州有 12 万人需要工作岗位（王月华，2014）。1980 年的中央政策"鼓励和扶持个体经济适当发展"，1981 年 6 月，中共十一届六中全会通过的《关于建国以来党的若干历史问题的决议》指出："国营经济和集体经济是我国基本的经济形式，一定范围的劳动者个体经济是公有制经济的必要补充。" 一个月之后，国务院发布《关于城镇非农业个体经济若干政策性规定》，指出："个体经营户在必要时，经工商行政管理部门批准，可以请一至两个帮手；技术性较强或者有特别技艺的，可以带两三个，最多不超过五个学徒。"因此，有一定资金和生产规模的私营企业和城镇个体经营者，开始有权利雇佣员工了。

私营企业和个体工商户大量涌现，提供了大量的就业岗位。在 20 世纪 80 年代的广州，最著名的是由个体户经营为特色的灯光夜市。例如，1984 年 5 月开市，一直持续到 2001 年才关闭的广州西湖路灯光夜市，一度被誉为"南国明珠"（王月华，2014）。当时的西湖路灯光夜市十分有吸引力，在大多数体制内的官员和大学教授还只拿百元月薪的时代，在这里就业的"广州仔"一个月已能收入上千元，香港流行的服饰很快就能在这里出现，从全国各地来的采购商，批量采购蛤蟆镜、喇叭裤、牛仔裤等带回内地市场的同时，也带走了多元文化和有别于传统体制的思想观点，改变着人们的就业观，为打破"铁饭碗"的劳动关系提供了机会。这些就业岗位，部分满足了广东城镇居民中待业年轻人的就业需求，同时也为后来进城务工的农民工提供了各种工作岗位。但无论是哪一种劳动力的来源，在私营企业和个体工商户就业的劳动者，都没有任何劳动合同等契约保障其劳动权益，也没有社会保障体系解决失业和退休的生活所需，最初的劳动制度制定有漏洞，为后续的私营企业劳动关系冲突埋下了隐患。

1.2　广东企业劳动关系转型的阶段划分及转型特点

1.2.1　广东外向型经济发展中劳动关系转型阶段划分

有关中国的转型，学者王绍光（2012）借鉴卡尔·波兰尼的研究视角，把新中国的历史分为三个阶段，第一个阶段是 1949～1984 年，被界定为伦理经济（计划经济）阶段，社会被非常特殊的机制安排来保障社会所需，市场不起作用；第二个阶段是 1985～1998 年，被界定为市场社会（市场导向）阶段，其特征为"效率优先，兼顾公平"，只有经济政策，没有社会政策；第三个阶段是从 1999 年至今，被界定为社会市场阶段，其特征是社会政策与经济政策并存，政府开始去商品化与再分配，即波兰尼所说的反向运动。这三个阶段的划分是针对中国自 1949 年以来的整体社会转型而划分的阶段，围绕社会、市场与国家三者的关系展开，转折点与政府如何规制社会与市场的关系有关。

广东外向型经济发展中的劳动关系转型脱离不了其经济和社会结构转型的背景，即劳动关系转型与经济、社会结构转型同步进行，并交织在一起，而转型的一个重要标志为体制改革。在过去的三十多年中，体制改革是中国经济社会生活的主题之一，涉及劳动者切身利益的劳动关系改革，成为人们关注的焦点。正如樊纲（2014）所说："制度是规范人与人利益关系的一套规则"，劳动关系是资方与劳方的利益关系，解决利益冲突的方式多种多样。如果不承认矛盾双方的利益，凭借权力或者信息不对称压制对方争取自己权益的行为，把对方的权益强制性地剥夺，矛盾暂时得到缓解，但并没有解决问题，冲突迟早还会爆发，因此，解决劳资冲突的长效机制是建立一套劳动关系的规则。

规则即制度，有了一套长期有效的规则，经济与社会便有了长期稳定与发展的基础与保障（樊纲，2014）。由于研究聚焦在广东，而广东在全国的改革开放进程中先行一步，与王绍光（2012）对中国整体转型研究的角度不同，侧重于广东的劳动关系领域，其转型的阶段划分有区别。

1978～2014 年，是广东劳动关系规则基本健全的 37 年，广东省劳动关系的地方性法规与全国性法典同步建设，截至 2014 年，在制度建设方面基本完成了任务。以劳动立法的重大改变为转折点，37 年的转型过程可以划分为几个阶段：

第一阶段：1978～1994 年。在这个阶段，以改革开放为起始点，颁布《中华人民共和国劳动法》为结束点。其特征是劳动关系以行政管理为主线，探索市场化转型。

1978 年改革开放启动之后，在解放思想、实事求是路线指引下，对社会主义市场经济体制的认识和理解不断深化，不断探索建立符合中国国情的社会主义新体制。广东利用其先天的地理位置优势，贯彻实施外向型经济的发展模式。在这个阶段，经济发展规模和速度是显著的，政府、企业等各界工作重心在于调整经济结构，即从计划经济体制向有计划商品经济体制转变。在劳动关系方面，重点在于鼓励多种形式就业：一方面，严格控制国有企业的员工规模，探索打破"铁饭碗"制度；另一方面，鼓励乡镇企业和外资企业以及个体企业的发展，在劳动关系上尝试合同制模式。这个阶段出台的重要经济体制改革政策有：

1978 年 12 月，党的十一届三中全会确立了将党的工作重心转移到经济建设上来的战略，制定了改革开放的方针。

1982 年 9 月，党的十二大明确了经济体制改革要"正确贯彻计划经济为主、市场调节为辅的原则"。

1984 年 10 月，党的十二届三中全会提出了社会主义经济是"在公有制基础上的有计划的商品经济"。

1987 年 10 月，党的十三大重新定义经济体制，即"社会主义有计划商品经济的体制，应该是计划与市场内在统一的体制"。

1992 年 10 月，党的十四大明确我国经济体制改革的目标是"建立和完善社会主义市场经济体制"。

1993 年 11 月，党的十四届三中全会通过了纲领性文件《中共中央关于建立社会主义市场经济体制若干问题的决定》，确定了建立社会主义市场经济体制的框架。

在 1978 年之前，中国没有劳动力市场，劳动力不被允许自由流动。自从广东的经济特区成立之后，为了解决劳动力问题，企业被允许通过劳动局在国内省份招聘，但招工还是局限在城镇户籍的待业者之中。当劳动者进入企业时，开始实施劳动合同的签订，并根据契约精神管理劳动者与企业之间的关系。1978～1994 年，中国企业的劳动关系是以行政法规的形式在管理，没有一部正式的劳动法典。但广东在这 17 年间，先行一步，在劳动法的制定过程中，有过许多尝试，尤其是外资企业在华投资、私营（个体户）雇佣员工等。1994 年 7 月 5 日，第八届全国人大常委会颁布了《中华人民共和国劳动法》，宣布在 1995 年 1 月 1 日开始实施。这部法律是新中国成立以来的第一部劳动法典，使得对劳动关系的规制正式接受市场经济的模式。

第二阶段：1995～2007 年。这个阶段以 1995 年 1 月 1 日实施我国第一部劳动法典《中华人民共和国劳动法》为起点，到 2007 年颁布《中华人民共和国劳动合同法》为止。这个阶段的特征是劳动关系市场化转型、各种制度建设和配套完善，在中央政府的一系列重大决策部署下，以市场为取向，我国经济体制改革全方位推进。

劳动法是在计划经济向有特色的市场经济制度转型过程中制定的，2001 年中国加入 WTO 之后，外资大量进入中国，中国的经济社会也开始更全面地逐步融入全球经济体系之中。但劳动法开始表现出许多不足之处，尤其是在签订合同方面，缺乏强制性，雇主常常不与劳动者签订劳动合同，导致在出现劳动纠纷时，往往无法确定劳动关系。

在这个阶段，出台影响劳动关系的重要经济体制改革政策有：

1995 年 1 月 1 日开始施行的《中华人民共和国劳动法》，是中华人民共和国第一部全国性劳动法规，其目的在于保护劳动者的合法权益，依据该部法律调整劳动关系，以建立和维护适应社会主义市场经济的劳动制度，促进经济发展和社会进步。

　　1997 年 9 月，党的十五大进一步发展和完善了社会主义市场经济的理论。提出"公有制实现形式可以而且应当多样化"，"股份制是现代企业的一种资本组织形式"，并提出"把按劳分配和按生产要素分配结合起来"的理论。

　　2002 年 11 月，党的十六大提出"个体、私营等各种形式的非公有制经济是社会主义市场经济的重要组成部分"，首次提出要"积极推行股份制，发展混合所有制经济"。

　　2003 年 10 月，党的十六届三中全会作出《中共中央关于完善社会主义市场经济体制若干问题的决定》，在决定中明确提出完善社会主义市场经济体制的目标、任务、指导思想和原则。

　　2007 年 10 月，党的十七大报告指出，实现未来经济发展目标，关键在于转变经济发展方式，要在完善社会主义市场经济体制方面取得重大进展。

　　第三阶段：2008~2014 年。这个阶段的起点在于《中华人民共和国劳动合同法》的正式实施，终点在 2014 年年底，其特征在于这一年中国的经济发展进入"经济新常态"，同时 2014 年 10 月召开的中国共产党十八届四中全会确定了"依法治国"战略。

　　在劳动关系规制方面，2014 年 9 月 25 日广东省人大通过《广东省企业集体合同条例》。不仅弥补了劳动合同法中有关集体劳动关系规制的空白和缺陷，而且在全国 31 个省级行政区域中，广东第一个给了劳方与资方进行工资集体协商的权利。

　　在这个阶段，出台的重要劳动人事体制改革政策有：

　　2008 年 1 月 1 日起开始施行《中华人民共和国劳动合同法》，其目的在于进一步完善劳动合同制度，明确劳动合同当事人双方的权利和义务，以保护劳动者的合法权益，从而构建和发展和谐稳定的劳动关系。

　　2008 年 1 月 1 日起施行《中华人民共和国就业促进法》，明确劳动者依法享有平等就业和自主择业的权利；劳动者就业，不因民族、种族、性别、宗教信仰等不同而受歧视，农民工与城镇居民的就业也没有任何限制性区分了。

　　2008 年 5 月 1 日期起施行《中华人民共和国劳动争议调解仲裁法》，把"公正及时解决劳动争议，保护当事人合法权益，促进劳动关系和谐稳定"作为其立法目标。

　　2008 年 9 月 3 日起施行《中华人民共和国劳动合同法实施条例》，对劳动合同的订立、解除和终止等作出非常具体的操作性规定。

　　2010 年 10 月 28 日通过《中华人民共和国社会保险法》，自 2011 年 7 月 1 日起施行。社会保险法是一部着力保障和改善民生的法律，它的颁布实施，能够完善建立覆盖城乡居民的社会保障体系，从而更好地维护公民参加社会保险和享受社会保险待遇的合法权益，使得公民共享发展的成果，促进社会主义和谐社会建设。

2012 年 12 月 28 日全国人民代表大会常务委员会修改了《中华人民共和国劳动合同法》，确定于 2013 年 7 月 1 日开始实施，其重点是针对劳务派遣的业务和用工制度修改，进一步明确了临时性、辅助性或者替代性的工作岗位界定和企业使用派遣工的数量限制。

2013 年 12 月 20 日人力资源社会保障部审议通过《劳务派遣暂行规定》，自 2014 年 3 月 1 日起施行。

2014 年 4 月 25 日，国务院总理李克强签署第 652 号国务院令，公布《事业单位人事管理条例》，被认为是我国事业单位人事管理制度改革的里程碑，开启了"双轨并轨"的模式。同时，该条例体现"用人机制"的创新，条例的出台将引领人事管理向建立"能进能出、能上能下"的用人机制的目标前行。

2014 年 7 月 30 日国务院发布户籍制度改革意见，建立城乡统一的户口登记制度。这标志着我国实行了半个多世纪的"农业"和"非农业"二元户籍管理模式将退出历史舞台。"农民工"称谓，也将成为历史。

2014 年 8 月 29 日，中共中央政治局召开会议，审议通过了《中央管理企业负责人薪酬制度改革方案》，该方案于 2015 年 1 月 1 日开始实施。

2014 年 9 月 25 日，广东省人大通过《广东省企业集体合同条例》，2015 年 1 月 1 日开始生效，首次提出劳方可以与资方进行工资调整的协商。

1.2.2　转型中的广东企业劳动关系特征

1. 广东企业劳动关系已实现市场化转型

广东企业劳动关系已经完全实现市场化转型，标志着劳动关系争议也成为常态。在过去的 37 年中，中国劳动力市场中的就业结构发生了本质性变化，其中最重要的改变是始于 1992 年，并于 1995 年全面推开的国有企业改革，国有企业改革彻底打破了"铁饭碗"制度（程延园与王甫希，2012）。改革的措施包括：下岗分流、减员增效、规范破产、鼓励兼并，将国有企业、集体企业改制为合资企业、股份制企业、非公有制企业，当时称为"战略性重组"。随着国有企业"抓大放小"，合资企业、股份制企业、外资企业、港澳台投资企业以及私营企业、个体户、乡镇企业等非公企业规模则不断扩展。据广东统计年鉴数据汇总得知，2005 年广东省国有企业和集体企业占企业法人总数的 22.69%，股份合作企业、联营企业、有限责任公司和股份有限公司占企业法人总数的 12.26%，私营企业占 46.72%，港澳台商投资企业、外商投资企业占 9.53%。截至 2012 年年末，广东省国有企业和集体企业占企业法人总数的 9.24%，股份合作企业、联营企业、有限责任公司和股份有限公司占企业法人总数的 15.58%，私营企业占 61.06%，港澳台商投资企业、外商投资企业占 5.92%，见表 1-1。

表 1-1　按登记注册类型分组的企业法人单位数

登记注册类型	2005 年		2006 年		2007 年		2008 年	
	企业法人单位数/家	比例/%	企业法人单位数/家	比例/%	企业法人单位数/家	比例/%	企业法人单位数/家	比例/%
总计	480 005	100	529 196	100	587 090	100	617 776	100
内资企业	434 254	90.47	479 379	90.59	529 959	90.27	569 884	92.25
国有企业	64 491	13.44	63 677	12.03	64 349	10.96	61 477	9.95
集体企业	44 387	9.25	42 642	8.06	42 590	7.25	25 965	4.20
股份合作企业	9 774	2.04	9 463	1.79	9 497	1.62	5 638	0.91
联营企业	2 830	0.59	2 846	0.54	2 891	0.49	1 454	0.24
有限责任公司	41 844	8.72	51 535	9.74	60 847	10.36	70 201	11.36
股份有限公司	4 381	0.91	4 901	0.93	5 624	0.96	6 610	1.07
私营企业	224 236	46.72	264 064	49.90	303 909	51.77	335 239	54.27
港澳台商投资企业	33 204	6.92	35 763	6.76	40 817	6.95	33 543	5.43
外商投资企业	12 547	2.61	14 054	2.66	16 314	2.78	14 349	2.32

登记注册类型	2009 年		2010 年		2011 年		2012 年	
	企业法人单位数/家	比例/%	企业法人单位数/家	比例/%	企业法人单位数/家	比例/%	企业法人单位数/家	比例/%
总计	716 670	100	802 991	100	908 003	100	1 009 027	100
内资企业	665 405	92.85	748 997	93.28	850 657	93.68	949 310	94.08
国有企业	63 392	8.85	63 860	7.95	64 191	7.07	64 844	6.43
集体企业	32 440	4.53	27 998	3.49	28 079	3.09	28 359	2.81
股份合作企业	5 907	0.82	6 192	0.77	6 630	0.73	6 946	0.69
联营企业	1 537	0.21	1 597	0.20	1 660	0.18	1 711	0.17
有限责任公司	85 606	11.94	100 603	12.53	118 833	13.09	137 036	13.58
股份有限公司	7 617	1.06	8 579	1.07	9 796	1.08	11 483	1.14
私营企业	401 773	56.06	469 428	58.46	545 113	60.03	616 127	61.06
港澳台商投资企业	35 763	4.99	37 481	4.67	39 920	4.40	41 742	4.14
外商投资企业	15 502	2.16	16 513	2.06	17 426	1.92	17 975	1.78

资料来源：广东统计年鉴

　　与此相应，1994 年年末广东省城镇就业人员人数为 901.6 万人，其中国有、集体单位人数为 771.7 万人，占比为 85.6%，而其他单位城镇就业人数为 129.9 万人，仅占总数的 4.4%。随后广东省国有企业和集体企业就业人数占总人数的比例由 1995 年的 82.6%逐年下降到 2007 年的 21.7%，而同期私营企业个体和其他单位等职工人数均在增长，私营企业个体就业人数占城镇职工总人数的比例由 1996 年的 19.4%增长至 2007 年的 51.3%。近年来，广东省国有企业和集体企业就业人数占城镇职工总人数的比例由 2008 年的 20.7%再次下降到 2010 年的 19.5%，到 2012 年，这一比例降至 17.4%；而同期私营企业个体和其他单位职工人数持续增长，私营企业个体就业人数占城镇职工总人数始终保持在 52%以上，见表 1-2。表 1-2 中的数据表明，广东省企业劳动关系已经由以国有企业和集体企业为主导的劳动关系转变为非公企业占主导地位的劳动关系，劳动关系已基本实现市场化转型。

表 1-2　广东省分登记注册类型城镇就业人员年末人数及比例　　（单位：万人）

年份	人数	比例/%	国有单位	比例/%	集体单位	比例/%	其他单位	比例/%	私营企业个体	比例/%
1994	901.6	100.0	568.8	63.1	202.9	22.5	129.9	4.4	—	—
1995	931.6	100.0	565.5	60.7	204.1	21.9	162.0	17.4	—	—
1996	1141.9	100.0	565.7	49.5	193.2	16.9	161.6	14.2	221.4	19.4
1997	1156.5	100.0	556.6	48.1	181.4	15.7	174.7	15.1	243.8	21.1
1998	1104.4	100.0	474.7	43.0	138.7	12.6	209.7	19.0	281.4	25.5
1999	1095.9	100.0	449.9	41.1	122.7	11.2	221.0	20.2	302.3	27.6
2000	1075.9	100.0	425.5	39.5	106.0	9.9	227.7	21.2	316.7	29.4
2001	1104.1	100.0	400.1	36.2	91.3	8.3	245.7	22.3	367.0	33.2
2002	1186.4	100.0	382.9	32.3	82.8	7.0	285.5	24.1	435.2	36.7
2003	1295	100.0	376.5	29.1	78.5	6.1	326.1	25.2	513.9	39.7
2004	1371.4	100.0	374.3	27.3	72.3	5.3	384.1	28	540.7	39.4
2005	1612.6	100.0	380.2	23.6	68.7	4.3	455.4	28.2	708.4	43.9
2006	1849.8	100.0	384.8	20.8	67.3	3.6	502.4	27.2	895.4	48.4
2007	2057.5	100.0	381.0	18.5	65.5	3.2	555.0	27.0	1056.0	51.3
2008	2151.4	100.0	385.1	17.9	60.6	2.8	562.1	26.1	1143.5	53.2
2009	2277.2	100.0	389.2	17.1	58.3	2.6	607.5	26.7	1222.2	53.7
2010	2351.7	100.0	400.6	17.0	57.7	2.5	660.2	28.1	1233.1	52.4
2011	2601.9	100.0	423.9	16.3	62.8	2.4	751.5	28.9	1363.7	52.4
2012	2792.6	100.0	430.3	15.4	55.3	2.0	818.4	29.3	1488.6	53.3

资料来源：中国劳动统计年鉴

2. 不同所有制企业员工工资增长存在差异

1978 年广东省城镇单位职工年平均工资为 615 元，其中国有单位年平均工资为 638 元，城镇集体单位为 558 元。1994 年，广东省城镇单位职工年平均工资上涨为 7117 元，其中国有单位年平均工资为 7410 元，城镇集体单位为 5565 元，而其他单位职工年平均工资为 8216 元，高于国有单位年平均工资。在这期间，广东省城镇单位职工年平均工资增长了 10 多倍，而其他单位年平均工资也增长了将近 4 倍。2007 年城镇单位就业人员年平均工资为 29 443 元，国有单位为 36 396 元，城镇集体单位为 16 328 元，其他单位为 26 215 元。到 2012 年，城镇单位就业人员年平均工资增长为 50 577 元,其中国有单位为 60 116 元,城镇集体单位为 31 219 元,其他单位为 46 860 元,见表 1-3。

表 1-3　城镇单位职工年平均工资　　　　　　　　　　　（单位：元）

年份	合计	国有单位	城镇集体单位	其他单位
1978	615	638	558	—
1979	685	718	605	—
1980	789	828	691	—
1981	873	912	774	—
1982	961	1 000	856	—
1983	1 021	1 061	907	—
1984	1 187	1 261	1 017	1 697
1985	1 393	1 458	1 216	2 209
1986	1 541	1 619	1 330	2 198
1987	1 743	1 805	1 544	2 469
1988	2 250	2 320	1 979	3 134
1989	2 678	2 763	2 302	3 641
1990	2 929	3 000	2 508	3 972
1991	3 358	3 383	2 931	4 558
1992	4 027	4 059	3 510	5 157
1993	5 327	5 431	4 388	6 435
1994	7 117	7 410	5 565	8 216
1995	8 250	8 540	6 395	9 546
1996	9 127	9 494	6 799	10 569
1997	9 698	10 032	6 814	11 635
1998	10 233	10 432	6 671	12 410
1999	11 309	11 579	7 025	13 492
2000	13 823	14 387	8 615	15 240
2001	15 682	16 779	9 040	16 392
2002	17 814	19 696	9 881	17 597
2003	19 986	22 944	10 836	18 782
2004	22 116	25 979	11 937	20 267
2005	23 959	28 835	13 240	21 500
2006	26 186	31 352	14 520	23 794
2007	29 443	36 396	16 328	26 215
2008	33 110	40 775	18 461	29 580
2009	36 355	44 964	20 347	32 377
2010	40 358	49 610	22 470	36 347
2011	45 152	54 739	25 679	41 390
2012	50 577	60 116	31 219	46 860

资料来源：广东统计年鉴,从 2000 年起统计口径为在岗职工

　　不同所有制企业,由于政治、经济背景的不同,加之所面对的内外部环境各异,劳动者平均工资水平往往也存在着较大的差异（程延园和王甫希,2012）。在改革开放初期,外资企业的工资最高、福利最好,吸引了广东省内外的大批劳

动者。但 2005 年之后，国企改革的成效开始显现，大型国企及股份制企业职工工资水平得到大幅提高，从 2006 年之后广东省的股份有限公司职工年平均工资超过外商投资企业就可以看出差异。2006 年广东国企的职工平均工资仅次于股份有限公司，排名第二。导致广东的外资企业对求职者的吸引力开始下降，应届毕业生求职时，不再把外资企业排在第一位了，部分优秀的毕业生优选国企为第一就业目标。详细数据如表 1-4 所示，其中港澳台商投资单位和集体企业员工年平均工资排名靠后。

表 1-4　广东省按登记注册类型城镇单位就业人员年平均工资　　（单位：元）

年份	城镇单位	国有单位	城镇集体单位	股份合作单位	联营单位	有限责任公司	股份有限公司	其他单位	港澳台商投资单位	外商投资单位
2006	26 400	31 057	14 545	17 486	25 077	28 138	39 390	19 169	18 926	26 522
2007	29 658	36 053	16 347	20 586	28 105	30 694	44 213	23 573	20 770	28 834
2008	33 282	40 391	18 446	23 001	31 353	33 246	48 830	25 297	23 628	32 054
2009	36 469	44 403	20 318	27 059	34 610	36 425	57 371	28 733	25 024	34 170
2010	40 432	49 027	22 453	34 163	39 478	39 271	62 077	34 868	29 193	37 386
2011	45 060	53 976	25 573	33 079	44 489	42 282	66 084	43 973	34 518	42 677
2012	50 278	59 423	30 947	39 230	48 046	45 754	70 491	45 571	39 100	50 154

资料来源：国家统计局网站

3. 企业工会组建率持续提升

1990~1994 年，广东企业工会组织数维持在大约 35 000 个，其中全民所有制单位和集体所有制单位的数量占 95%，而其他各种所有制单位占比仅为 6% 以下，即广东企业工会组织数组成以全民所有制和集体所有制单位为主，鲜见其他各种所有制单位的组成，见表 1-5。

表 1-5　广东省基层工会组织数及占比　　（单位：个）

年份	合计	全民所有制单位	占比/%	集体所有制单位	占比/%	乡镇企业	占比/%	其他各种所有制单位	占比/%
1990	35 253	24 724	70.13	9 673	27.44	2 878	8.16	856	2.43
1991	—	—		—		—		—	
1992	36 209	25 173	69.52	9 621	26.57	3 232	8.93	1 415	3.91
1993	37 319	26 159	70.10	9 105	24.40	2 396	6.42	2 055	5.51
1994	—	—		—		—		—	

资料来源：中国劳动统计年鉴

1995~1999 年，广东企业工会组织数维持在 30 000~36 500 个，国有经济、城镇集体经济单位的占比 76%~92%，外商投资单位占比 3%~6%，港澳台投资单位占 1%～7%；2001～2007 年，在广东省总工会的努力下，登记在册的基层工会组织数激增，其中国有经济、城镇集体经济单位的工会组织数占比降为 8%～15%，而私营经济单位的占比已经达到 37%～70%，外商投资单位占比为 5%以下，港澳台投资单位占比为 3%～12%。2008～2012 年，私营经济单位的占比维持在 48%～58%。总体来说，广东企业工会组织数组成以私营经济单位为主，外商和港澳台投资单位的占比也超过了国有和集体经济单位，如表 1-6 所示。

表 1-6　广东企业工会组织数及占比　　　　　（单位：个）

年份	合计	国有经济单位	占比/%	城镇集体经济单位	占比/%	私营经济单位	占比/%	外商投资单位	占比/%	港澳台投资	占比/%
1995	36 450	25 778	70.72	7 595	20.84	87	0.24	1 378	3.78	434	1.19
1996	36 557	24 850	67.98	8 001	21.89	220	0.60	1 333	3.65	689	1.88
1997	30 266	19 235	63.55	6 976	23.05	231	0.76	1 888	6.24	663	2.19
1998	34 334	21 384	62.28	6 518	18.98	372	1.08	1 531	4.46	2 480	7.22
1999	32 635	20 784	63.69	4 453	13.64	252	0.77	1 013	3.10	1 223	3.75
2000	—	—	—	—	—	—	—	—	—	—	—
2001	223 699	9 532	4.26	4 962	2.22	153 980	68.83	9 370	4.19	19 024	8.50
2002	154 923	7 733	4.99	4 280	2.76	108 270	69.89	1 471	0.95	5 595	3.61
2003	67 858	7 013	10.33	6 001	8.84	25 200	37.14	2 243	3.31	5 812	8.56
2004	96 340	9 239	9.59	6 450	6.70	39 345	40.84	2 229	2.31	7 610	7.90
2005	129 938	10 629	8.18	7 708	5.93	53 932	41.51	3 202	2.46	80 97	6.23
2006	135 701	6 502	4.79	6 620	4.88	59 568	43.90	4 995	3.68	12 028	8.86
2007	154 563	6 240	4.04	7 294	4.72	67 883	43.92	7 099	4.59	18 225	11.79
2008	180 175	6 001	3.33	7 179	3.98	87 768	48.71	9 044	5.02	16 895	9.38
2009	187 714	5 906	3.15	6 630	3.53	93 966	50.06	8 979	4.78	17 486	9.32
2010	200 061	5 614	2.81	5 780	2.89	104 000	51.98	9 663	4.83	17 200	8.60
2011	213 389	5 644	2.64	5 871	2.75	113 998	53.42	15 753	7.38	17 956	8.41
2012	232 330	5 734	2.47	6 176	2.66	134 647	57.96	10 051	4.33	19 258	8.29

资料来源：中国劳动统计年鉴

广东国有企业 2012 年的工会组建率相比 2005 年，下降了将近 8%，仅为 8.84%。2012 年港澳台商投资企业和外资企业的工会组建率分别为 46.14%和 55.92%，私营企业 21.85%的工会组建率依然比较低。其中广东省外资企业工会组建率、港澳台商投资企业工会组建率已经大大超过国有企业的工会组建率，将来广东省工会建设的重点应放在私营企业上，如表 1-7 所示。

表 1-7 广东按登记注册类型分组的企业工会组建率

（单位：个）

年份	国有企业			集体企业			私营企业			港澳台商投资企业			外商投资企业		
	企业法人单位数	工会组织数	工会组建率/%	企业法人单位数	工会组织数	工会组建率/%	企业法人单位数	工会组织数	工会组建率/%	企业法人单位数	工会组织数	工会组建率/%	企业法人单位数	工会组织数	工会组建率/%
2005	64 491	10 629	16.48	44 387	7 708	17.37	224 236	53 932	24.05	33 204	8 097	24.39	12 547	3 202	25.52
2006	63 677	6 502	10.21	42 642	6 620	15.52	264 064	59 568	22.56	35 763	12 028	33.63	14 054	4 995	35.54
2007	64 349	6 240	9.70	42 590	7 294	17.13	303 909	67 883	22.34	40 817	18 225	44.65	16 314	7 099	43.51
2008	61 477	6 001	9.76	25 965	7 179	27.65	335 239	87 768	26.18	33 543	16 895	50.37	14 349	9 044	63.03
2009	63 392	5 906	9.32	32 440	6 630	20.44	401 773	93 966	23.39	35 763	17 486	48.89	15 502	8 979	57.92
2010	63 860	5 614	8.79	27 998	5 780	20.64	469 428	104 000	22.15	37 481	17 200	45.89	16 513	9 663	58.52
2011	64 191	5 644	8.79	28 079	5 871	20.91	545 113	113 998	20.91	39 920	17 956	44.98	17 426	15 753	90.40
2012	64 844	5 734	8.84	28 359	6 176	21.78	616 127	134 647	21.85	41 742	19 258	46.14	17 975	10 051	55.92

资料来源：广东统计年鉴，中国劳动统计年鉴（2006～2013 年）

4. 劳动关系法律体系基本形成

在个别劳动关系的契约立法方面，1994 年颁布、1995 年实施的《中华人民共和国劳动法》标志着我国市场经济条件下劳动关系协调的法律体系基本确立，之后 2007 年颁布的《中华人民共和国劳动合同法》更加完善了个别劳动关系调整的法律体系，加上 2008 年出台的《劳动合同法实施条例》，已经基本形成了劳动者与用人单位之间的权利义务规则。

1992 年通过的《中华人民共和国工会法》、2001 年《中华人民共和国工会法修正案》及 2014 年通过的《广东省企业集体合同条例》初步形成了广东集体劳动关系调整的法律框架。2004 年国务院颁布《劳动保障监察条例》推动执法监察工作进行，而 2007 年颁行的《劳动争议调解仲裁法》则完善了劳动争议的处理机制。人力资源和社会保障部审议通过的《劳务派遣暂行规定》保护了劳动派遣工权益、规范了劳动力市场秩序（乔健等，2011）。

广东省借鉴了国家相关劳动法律法规并结合自身实际情况，制定了一系列劳动关系的法律法规条目，详细情况见附录1。

5. 劳务派遣人员数量先激增后减少

在劳动合同法实施之后，随着非正规就业的发展，大中型国有企业大量使用劳务派遣工，导致劳务派遣成为普遍现象。尤其是在电信、银行、饭店、医院、邮政、家政、电力、铁路运输等服务性行业，加上建筑业和制造业的一些部门，劳务派遣成为就业市场和劳动关系发展的另一个特征。

在广东，深圳是较早引入劳务派遣用工制度的城市（陈蓝蓝，2013）。据统计，2008 年深圳劳务派遣工有 20 万人，未来 5 年深圳的劳务派遣工的数量将会以每年 20% 的速度增长，即截至 2012 年，深圳的劳务派遣工至少有 40 万人，甚至有学者认为深圳 2012 年的劳务派遣工数量超过 100 万人。有的快递企业中有 8 万名员工都是劳务派遣工，其中银行业又是深圳较早使用劳务派遣工的行业之一。数据显示，2006 年深圳银行业的劳务派遣工有 5000 多人，2012 年深圳银行业劳务派遣工的数量可能超过 2 万人。一些银行客服中心的坐席几乎清一色地使用劳务派遣工。劳务派遣现已成为相当一部分企业的常态用工形式，其同工不同酬及用工不规范对劳动者所造成的危害和对正常用工形式的冲击已到了十分严重的地步。

自 2012 年 12 月召开的第十一届全国人民代表大会常务委员会第三十次会议修改了《中华人民共和国劳动合同法》中有关劳务派遣的条例之后，广东企业有两年的期限，调整企业的劳务派遣政策，使之符合修改后的规定。截至 2014 年年底，根据笔者的企业调研观察，大部分企业都调整了劳务派遣工的劳动关系，使其符合劳动合同法的新规定，采取的主要措施是把劳务派遣的员工转为企业的合同制员工，同时把部分非主营业务外包，即使是留存下来的劳务派遣员工，也缩小其薪酬和福利报酬等与正式合同制员工的差距，其中广东省大型国有企业大量减少使用劳务派遣员工是其劳动关系转变的一大特点。

总之，广东的劳动关系转型在 1978～1994 年为经济探索、劳动规制仅仅在行政政策和地方法规阶段，即国有企业和集体所有制企业的劳动关系开始探索市场化的路径。1995～2007 年，劳动关系被确定为契约关系，按照市场经济的规则约束劳资双方的责任和义务，企业劳动关系逐步转向完全的市场化局面。2008～2014年，广东省的劳动关系已发生了本质性变化，国有企业已经不是社会上居于主导地位的就业单位，而非公企业已经成为主要的就业岗位提供者，劳动关系完全实现了市场化。在此期间，广东省劳动者的工资逐年增长，但不同所有制企业员工的平均工资水平差异较大。广东省工会组建率持续提升，私企、外企等已主动开始寻求工会解决劳动关系问题。在已经基本完善的劳动关系法规基础上，广东省各界用法治思维和法治方式解决劳动关系相关问题，秉承和谐处理的态度。

1.3　广东经济社会转型企业劳动关系冲突与合作分析框架

自 20 世纪 20 年代起，劳资关系在英国和北美国家就被广泛称为"产业关系"，之后加入了人事管理和人力资源管理的内容（Edwards，2003）。在西方工业化进程中，曾经面对许多劳资冲突问题，为此美国的著名学者 John Dunlop 于1958 年，构建了一个系统思考模型。Dunlop（1958）认为：该系统应该有三个"主角"（actors），即作为代理人的经理、工人或者工人代表以及政府主管机构；该系统在一定的社会、经济背景之中运作，同时背景因素还需要考虑不同的技术和产品种类、市场竞争态势以及整个社会的政治力量分布情况；该系统包括所制定的规则，如劳动契约的约定规则、劳动关系的解除规则等；该系统的第四个要素是其意识形态，决定了劳资双方是否有稳定关系（Dunlop，1958）。Dunlop 所研究的核心是规则，即劳动关系的制度结构。当社会框架稳定时，结构决定行动；当社会框架转型时，行动决定结构。自 Commons（1934）在 20 世纪早期做出前瞻性工作以来，劳资关系理论一直强调制度结构的重要性，在制度演变中出现了劳资的交互影响。以康芒斯为首的威斯康星学派形成于 20 世纪 20 年代初至 30年代末，该学派试图在经济理论中加入相关的制度性因素，以期对市场分析思路做一些补充。20 世纪 40～50 年代，以邓洛普、罗斯和雷恩兹为代表的新制度学派发展起来，侧重于研究劳动力市场实际软化运行的力量和实际。即使 20 世纪60 年代芝加哥学派使得新古典学派再度兴起以至于新制度主义在劳动经济学领域内的影响逐渐衰弱，在产业关系的某些研究领域，新制度主义仍然有着较强的影响力。20 世纪 60 年代末至 80 年代，制度主义理论中出现了"二元"的劳动力市场理论，以派尔雷、多林格尔和布鲁斯通等为代表，他们强调制度性因素的影响，其中二元劳动力市场模型较为出名。到 20 世纪 80 年代，以科斯为创始人，在威廉姆森的带领下，新制度经济学派形成，其代表人物有阿尔奇安、德姆塞茨、诺斯及张五常等，其中，经济学对于制度的重视尤为明显。尽管在劳动经济学中的制度学派代表人物多、理论体系复杂，但是他们都有一个共同的特点，即重视制度对于产业关系以及劳动力市场的影响。

Dunlop（1958）观点中的第四点与诺斯（1994）的制度变迁理论中的一个变量（"意识形态"）高度一致，即意识形态是一种行为方式，"这种方式通过提供给人们一种世界观而使行为决策更为经济"。在本书中，意识形态特指价值观。37 年的转型过程，彻底改变了人们思想中的"公有制为唯一体制""不存在劳动力市场"的观念，使人们完全接受了劳动关系契约制的体系，劳动产权私有化了。

寇肯等（2008）在 Dunlop 的产业关系系统模型的基础上，进一步把支配劳资关系的前提、价值观、法律、制度和实践综合在产业关系分析框架之中，如图 1-1 所示。根据 Dunlop 于 1958 年建立的理论模型，对产业关系的分析应该考虑影响劳资关系的多种环境背景，因为这些力量决定了社会中劳动者和管理者的力量，然后注意力应该转向关键角色（管理者、劳动者、政府）的特征，并且关注这些关键角色在互动中的关系变化。寇肯等（2008）对 Dunlop 模型的评价是：尽管其没有得到普遍接受，但它提供了一个解释产业关系的组织框架。

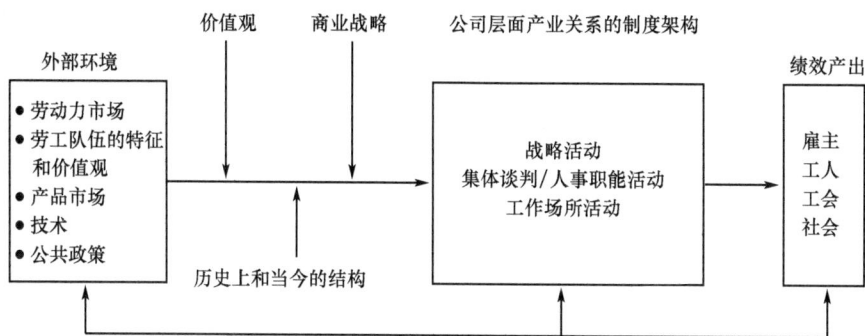

图 1-1　分析产业关系问题的一般框架

劳动关系的主体是指劳动关系系统的参加者，又被称为劳动关系当事人（party）、主体（main body）、参与者（actors, participants）、角色（part, role）（常凯，2005）。在市场经济体制中，构成劳动关系系统的主体包括参与劳动关系的三方，即劳方（劳动者和工会）、资方（雇主、管理者和雇主组织）、政府。在本书中，针对广东企业劳动关系系统中的实际参与者，劳动关系三方博弈中一共有五个主体，除了劳动者、资方（管理方）、政府之外，还存在两个主体：工会与商会。因此，本书借鉴图 1-1 所示的分析框架，从劳动关系中的关键角色互动切入，选择对广东具有影响力的三方五主体（政府、商会、工会、企业的资方、企业的劳动者）展开分析，重点分析三方五主体在相互博弈中的制度结构建设。需要特别说明的是，有别于其他省份，香港商会的影响力非常大，同时劳方的构成也具有广东特色，庞大的劳动力队伍中，外来务工人员占一半以上。正因为有这些特征，广东的劳动关系呈现出多样化，既有国有企业职工在国企改革中遇到的劳动关系变革问题，也有外来务工人员与外国直接投资企业的资方权益博弈问题，还有市场竞争中私营企业为了生存而采取的家长式管理带来的雇佣关系问题。针对三方五主体之间的博弈关系，本书构建了一个分析框架，如图1-2所示。

在图1-2中，首先需要考虑的是广东在改革开放的37年中面对的环境因素。在中国背景下考虑的外部环境因素有广东特定历史时期的经济环境、社会环境和政治环境。正是这些环境因素，决定了特定历史时期政府的优先发展目标，付诸行动时所构建的制度结构，体现的可能是在招商引资中给予外资企业在处理劳动关系时更多的权利、更宽松的规制；给予代表外商的商会更多发言的机会，更多地考虑外商的意见，进而影响到劳动关系政策的制定和执行。同时，政府通过工会组织，管理和规制员工的行为，并鼓励工会与资方协商和合作，进而构建与资方和商会的合作关系。而工会普遍被认为不能代表工人的利益，政府也不允许工人组建有别于工会的组织。从某种程度上分析，政府的态度与规制在改革开放前期的确不具有面对资本说"不"的经济底气。随着外资企业和私营企业增多，工作现场的劳资矛盾增多，并有逐渐激化的发展趋势，同时整个国家经济发展的基础逐渐扎实，政府在劳资之间的协调和平衡机制逐渐转向劳方的利益，目前还在调整阶段。从这个意义上分析，劳动关系中的三方关系是一个动态关系，三方关系的强弱随着经济发展、社会进步，不断在变化，而影响三方关系强弱的外界因素既有经济层面的，也有社会层面的，还有不同发展历史阶段的政治环境因素。

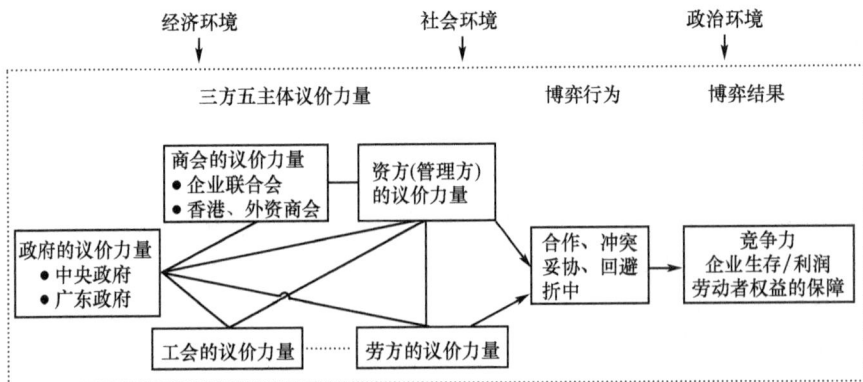

图1-2　劳资关系三方五主体博弈中的结构、行为和结果分析框架图

注：图中实线代表的是实际联系与协商，虚线代表的是形式的联系与协商，箭头代表因果关系

图 1-2 所显示的三方五主体关系中，政府是最活跃、最繁忙的一方，在处理劳动关系中，既要与资方沟通，招商引资，给投资者各种优惠政策，又要处理劳动者的各种投诉和诉讼，制定最低工资水平。同时，政府还要指导工会的工作，寄希望于工会能稳定工人的情绪、提高工人的技能，处理好劳方与资方的各种冲突。因此，在劳动关系冲突发生时，出于维稳的需要，政府往往第一时间出现在现场。在广东，省政府还需要回答各种商会（如香港商会）的咨询，解释当地的劳动关系规制条例等。虽然说商会代表资方、工会代表劳方，但商会与工会的交流比较少。值得注意的是，在图 1-2 中，工会与劳方的关系标注为虚线，这是基于现实的考虑，工会在劳方的代表性方面，一直是一个挑战性的话题，在后续的研究中，可以看出其代表性没有得到劳方的认可，劳方遇到劳资纠纷时，一般找政府，然后找非政府组织，或者找老乡组织等，但商会与资方的关系却一直很紧密。以香港商会为例，在广东投资的香港中小企业，遇到各种经营问题时，往往第一时间寻求商会的帮助。

但不可否认，劳动关系的核心主体是劳方和资方。因此，在图 1-2 中，资方与劳方直接博弈，在博弈中既有冲突行为，也有合作，甚至有回避、妥协、折中等博弈行为。无论是劳方还是资方，都意识到双方是密不可分的，企业需要在市场竞争中维持竞争力，需要员工的创新和合作；而劳方也需要有稳定的就业岗位，失业不仅对其本人带来困扰，而且还对家庭成员的生活带来影响。

在转型的特定经济环境、社会环境和政治环境中，广东企业劳动关系中的三方五主体之间呈现非常活跃的互动关系。在后续章节的分析中，将依据图 1-2 的思路，分析资方（管理方）、劳方、商会与工会、政府之间的博弈行为和制度特征。沈原（2009）认为"面对中国的转型社会，要把握与'经济奇迹'并列的'体制奇迹'，就必须形成转型问题，并对转型问题进行研究"。因此，本书研究的核心是：在广东的经济社会转型过程中，分析劳动关系转型过程以及制度构建的结果，同时指出三方五主体在博弈中显现出哪些特征。

1.4 本章小结

本章从转型的概念界定入手，确定了转型的内涵，即制度改变和结构改变，因此广东企业劳动关系转型三个阶段的划分标准也是基于劳动关系制度和劳动力市场结构改变的转型。在讨论广东经济社会转型期的劳动关系转型时，需要强调的是，正是基于广东的经济转型、社会转型、政治改革的背景和过程，才有广东企业劳动关系转型过程的特征。而本书所构建的分析框架，离不开广东从农业经济结构向外向型经济结构转型、从封闭的社会向开放的社会转型的大背景，劳动关系三方五主体的互动在广东显著受到其经济、社会、政治因素影响，相互之间的议价力量关系在经济外向型发展、社会和谐的总目标中动态博弈转变。

第2章 广东企业劳动关系冲突的背景因素及冲突回顾

依据第1章的分析框架，可以看出劳动关系的转型离不开经济、社会、政治的发展背景，广东经济社会转型的一个基本特征在于其外向型经济，以及现代社会的成熟程度较高，在政治上又有许多探索空间。正因为其先行一步，大力发展出口导向型的外向型经济，引入外商投资企业和港澳台投资企业，最大限度地影响了广东企业劳动关系的构建和转型；在社会意识形态上，受到毗邻香港的市场经济影响，更快地接受了劳动契约制度；在特区建设中，被允许进行市场经济制度的实验。本章将首先回顾1978～2014年的经济、社会转型情况，其中政治环境因素穿插其中，接着重点回顾外向型经济的发展对劳动关系转型的影响。

2.1 广东社会由传统农业社会向现代工业社会的转型

根据钱纳里等（1989）以及陈佳贵等（2007）有关工业化评价的库兹涅茨一般模式，当一个区域的第一产业GDP占比较大时，为工业化的初期；当一个区域的第一产业GDP占比小于20%时，为工业化的中期；当第一产业GDP占比为10%左右，第二产业占比最大时，为工业化的后期。在1978年，广东是一个典型的农业社会，处于工业化的初期，当年GDP中第一产业的比例为29.8%，农村户籍人口占全省总人口的83.7%，农村人均年收入为193.25元。之后，外向型经济发展到2005年，GDP中第一产业的比例为6.2%，农村户籍人口占全省总人口的48.1%，农村人均年收入为4690.49元（广东统计年鉴，2006）。与之形成对比的是全国的数据，依据2005年《中国统计年鉴》所提供的数据，我国2004年第一产业占比为13.1%，还处于工业化的中期。另据2010年全国第六次人口普查的数据，广东省普查登记常住人口中，居住在城镇的人口为69 027 813人，占66.18%；居住在乡村的人口为35 275 319人，占33.82%。与2000年全国第五次人口普查数据相比，城镇人口增加了21 507 812人，乡村人口减少了3 624 681人，其中城镇人口比例上升了11.18个百分点。由这些数据可以得出一个基本结论，广东已经在全国先行一步，进入了工业化社会的后期，即由传统的农业社会成功转型为现代的工业社会。

回顾历史，引发社会转型的起点在于广东被中央批准成立经济特区。自1978

年 12 月确定实施经济改革开放之后的两年，经济改革的目标并没有如预期所想，虽然"国有企业改革、工业改革本身取得了不俗进展，但整个经济没有太大改善，至少从常规的短期宏观指标来看确是如此"（科斯，2013），原因在于与经济体制改革配套的其他体制需要同步改革。然而，要在全国范围内推行全面的体制改革，阻力非常大，涉及的各种利益关系错综复杂，只能寻找局部的突破口，而广东凭借其历史、地理、文化等优势，被中央选中成为改革的实验点，成立了经济特区。

广东自 1980 年成立经济特区之后，其外向型经济的发展取得了巨大的成就。《中华人民共和国 2012 年国民经济和社会发展统计公报》显示，1978～2012 年，农村居民人均年纯收入从 193 元增长到 10 542.8 元、城市居民的人均年收入从 402 元增长到 30 226.71 元。30 多年的高速发展，解决了以往计划经济体制下难以解决的温饱问题，极大地提高了广东百姓的物质生活水平，也为国家的外汇储备增长作出了显著的贡献。正如沈原（2009）所总结的，短短的 30 多年，中国社会就从一个科尔内（Kornai）笔下的"短缺经济"体制走向了以市场经济为主体的"丰裕社会"……但导致这个"经济奇迹"的"体制奇迹"，迄今为止未必为人所深切体察。广东的经济奇迹有很多的相关研究，但影响广东取得这些经济发展成就的社会文化因素、政治因素，并没有获得足够的重视。笔者虽然认同沈原教授的研究结论，即人们原本以为市场经济会自然而然带来的那些社会范畴，如自由、民主、平等、民权等，竟然连一个都没有实现，但仔细回顾广东自 1978 年至 2014 年的 37 年社会转型，可以得出一个有别于中国社会整体转型的结论：广东社会的民主、平等、公民意识，在全国先行一步，其用行动证明了岭南人的社会转型与其经济发展之间的关系是相辅相成的。这种先行一步的社会转型，已经影响到整个广东省的社会公民、劳动者、资方对于劳动关系冲突的态度、行动和解决方式，劳动者更懂得自身权益的维护、百姓更接受法治的社会管理模式、资方更重视企业社会责任的履行、政府更懂得在劳方与资方之间进行平衡。

由传统农村社会向现代工业社会转型过程中，广东面对了各种社会矛盾和冲突。"现代化是一个整体，一个'文化丛'，其丰富内涵不是经济现代化本身所能表达的"（陆学艺和李培林，2007）。在现代化过程中，广东社会转型主要体现在：社会价值观的转型、生活行为方式的转型以及社会结构的转型。在这个转型过程中，并不完全如"大多数社会学家强调'结构'对'行动'的制约作用"（沈原，2009），而是"结构"与"行动"的互动过程。即"社会结构模式、社会规范和制度安排"等对于"社会行动"的支配，反过来，"社会行动"又对"社会结构模式、社会规范和制度安排"产生影响，促进社会结构创新和完善。一般来说，在社会框架稳定时期，"结构"对"行动"的支配和制约作用明显；但在社会框架不稳定、不完善的情况下，人们在努力寻求与社会发展相适应的制度安排，往往行动之后，人们意识到需要与新的行动相配套的社会结构。因此，从社会学的角度分析，在社会转型时期，"社会行动"与"社会结构"之间的关系是互为因果的。下面针对"社会结构"与"社会行动"，回顾广东过去 37 年的转型特征与表现，从中可以看出，发生在 1977 年前的广东年轻人"逃港"行动，促使中央进行制度变革；成立经济特区之后，按照市场经济要求完善社会管理所需要的制度和法规；制度变革之后，广东人的思想意识、生活方式和社会行为发生改变，并促使制度变革继续完善，如"孙志刚事件"引发的取消收容遣送制度。

2.1.1 广东年轻人"逃港"所引发的经济社会改革

1977 年 11 月 11 日，邓小平在广东商议在北京召开中央军事委员会会议的计划时，有人向他汇报了年轻人试图越境逃往香港的问题。每年都有成千上万的年轻人冒着生命危险从陆路或水路逃往香港（傅高义，2013）。在 2010 年出版的《大逃港》一书（陈秉安，2010）指出当时政府面临的压力之大：1962 年，宝安县逃跑到香港的人数是 12 144 人，而 1978 年宝安县逃跑到香港的人数是 17 456 人。因此，陈秉安（2010）认为"逃港"事件是中国改革开放的催生针。

毫无疑问，"逃港"的国际影响惊动了中央高层。傅高义（2013）在其专著《邓小平时代》中就有一段这样的描述：邓小平一向有着坦率承认令人不快的事实的作风，他听过汇报后说，用警员或军队解决不了问题。边境两侧生活水平的差距才是症结所在。要想解决问题，中国就要改变政策，改善边境这边人们的生活。对于"文化大革命"的严重错误，邓小平认为不能全归罪于一人，"我们大家都有份"，更大的问题是导致这些错误的制度缺陷。政治体系控制到每家每户的做法搞过了头，造成了恐惧和主动精神的丧失；对于经济体系的控制也搞过了头，导致的是失去活力的僵化。中国的领导人究竟怎么样才能做到既维护国家稳定，又为社会松绑？邓小平决定允许沿海地区以较快的速度发展，试行新制度，使之变成推动中国其余地区发展的动力机（傅高义，2013）。

推动和实施广东制度转型的是 65 岁的习仲勋。习仲勋于 1978 年春天担任广东省委书记，扭转了广东经济社会发展历史的节点，确定了改革方向：改变政策、改善民生、标本兼治、发展经济。习仲勋有着丰富的地方政府和企业管理经验，他于 21 岁担任陕甘边苏维埃政府主席、26 岁当地委书记、40 岁以西北局第二书记身份调京出任国务院秘书长、46 岁成为国务院最年轻的副总理、49 岁遭遇"小说反党"诬陷坐牢、下放国企当过副厂长。对于习仲勋到广东担任省委书记一职，老百姓寄予了很大的希望。

习仲勋在刚到广东主政时就敏锐地发现，广东的工业低速增长，农业发展缓慢，国民经济停滞不前（刘雪明和魏景容，2013）。面对经济困境，习仲勋首先寻找的是思想上的改变。在 1978 年 9 月上旬举行的中共广东省委关于真理标准问题的学习讨论会上，习仲勋指示要利用关于真理标准问题、真理实践问题大讨论的机会，联系广东经济发展的现实状况，反思广东省社会经济发展中遇到的各种突出问题，以总结新中国成立以来的历史经验教训。

习仲勋主政广东之后，于 1979 年 5 月 5 日指派广东省革委会副主任黄静波把在深圳关押的 7 万名试图"逃港"群众全部放掉。问起当年的事，黄静波强调，当时是"极左"认识占上风，长期以来把"逃港"群众当成"敌对分子"看待，就是抓、就是押。习仲勋的态度是：老百姓的生活条件差，"逃港"问题就解决不了，不能把他们叫偷渡犯……这些人是外流不是外逃，属于人民内部矛盾，不能把他们当成敌人，关键要把经济建设搞好。放人之后，有人给中央告状，叶剑英的答复是："广东的事情以后直接找仲勋同志反映。"时隔 20 多年，习仲勋的夫人齐心仍然记忆犹新：有同志反映习仲勋对外逃不重视，实际上他重视外逃问题，反对以"左"的方法处理外逃问题……必须清理"左倾"的遗毒，要采取标本兼治的积极态度，从源头抓起，把经济建设搞上去，才有可能从根本上解决外逃问题。

在广东年轻人"逃港"事件的处理中，已经明显传递出了广东先行一步的社会背景和政治背景信息。在社会背景中，广东人的生存环境与邻近的香港相比，差距之巨大，引发了人心不稳。在政治背景中，领导人的执政理念也从意识形态至上，转为关注百姓民生问题。正是广东年轻人的"逃港"行为，顶开了"极左"思想的一条缝隙，开始了经济制度的改革；也正是这个事件的处理，影响了后续的制度创新，广东人开始逐渐探索、逐渐熟悉制度与人们行为之间的互动关系。

习仲勋作为广东省委领导，在顺利处理年轻人逃港事件之后，开始按照其主政思路着手重点解决民生问题。当时，习仲勋指示省革委会黄静波副主任和齐心同志（习仲勋夫人）上任前先绕道安徽向万里同志学习农村"家庭联产承包责任制"，他们到达广东之后，立即推行农村农副产品输港创外汇，让老百姓家里先要有口粮，手里先有零钱花。与此同时，平反冤假错案，解放出来一大批干部，充实各级领导岗位，扭转极"左"思潮，这些干部先后成为深圳经济特区、珠海经济特区、汕头经济特区建设的骨干力量。针对知识青年返城待业的社会问题，广东省政府则出台各种政策，鼓励兴办镇办、村办企业，提供政策和场地，发展个体经营，解决了返城知青和农村富余劳动力的出路。

习仲勋立足广东实际，明确提出了广东实行改革开放的两大政策目标（刘雪明和魏景容，2013）。第一是对内改革。改革的重点首先放在农业的经济体制方面，包括：解放思想，大办农业，同时发展农林牧副渔业和农副产品加工业，发展商业；在生产布局上，发挥广东的特点，发展广东的经济作物等，促进外贸出口工业的发展；恢复和发展多种形式的经济责任制，推行家庭联产承包责任制；

调整农村产业结构和经济结构。第二是对外开放、开展经济管理体制改革。包括筹建深圳、珠海出口基地；向中央争取特殊政策和各项灵活措施；创办经济特区；扩大企业自主权；改革价格和商品流通体制等（习仲勋主政广东编委会，2007）。

2.1.2 商品经济到市场经济价值观的转型

广东的社会价值观转型，是从成立特区之前开始的。首先是从意识形态的争论中跳出来，从以阶级斗争为纲转为以经济建设为中心。因此，邓小平主导的改革开放，被广东的学者誉为"伟大的思想解放运动"（曾牧野，1997）。但在变革过程中，执政者最担心的是这些经济变革会给社会带来什么影响，一旦鼓励人们追求经济利益，是否会带来个人仅仅重视物质利益而忽视公共责任、扩大贫富差距、富人剥削穷人等现象再度出现。在中国社会转型过程中，Lu（1997）的研究认为需要重点分析商业思想道德的转型，并且有 4 个因素需要考虑：中国的传统道德、马克思主义哲学思想、改革开放的经济思想以及外来的商业道德。在这四个因素影响之下，Lu（1997）划分了 3 个阶段，分别为 1978～1984 年、1984～1994 年、1994 年至今。如果借鉴这个划分标准，考虑广东毗邻香港的特征和经济特区的建设，社会转型中的意识形态转型可以划分为另外三个阶段，分别是：1978～1980 年、1980～1992 年、1992 年至今。

1. 1978～1980 年为思想意识转折年

1978～1980 年为纠正思想意识"左倾"阶段。在这个阶段，基本确定了经济发展和社会发展的宗旨问题，相较于全国的纠正进度，提早了两年。1978 年之前，广东与全国的情况基本一致，商品经济发展程度很低，经济运行以高度集中的计划体制为核心，基本上是一种生产力较低的产品经济，整个社会以阶级斗争为纲，经济发展目标被排除在省政府的发展目标外。在广东的宝安县，受到一河之隔的香港经济影响，为了彻底解决年轻人逃港行为，广东省领导决定先发展经济，给予深圳和珠海农村经济发展的政策。1979 年 1 月，深圳宝安县委向广东省委呈递了一份报告，要求省委在经济开发上给予更多的"权"，结果是 1979 年 3 月 6日，广东省委批准了宝安县委《关于发展边防经济的若干规定》的报告（13 条），深圳很快掀起面向香港、抓活经济的热潮。种蔬菜、挖鱼塘，只用了两年时间，全市就挖了 7 万亩鱼塘，改种了 7 万亩蔬菜田，大量的蔬菜、鱼鲜销往香港，深圳人民的生活很快富裕起来（陈秉安，2010）。

宝安县、珠海县的这些政策惠及了广东的沿海农村地区，在中央决定开办特区之前，深圳、珠海已经有了一个实行特殊政策的地区，其范围基本上就是后来举办特区的区域。档案显示，最早进入深圳投资办厂，"试水"中国改革开放的那批人，不少便是在香港发了财的当年的"逃港者"（陈秉安，2010）。1980 年 8 月

26日，在叶剑英主持召开的五届人大会议上，正式宣告了深圳经济特区的诞生，标志着思想意识纠正"左倾"的一个转折点。

2.1980～1992年为商品经济社会价值观树立阶段

1980～1992年为广东商品经济价值观的树立阶段，伴随这个阶段，也是外向型经济的探索阶段，广东人逐渐适应经济全球化的市场经济规则，整个社会价值观受到当时改革开放的经济思想和外来的商业道德影响。需要说明的是，全国范围的农村改革是自1982年1月1日中共中央批转《全国农村工作会议纪要》开始的，而广东农村经济发展当时已经得到了进一步的解放，农村全面实行了各种责任制，包括小段包工定额计酬，专业承包联产计酬，联产到劳，包产到户、到组，包干到户、到组，等等。此后，广东农村改革开始快速推进，家庭联产承包责任制在农村得到普遍推广，农业生产大幅提高，农民收入大幅增加，困扰广东多年的粮食问题得到解决。从宏观回顾，在思想意识方面彻底摆脱了"左倾"思潮的影响，1982年9月1日至11日，在中国共产党第十二次全国代表大会上，邓小平致开幕词："我们的现代化建设，必须从中国的实际出发。把马克思主义的普遍真理同我国的具体实际结合起来，走自己的道路，建设有中国特色的社会主义，这就是我们总结长期历史经验得出的基本结论。"代表大会确定了在20世纪末，国民生产总值翻两番的目标，这个目标在2000年的时候，已经超额完成。在1984年10月1日庆祝中华人民共和国成立35周年的阅兵式上，邓小平站在天安门城楼面对全国人民和外国使节再次宣告：中国到2001年，国民生产总值翻两番，人均国民生产总值翻两番，达到1042美元，基本解决温饱问题，实现小康社会。事实上，到2001年，所有的目标都实现了。

在领会中央政策的过程中，广东人的灵活、开拓精神开始显现。在20世纪80年代，广东人用好政策、用足政策成为一个时尚，当时流传在广东的一个说法是"遇到绿灯快步走，遇到红灯绕着走，没有灯光摸着走，永远不停往前走"，各种商品经济的形式不断涌现。在城镇，私营经济和个体户大量涌现，整个20世纪80年代，广州的灯光夜市非常有名，西湖夜市、区庄立交桥夜市每天晚上交易频繁，上下九路、高第街、北京路等则汇聚了全国各地来穗采购服装的商人，这些批发市场之后发展成为全国知名的白马服装市场等专业市场。

广东人的"全民皆商"意识，带来了社会生活方式的全面变化。随着粮食配给制的放松和布票的取消，20世纪80年代初期消费者购买力提高，需求变得多样化，个体消费者纳入市场经济的程度增大，这种变化的根源在于岭南人重商的传统文化，其表现形式就是开商铺，允许私营和个体经济的发展，广东的私营和个体经济数量和规模在全国处于领先地位。1989年年末，广东的城镇个体劳动者人数为58.11万人，比1985年的31.69万人增加了26.42万人（广东统计年鉴，

1990）。广东人重商的文化精神渗透于百姓生活方式的各个领域，构成岭南浓重的文化氛围，是广东最早形成市民社会的动因。在重商文化氛围中，广东人得到的评价是：讲究实务和实际利益，生活中追求世俗，因重视感官享受而使得饮食文化海内外知名。在广州的上下九路等商业街，市井风情画最具岭南代表性，"行街"、购物和生意是广东人的一种生活方式，平等、等价交换的价值观念渗透在市民生活及岭南社会的各个层面。广东人的重商文化不仅渗透于市民生活，还深刻地影响着整个广东的社会结构。从全国范围比较，广东的平民意识、平等观念和市民社会最早形成，西方的商业理念在岭南最早登陆，中国近现代史上的伟大变革和文化巨人（如康有为、梁启超、孙中山等）引发的中西文化激烈碰撞和社会变迁影响了整个中国近代史，因此岭南也被认为是中国近代革命的发源地和中心。而在改革开放中，中央给予广东的优惠政策作用巨大，加上临海且毗邻港澳的地缘优势，以及华侨众多的人缘优势，最终造就了今天的整体文化氛围。重商性和平民性是广东社会文化特质中起主导作用的两个内涵，其中重商性是基础，这两个文化特质共同造就了岭南物质文化的多元性、实用性，使百姓的观念文化中更具有开放性、冒险性、求变的动态心理和兼容的胸怀。

在这个阶段，国有企业的改革滞后于私营经济和个体经济发展。广东与全国一致，1985 年开始国有企业的改革，人们开始意识到"打破铁饭碗"改革的必要性，也经历了各种阵痛。1986 年 12 月 2 日六届全国人大常委会第 18 次会议通过的《中华人民共和国企业破产法（试行）》，进一步让广东的百姓意识到企业也有破产倒闭的可能性。但在 80 年代，变化最小的是中央政府直接管理的大单位，如海南和粤西、粤北的国营农场、大矿山、石油化工联合企业，其社会生活还保留高度的"自我封闭性"（傅高义，1991），因而内部联系和文化水平较低。但到了80 年代后期，这些自我封闭的区域，受到珠江三角洲地区商品经济的强大影响。在改革开放的最初 10 年中，国有企业的职工工资是稳步增长的，但不如私营企业增加得迅速，因此在 80 年代末引发了第一波公务员和国有企业干部下海潮，这些国家干部开始选择自己创业或跳槽到私营企业工作。到 80 年代中期，物质逐渐丰富的社会生活方式的改变开始被人们接受和肯定。其中，"万元户"阶层的个体户引领人们的消费方式成为主流，如他们去高级饭店、看录像带、听录音机、跳迪斯科、骑摩托车、外出旅游，这类活动对广东百姓、特别是年轻人有很强的吸引力。虽然最初的个体户大多是社会无业人员，其中部分是劳教释放人员，"对于端着'铁饭碗'的人来说，他们是异类"（李振杰，1999），但个体户凭着勤劳和耐力成为中国先富起来的人群，对"万元户"的羡慕抵消了人们对国有企业的向往，明显缩小了国有企业职工与其他阶层人群社会、经济地位的差距。

有意思的是，整个 20 世纪 80 年代内地流行的一些争论，如"姓社"还是"姓资"、剥削问题（李振杰，1999）、讨论 1986 年 9 月十二届六中全会的《中共中央关于社会主义精神文明建设指导方针的决议》有关反对资产阶级自由化等，在广东似乎不存在激烈争论，更确切地说，广东人关注的是经济发展和生活的富裕，似乎对理论上的争论不敏感，原因还是在于广东的重商文化和务实精神。广东政府一面鼓励乡镇企业的发展，另一面鼓励周末工程师、个体户的发展，当时整个社会的舆论导向是经济发展。在生活方式上，依靠邻近港澳的优势，老百姓全面了解了香港人的社会价值观（如香港流行音乐）、香港的服装潮流，以购买到香港的商品为荣。

与此同时，国家有关私营经济的地位和对其的保护写入宪法之中。1988 年 3 月 25 日至 4 月 13 日七届全国人大一次会议举行，在这次会议上通过了宪法修正案，允许私营经济在法律规定的范围内存在和发展，私营经济被视为社会主义公有制经济的补充。国家会保护私营经济的合法权利和利益，对私营经济的发展则实行引导、监督和管理，以及将"土地的使用权可以依照法律的规定转让"等规定载入宪法。大会还通过了《全民所有制工业企业法》《中外合作经营企业法》。

在 20 世纪 80 年代，中国的改革开放不断深入。伴随着体制转轨、社会转型的启动和持续了数千年的农耕文明向工业文明、城市文明的转变，广东社会给中国乃至全世界留下深刻印象的是民工潮。广州每年春节之前的农民工返乡潮，成为世界新闻，春节之后的就业潮同样给广东带来巨大的压力。1989 年 2 月，第一次民工潮爆发。刚过完春节，来自河南、四川、湖北的百万民工涌向珠江三角洲和长江三角洲地区。从 1988 年开始的治理整顿，迫使诸多项目下马，由此失业的 500 万名农民工被迫返乡。同时，整顿也加速了乡镇企业的倒闭，乡镇企业接纳农村富余劳动力的能力越来越弱。为生计所迫的农民工只好再次卷起铺盖，奔向城市。此后，随着中央政策的调整，出现过潮涨潮落，但农民工总人数逐年上升。据 1999 年国家统计局的资料显示，城市农民工人数达 8000 万人，到 2003 年发展到 9900 万人，2014 年的农民工超过 2 亿人。

民工潮改变了中国城市的面貌，也改变了中国社会的原有秩序。广东由于吸引外资、发展乡镇企业，需要大量的劳动者，造成广东成为农民工就业机会最多的省份。农民工为中国的现代化建设作出了巨大的贡献，2004 年国务院发布的 1 号文件对他们作出这样的评价，"农村富余劳动力向非农业和城镇转移，是工业化和现代化的必然趋势"，允许农民进城务工就业，不但促进了农民收入的增加，而且促进了农业和农村经济结构的调整，同时促进了城镇化的发展，也促进了城市经济和社会的繁荣。

这个阶段的商品经济发展最后几年受到 1989 年发生的"六四"风波影响。事件后邓小平等中央领导的讲话，肯定了要走自己有特色的社会主义道路，但具体如何走向下一步，是否允许个体经济和私营经济的进一步发展，没有任何一个先验性的借鉴对象，全国的经济也包括广东的经济发展陷入观望阶段，社会意识形态又陷入困惑和茫然之中。例如，从 1979 年开始发展个体经济，标志着私营经济发展的开始，截止到 1988 年年底，全国的私营企业从零开始，发展到 9 万多户，从业人员达 164 万人，但 1989 年的动乱使得私营经济出现急剧下滑，从 90 851 户减少到 76 581 户，减少了约 14 000 户，之后几年也处于徘徊不定的起伏状态（李振杰，1999）。

3. 1992 年至今为社会主义市场经济高速发展阶段

1992 年新年伊始，人们的思想还处于困惑之中，担心国家前进的步伐有可能慢下来。但就在这时，已经宣布退休两年的邓小平，在 1992 年春节视察了广东深圳经济开发区。同年 12 月，邓小平被英国《金融时报》推选为"1992 年风云人物"。这份殊荣之所以授予邓小平，是因为他已 88 岁高龄，没有在政府担任任何正式职务，但却使世界上人口最多的国家取得举世瞩目的经济成就。《金融时报》说，1992 年 1 月，邓小平亲自到华南创建的经济特区视察，"在全国引发起自由市场经济改革的新浪潮。"它还说："邓小平赞扬经济特区取得的成绩，主张加快发展速度，结果使全国出现经济繁荣局面，几乎可以肯定，中国现在经济增长速度是历年来最快的。""南方谈话"是《邓小平文选》的最后一篇，也被党史专家评价为邓小平理论的最高概括和总结。

根据傅高义（2013）出版的专著《邓小平时代》数据，邓小平南方谈话始于 1992 年 1 月 17 日，至 2 月 21 日结束，当时 88 岁的邓小平，以普通党员的身份到武昌、深圳、珠海和上海视察，对有关改革开放的政策和理论做了系统阐述。1992 年 1 月 20 日，邓小平在深圳国贸大厦 53 层俯瞰深圳市容时指出：我们到 20 世纪末达到小康水平，有了这一步发展，再赶上中等发达国家水平，才有希望，我们时间不多呀！1 月 23 日从蛇口港乘快艇抵达珠海。离开深圳前再次叮嘱市委负责人：你们要搞得快一点。1 月 25 日，视察珠海亚洲仿真系统工程有限公司。在听取情况介绍后说：科技是第一生产力。这个论断你认为站得住脚吗？我相信这是正确的。1 月 29 日，邓小平来到珠江冰箱厂，当听说这个乡镇企业小厂在 7 年间，产量增加了 16 倍，排名全国第一，并出口到东南亚一些国家时，他高兴地说："我们的国家一定要发展，不发展就会受人欺负，发展才是硬道理。"1992 年 2 月 28 日，中共中央将邓小平在武昌、深圳、珠海、上海等地视察期间的谈话要点作为中央 1992 年第二号文件下发，要求尽快逐级传达到全体党员干部。

邓小平同志南方谈话全面解决了当时困扰国人的姓"社"姓"资"问题，明确提出了"三个有利于"标准，社会主义的本质是解放生产力、发展生产力，消灭剥削，消除两极分化，最终达到共同富裕。如果本质问题解决了，计划和市场的优劣问题也就有了明确答案，邓小平明确提出："计划多一点还是市场多一点，不是社会主义与资本主义的本质区别。"他的讲话解开了姓"社"姓"资"的死扣。之后，在党的十四大上，江泽民同志在政治报告中主要依据邓小平同志南方谈话，从九个方面概括了建设有中国特色社会主义理论的主要内容。在五年后的十五大上，将这一理论命名为邓小平理论，并写进中共党章，成为与马列主义、毛泽东思想并列的党的指导思想，中国改革开放的进程从此不可逆转。邓小平同志南方谈话中"科学技术是第一生产力"的论断，在 20 世纪 90 年代中后期直接促进了中国的知识经济发展。政府关于留学生"都可以回来"的表态，促使大批留学生回国创业，从此诞生了一个拥有海外教育背景的知识精英阶层——"海归派"。

之后，广东兴起了第二轮的经济建设高潮，国家政策鼓励干部下海。那是个全民经商的时代，致富的欲望使人们积极投身市场的怀抱。他们从体制内移身商海，后来被归为"92 派"。邓小平南方谈话时说强调指出：低速度就等于停步，甚至等于后退！从数字显示，从 1989 年到 1991 年，中国 GDP 每年的增幅只有 5%左右，但在 1992 年当年，这个数字就大幅提升到 12.8%。此后，中国保持了"世界上经济增长最快的国家"的称号，2000 年国内生产总值达到 8.94 万亿元人民币，约合 1.08 万亿美元，实现了邓小平当初制定的"翻两番"的目标。

虽然，1992 年之后鼓励私营经济的发展，但针对私营企业的剩余价值问题的争论始终没有停止。在广东经济发展中有趣的是，私营经济的发展更加迅速。截至 1997 年 6 月底，全国登记的私营企业共有 94.96 万户，其中在管理部门登记注册的个体私营经济 84.88 万户，雇佣工人 1000 万人（李振杰，1999），其中广东的私营企业于 2006 年的增加值达到 10 396 亿元，成为全国首个私营经济总量超万亿元的经济大省（宋子鹏和杨少浪，2008）。

除了私营经济外，对广东的经济和社会发展作出巨大贡献的是来自香港的资金，2011 年全年，名义上港资达 770.11 亿美元。港澳在广东省的投资项目超过 10 万个，实际利用资金 1200 亿美元，占广东省实际外来资金的三分之二，其中绝大部分投资来自香港。伴随着广东的制造业发展，粤港澳形成了以广东为加工制造基地、港澳为购销管理中心的岭南格局。数以万计的港澳投资企业在广东各地蓬勃发展，数以百万计的劳动力受雇于港澳投资企业。珠江三角洲地区形成了具有竞争力的动态化产业集群，成为影响世界的加工制造业基地。深圳市投资额在 1000 万美元以上的项目和年出口在 1000 万美元以上的企业中，约80%是港商投资或参与投资的。2007 年，深圳国内生产总值比 1978 年增长了 789 倍，是南方最重要的高新技术研发和制造基地。香港资金的注入，迅速推动广东从农业为主的省份发展成工业发达的经济大省。广东的国内生产总值从改革开放前在中国内地的各省份中排第 5 位发展成为 1989 年的第 1 位并保持至今。

由于香港的资金涌入广东，加上文化、语言的相通，香港的社会文化生活方式，包括娱乐、服装、饮食等全面影响着广东。广东 30 年改革开放的历史，就是一部粤港澳合作的历史。广东 30 年的发展离不开港澳强有力的支持，离不开港澳资企业率先进入广东，率先投资、率先发展。改革开放初期，内地缺乏优良的货运设施和海外贸易网络，而香港当时已经是亚太地区重要的贸易中心，拥有世界先进水平的硬件设施和一流的贸易人才。在贸易量方面，香港是排名靠前的贸易伙伴，也是主要的出口市场。在资金、技术输入的同时，香港更为改革开放输入了许多先进的发展理念、经营方式和管理经验，促进了观念更新，为市场经济体制的完善提供了借鉴。广东市场经济改革之所以能够成功，一个重要原因就是拥有香港这样一个成熟的、国际化的市场经济体系可以借鉴，并为改革的启动和深化提供了源源不断的动力。霍英东投资兴建的内地第一家五星级酒店——白天鹅宾馆，不仅是因为宾馆硬件设施完备，更重要的是从一开业便打破当时的惯例，对所有普通市民开放，其服务意识、管理模式，都令当地政府官员和市民大开眼界，引发观念的更新，对广东服务业的兴起和发展产生了极大推动作用。四名香港商人投资的华南城国际工业原料城是占地 1.5 平方千米的工业原料及成品交易中心，集信息交流、展示、交易、仓储、货运、配送以及金融结算功能于一体，其规模之大、经营范围之广，堪称国内之最。在中央政府与特区政府签署了内地与香港、澳门关于建立更紧密经贸关系的安排（CEPA）之后，港资企业在内地的投资领域和投资区域不断拓宽，已经从传统的劳动密集型产业向基础设施建设、现代制造业、现代服务业等领域快速发展。

　　研究广东的劳动关系，同样需要关注来自台湾地区的资金。在改革开放之初，由于两岸尚处于对抗时期，台湾地区对两岸经贸往来限制严格，有许多台资以与港资合资的方式到大陆投资，甚至直接就在香港注册后以港资的名义来到大陆。初期的投资集中在劳动密集型、技术含量低的行业，像制伞、制鞋等。1989 年，来自台湾地区的资金，在大陆投资项目就有 540 个，签订的协议金额为 5.5 亿美元，实际利用资金 1.5 亿美元。之后，台湾当局放宽限制，于 1990 年正式提出《对大陆地区间接投资或技术合作管理办法》，有条件开放台商间接对大陆投资的限制，从而促进了台商对大陆投资的发展。台商以"台湾地区接单、大陆加工生产、产品外销"为经营模式，1990 年的平均外销比例达 85%。1992～1994 年，台资企业对大陆投资项目总计 2.3 万个，协议金额达到 200 亿美元，实际投资额 75.8 亿美元[①]。

2.1.3　社会公民意识逐渐增强

　　随着经济的发展，公民意识和法治社会治理受到重视。"孙志刚事件"引发的

---

① 资料来源：http://www.huaxia.com/sw/lajm/2007/00708513.html

取消收容遣送制度是广东社会转型的一个成熟标志,给外来工的流动带来了更多的机会。2003 年 3 月份孙志刚被送进广州收容遣送站,两天后蹊跷死亡,后经法医鉴定乃毒打致死,同年 4 月份南方都市报率先报道,然后引起全国媒体的跟进报道,最终形成了强大的舆论监督,促使政府相关社会治理制度的完善。

在孙志刚事件发生之前,中国地方政府对于流浪汉和乞讨者的救助,一般通过收容所,其目的在于帮助城市的无业游民返回家乡。但是,在政策的执行过程中,救助弱者的效果不理想,甚至出现少数工作人员对被收容者进行敲诈勒索、辱骂殴打的违法行为。同时,中国许多大中城市,如北京、上海、广州等地规定,所有外来务工人员必须在一定期限之内办理暂住证,否则就会被视为流浪者,而警察有权抓捕这些没有暂住证的流浪者,把流浪者遣返原籍、关押在收容所。某些警察在执法过程中,仅仅锁定那些没有职业的外来农民工、流浪者、乞讨者等弱势群体。一旦举办一些大型活动,以为了安全的理由,可能会采取集中抓捕和遣返的行动。在孙志刚事件之前,也曾经发生过一些收容所工作人员违法的现象,但是由于孙志刚是一名大学生,其身份有别于一般的农民工,因而产生了极大的社会影响。在媒体详细报道了这一事件之后,社会舆论针对收容遣送制度进行了大讨论,先后有八名学者上书全国人大,要求就收容遣送制度进行违宪审查。社会讨论、学者关注的结果是同年 6 月 20 日国务院总理温家宝签署了国务院令,颁布了《城市生活无着的流浪乞讨人员救助管理办法》,该办法的公布标志着《城市流浪乞讨人员收容遣送办法》的废止。

正因为孙志刚事件发生在新闻媒体较开放的广州才得以出现法治进程中的"奇迹"。广州的黄村街是当时孙志刚暂住的地方,是一个典型的城中村,村里见缝插针地盖满了三至五层的"握手楼",吸纳着来广州谋生的中低收入群体,其中不乏与孙志刚相似、刚刚走出大学校园不久的外地毕业生。比起孙志刚,他们是幸运的,因为他们无须办理暂住证,更不会被收容。发生孙志刚事件的黄村街派出所,墙上贴出了四句话"人要精神,物要整洁,说话要和气,办事要公道",还加上了三个"假如":"假如我是一名老百姓""假如我是一名受害者""假如我是一名求助者"。2005 年,这家派出所荣升"全国一级公安派出所",是当年广州唯一获此称号的派出所,也是天河区首个"全国一级"。可以说,孙志刚事件也转变了广东公安等执法队伍的执法理念,更加尊重法规的严肃性,照章办事、廉洁奉公的口碑最好。

值得提及的是广州的新闻记者陈峰和其就职的报社。如果没有陈峰对新闻线索的敏感和坚持不懈的调查,孙志刚的死也许会不为人知。《南方都市报》总编辑一开始就认为,报道的目标非常清晰:最好能导致制度的反思和修改。事实证明,他的判断并非虚妄,但他也没有料到,"事情会解决得这么干净利索"。他认为,这显示出当年决策层与民意的良性互动(方可成,2010)。

经历 37 年的改革开放，回顾历史，可以看出 1978 年改革开放以前，人们对基本国情的判断和认识超越了社会主义初级阶段的实际情况，简单认为社会主义经济制度只能由公有制经济构成，而非公有制经济仅仅被允许在一定范围存在，也只允许一定的发展空间，作为经济发展所需的权宜之计。从 1978 年实施改革开放政策之后，一直到党的十二大，发生了根本的转变，肯定了"劳动者的个体经济是公有制经济必要的补充"。到 20 世纪 90 年代，党的十三大把私营经济、中外合资合作经济、外商独资经济同个体经济一起作为公有制经济必要的和有益的补充。经过实践的检验，明确了多种经济成分长期共同发展不是权宜之计，应该被视为一项长期的方针。党的十五大又深刻总结改革开放的实践成果，基于所有制结构改革经验，第一次明确提出，"公有制为主体、多种所有制经济共同发展，是我国社会主义初级阶段的基本经济制度，非公有制经济是我国社会主义市场经济的重要组成部分"。这些转变标志着党对社会主义初级阶段的基本经济制度认识提升了一个层次，认识与实践更加吻合。

2.2 广东经济由计划经济向外向型经济的转型

1978～2014 年，得益于改革开放的政策支持和经济特区的影响效应，广东省经济持续发展。尤其在 1992 年 3 月邓小平同志南方谈话之后，意识形态获得解放，外资和民营经济的大力发展，促进着广东省经济的高速腾飞，GDP 年增长率曾超过 20%。近年来，受到国际金融危机、自身资源分配及平均工资增长等因素的影响，广东省经济发展遭遇瓶颈，2009 年、2012 年、2013 年 GDP 的实际年增长率低于 10%。与此同时，广东省出口总额和使用外商实际投资额也同样经历了大幅度增长而后跌落至低谷，近年来再恢复增长的态势。广东省多变的外向型经济势必影响到相应的劳动关系，因此，研究不同阶段不同经济状态下的广东省劳动关系模式转变、劳动争议变化特点及集体停工事件的趋势、特点等具有重大意义。

2.2.1 广东的 GDP 增长与外向型经济发展

表 2-1 显示，在 1978 年，广东省 GDP 为 185.85 亿元，占全国 GDP 的比例为 5.1%，位居第五。改革开放之后，经过十年的努力，到 1989 年，广东省 GDP 为 1381.39 亿元，占全国比例的为 8.13%，位居全国第一。邓小平同志南方谈话之后，在 1992～1994 年，广东省 GDP 保持了近 20% 的实际年增长率，进入历史最快的发展阶段。1995～2007 年，广东省 GDP 一直保持 10%～15% 的实际增长率，占全国 GDP 比例维持在 10%，稳居全国第一。

表 2-1　1978～2014 年广东省历年 GDP 主要指标（%）

年份	GDP/百万元	名义增长率	实际增长率	占全国比例	位次
1978	18 585	—	1.0	5.10	5
1979	20 934	12.6	8.5	5.15	5
1980	24 965	19.3	16.6	5.49	5
1981	29 036	16.3	9.0	5.94	4
1982	33 992	17.1	12.0	6.39	3
1983	36 875	8.5	7.3	6.18	3
1984	45 874	24.4	15.6	6.36	3
1985	57 738	25.9	18.0	6.40	3
1986	66 753	15.6	12.7	6.50	3
1987	84 669	26.8	19.6	7.02	3
1988	115 537	36.5	15.8	7.68	2
1989	138 139	19.6	7.2	8.13	1
1990	155 903	12.9	11.6	8.35	1
1991	189 330	21.4	17.7	8.69	1
1992	244 754	29.3	22.1	9.09	1
1993	346 928	41.7	23.0	9.82	1
1994	461 902	33.1	19.7	9.58	1
1995	593 305	28.4	15.6	9.76	1
1996	683 497	15.2	11.3	9.60	1
1997	777 453	13.7	11.2	9.84	1
1998	853 088	9.7	10.8	10.11	1
1999	925 068	8.4	10.1	10.32	1
2000	1 074 125	16.1	11.5	10.83	1
2001	1 203 925	12.1	10.5	10.98	1
2002	1 350 242	12.2	12.4	11.22	1
2003	1 584 464	17.3	14.8	11.67	1
2004	1 886 462	19.1	14.8	11.80	1
2005	2 255 737	19.6	14.1	12.20	1
2006	2 658 776	17.9	14.8	12.29	1
2007	3 177 701	19.5	14.9	11.95	1
2008	3 679 671	15.8	10.4	11.72	1
2009	3 948 256	7.3	9.7	11.58	1
2010	4 601 306	16.5	12.4	11.46	1
2011	5 321 028	15.6	10.0	11.25	1
2012	5 706 792	7.2	8.2	10.99	1
2013	6 216 397	8.9	8.5	10.93	1

资料来源：根据历年广东统计年鉴汇总计算所得

从表 2-1 还可以看出，虽然受到国际金融危机的影响，2008～2013 年广东省 GDP 的增速有所减缓，但仍然保持着 8%～12% 的增速，其中 2009 年、2012 年、2013 年的实际增长率分别为 9.7%、8.2%、8.5%。据羊城晚报报道，由于广东的外向型经济发展成就显著，2014 年全省地税系统累计组织税费收入 8359 亿元，同比增长 11.1%，2014 年广东地税税收收入规模已连续 21 年居全国首位，占全国地税系统税收收入的 11.1%。

在广东 GDP 总额中，外向型经济的成分最大。1987 年广东省进出口总额为 210.37 亿美元，其中出口总额为 101.40 亿美元，进口总额为 108.97 亿美元，呈入超状态。到 1994 年，进出口总额已达到 966.63 亿美元，进出口差额为 37.59 亿元，呈出超状态。进入 2007 年以后，出口总额已经大大超过进口总额，进出口差额超过 1000 亿美元。在 1978～1994 年，以 1987 年为基点，最高的年出口增长率达到 46.12%，除 1993 年（11.76%）外，其他年份的增长率都超过 20%；1995～2007 年，广东省出口总额持续增长，其中，2002～2007 年保持 22% 以上的增长率；在遭受国际金融危机期间，2009 年出口总额出现了负增长（−11.19%），如表 2-2 所示。

表 2-2　广东省进出口总额　　　　　　　　　（单位：亿美元）

年份	进出口总额	出口	增长率	进口	差额
1987	210.37	101.40	—	108.97	−7.57
1988	310.19	148.17	46.12	162.02	−13.85
1989	355.78	181.13	22.24	174.65	6.48
1990	418.98	222.21	22.68	196.77	25.44
1991	525.21	270.73	21.84	254.48	16.25
1992	657.48	334.58	23.58	322.90	11.68
1993	783.44	373.94	11.76	409.50	−35.56
1994	966.63	502.11	34.28	464.52	37.59
1995	1039.72	565.92	12.71	473.80	92.12
1996	1099.60	593.46	4.87	506.14	87.32
1997	1301.20	745.64	25.64	555.56	190.08
1998	1297.98	756.18	1.41	541.80	214.38
1999	1403.68	777.05	2.76	626.63	150.42
2000	1701.06	919.19	18.29	781.87	137.32
2001	1764.87	954.21	3.81	810.66	143.55
2002	2210.92	1184.58	24.14	1026.34	158.24
2003	2835.22	1528.48	29.03	1306.74	221.74
2004	3571.29	1915.69	25.33	1655.60	260.09
2005	4280.02	2381.71	24.33	1898.31	483.40
2006	5272.07	3019.48	26.78	2252.59	766.89
2007	6340.35	3692.39	22.29	2647.96	1044.43
2008	6834.92	4041.88	9.47	2793.04	1248.83
2009	6111.18	3589.56	−11.19	2521.62	1067.93
2010	7848.96	4531.91	26.25	3317.05	1214.86
2011	9133.34	5317.93	17.34	3815.41	1502.52
2012	9839.47	5740.59	7.95	4098.88	1641.71

资料来源：广东统计年鉴，进出口差额负数为入超

自改革开放后，广东实际利用外资和外商直接投资规模稳步扩大，占全国比

例最高达 41.87%，最低也有 16.51%。在 1978～1994 年，广东省使用外商实际投资年增长率最高为 1993 年的 111.12%；1995～2007 年，广东省使用外商实际投资年增长率也基本保持在 6% 以上；2008～2012 年，广东省使用外商投资年增长率最低为 2009 年的 1.92%（广东统计年鉴，2013），见表 2-3。

表 2-3　广东省实际利用外资情况　　　　　　　　（单位：万美元）

年份	广东省使用 外商实际投资	增长率/%	全国使用 外商实际投资	广东省 占全国比例/%
1979～1984	128 529	—	410 400	31.32
1985	51 529	—	195 600	26.34
1986	64 392	24.96	224 400	28.70
1987	59 396	−7.76	231 400	25.67
1988	91 906	54.73	319 400	28.77
1989	115 644	25.83	339 200	34.09
1990	145 984	26.24	348 700	41.87
1991	182 286	24.87	436 600	41.75
1992	355 150	94.83	1 100 800	32.26
1993	749 805	111.12	2 751 500	27.25
1994	939 708	25.33	3 376 700	27.83
1995	1 018 028	8.33	3 752 100	27.13
1996	1 162 362	14.18	4 172 600	27.86
1997	1 171 083	0.75	4 525 700	25.88
1998	1 202 005	2.64	4 546 300	26.44
1999	1 220 300	1.52	4 031 900	30.27
2000	1 223 720	0.28	4 071 500	30.06
2001	1 297 240	6.01	4 687 800	27.67
2002	1 311 071	1.07	5 274 300	24.86
2003	1 557 779	18.82	5 350 500	29.11
2004	1 001 158	−35.73	6 063 000	16.51
2005	1 236 391	23.50	6 032 500	20.50
2006	1 451 065	17.36	6 302 100	23.03
2007	1 712 603	18.02	7 476 800	22.91
2008	1 916 703	11.92	9 239 500	20.74
2009	1 953 460	1.92	9 003 300	21.70
2010	2 026 098	3.72	10 573 500	19.16
2011	2 179 836	7.59	11 601 100	18.79
2012	2 354 911	8.03	11 171 600	21.08

资料来源：广东统计年鉴、中国统计年鉴

2.2.2　广东的外向型经济与产业结构调整

追溯历史，从 20 世纪 80 年代初期到 1994 年，中国的经济体制改革围绕"放权让利"的核心思想，为实体经济的发展注入新活力。地处沿海、毗邻港澳以及拥有丰富的华侨资源,使广东省在全国先行一步,进行改革开放的初步探索。1979年,国家在广东省的深圳市、珠海市、汕头市设立了经济特区。经济特区以"外向型经济"为发展目标,通过减免关税等优惠政策,实行灵活的经济管理,为投资者创造良好的投资环境。与此同时,日益严重的劳动力短缺和劳动力成本上升,威胁着香港在国际市场的竞争力,香港的劳动力密集型制造企业看中了广东丰富廉价的劳动力资源,并在当地建立制造工厂,将产品运往其他地方销售(傅高义,1991)。

大量港商投资的企业进驻广东,不仅引进先进的技术和设备,还为劳动力提供就业岗位。从行业投资分布来看,在20世纪80年代初期,第三产业利用外部资金比例为50%以上;80年代中后期以来,第二产业利用外部资金比例则独占鳌头,主要集中在劳动密集型工业和电力工业,向广东转移的劳动密集型企业大部分源于香港。第八个五年计划以后,除电力工业外,交通运输和房地产开发也逐渐成为港商投资的热点(罗流发,1996)。从1979年到1995年的直接对中国内地投资中,大约三分之二来自或者至少经由香港这个中国的"南大门"(傅高义,2013)。显然,在广东探索改革开放的道路中,香港成为投资、创业和知识的重要来源。

1985年之后,由于改革开放的政策逐渐清晰,广东省吸引港澳台资本的步伐也日益加快(云利珍和杨美琳,2001)。中央政府陆续出台《外商独资企业法》《关于鼓励外商投资的规定》等激励外商直接投资的法律法规,从而不断完善了中国的投资环境。由于得到了政府的政策支持,外商对华投资开始逐渐增多。随着广东经济的进一步稳步增长,外商直接投资的项目类别也呈现变化的态势,其中,生产型与出口型的投资项目在增长,宾馆、旅馆服务项目的比例有所下降,由此可见,广东省利用外资的结构获得到了较大改善。

广东经济转型的主要标志在于"经济驱动力转型和产业结构转型",在这个过程中,产业转移与产业结构调整之间存在明显的互动关系。制造业中的多数产品存在生命周期,在生命周期和生产要素变动下,企业的区位选择也发生转移。尤其是在投资区位比较的基础上,会形成一种态势,即属于某一产业或几个产业的多数企业达成寻求空间转换的共同意愿和行为,在地区吸引外资的政策指引下,企业通过区域直接投资实现了产业的区间转移,最后引发了区域产业结构的调整(安增军和刘琳,2009),并在新区域内形成产业集群。根据波特(1988)的研究,产业集群通常是指在某一个主导产业为核心的特定领域中,大量产业联系密切的企业以及相关支撑机构在空间上集聚,并形成强劲、持续竞争优势的现象。正因为形成了产业集群,集群内的企业可以围绕"核心产业"发生关联性,达成关联的经济性,实现共享资源、节约成本的目标,进一步获得了规模经济性和外部经济性的双重效益。

一般来说，几乎每个国家或地区都会处于特定的经济发展梯度，而不同的发展阶段可分成创新、发展、成熟、衰退四个阶段，在不同阶段内产业又遵循兴旺-停滞-衰退的路径。根据产业经济学的梯度转移理论，一旦出现一种新行业、新产品或新技术，随着时间的推移，最终都会由高梯度区向低梯度区传递（徐忠爱，2005）。在广东省，区际产业转移的时间节点出现在进入21世纪之后，粤东地区在已有产业集群和轻纺工业的基础上，依托着丰富、廉价的劳动力优势，加强了服装、纺织、塑料制品、玩具、农副产品加工、电力等产业集群的建设，当地政府致力于培养资本密集型的产业集群，如电子配件、化学医药行业等；粤西地区则发挥沿海以及自然资源优势，规划由石油化工、矿产资源深加工等带动的产业集群，强化上下游关联企业、相关产业之间的联系；粤北地区处于山区，则逐步培育了成长所需的市场条件，包括基础设施，同时提升百姓的文化素质和劳动力技能，逐步培育和提高市场化程度和经济开放程度。

从产业结构升级来看，广东的区域产业结构层次不断得到提升，而产业结构比例是转型升级的外延特征，也能较为直观地反映出广东产业转型升级的程度。表 2-4 的结果显示，珠江三角洲地区产业结构层次不断得到提升，服务业主导地位的凸现，促进了广东山区的工业化进程，产业转移取得了新的进展。从2000～2010 年的增长轨迹可以看出，珠江三角洲的第三产业增速快于第二产业增速，对GDP 增长贡献率也超过了50%，呈现出"服务业引导经济发展"的特点。

表 2-4　广东省主要年份各区域三次产业比例（%）

三次产业	年份	珠江三角洲	粤东	粤西	粤北
第一产业	2000	5.4	17.4	30.9	32.6
	2005	3.1	12.3	23.8	22.1
	2010	2.1	9.0	19.9	15.4
第二产业	2000	47.6	45.3	34.7	31.8
	2005	50.7	49.6	39.0	40.0
	2010	48.6	54.9	40.7	45.3
第三产业	2000	47.0	37.3	34.4	35.6
	2005	46.3	38.2	37.2	37.8
	2010	49.2	36.1	39.4	39.3

资料来源：广东统计年鉴，2010

2007 年，广东省委书记汪洋上任的第一天，在与广东官员进行会面时，广东省社科院科研处处长丁力，阐述了企业发展面临的问题："大多数工厂无自己的核心技术、无品牌、无市场渠道，企业老板只能赚到微利；当地农民靠出租土地、出租厂房，坐收渔利；地方政府'求稳'，只要工厂在这里，只要出口，就可以增加财政收入。"针对这种情况，汪洋提出的对策是"双转移""腾笼换鸟"，其含义是将珠江三角洲地区的低端制造业和劳动力转移至粤东、粤西和粤北地区，同时把高端技术、附加值高的产业引入珠江三角洲地区。2008 年 3 月，汪洋在东莞市考察时，对当地的政府官员说："东莞必须将低发展水平的劳动密集型行业制造产业转移出去……如果今天的东莞不积极、努力调整产业结构，明天可能就会被产业结构所调整……只要下决心迈出第一步，把笼子腾出来，不愁引不来金丝雀。"两个月之后，即 2008 年 5 月底，广东省召开推进劳动密集型产业转移和劳动力转移的"双转移"工作会议，在会上决定在未来 5 年投入 500 亿元人民币，调整结构、升级产业、优化劳动力素质、提高人均 GDP。可惜的是，一场如火如荼的产业转移改革，却遇上了 2008 年的国际金融危机，广东突然被置于风口浪尖，一方面"倒闭潮"和"民工返乡潮"同现，另一方面，改革形势不容乐观，正如丁力所感慨的，"现在笼子腾空了，却没引来金丝雀，广东还有很长的一段路要走"[①]。

2.2.3 劳动关系冲突与外向型经济的竞争优势

自 2001 年加入世界贸易组织之后，中国已全面融入全球化体系，国际市场的任何变化，都会对中国经济发展产生重要影响，特别是以外向型经济为主导的广东。2008 年，面对国际金融危机，中国外贸增长为 17.8%，相比之下，外贸总量居全国第一（三分之一）的广东却仅增长 7.7%，比 2001 年的外贸增长率（25.7%）下降了 18%[②]。在金融危机和产业升级的双重影响下，广东的外贸总量增幅开始逐渐下降，给劳动力就业和社会管理带来了前所未有的挑战。

经过各方努力，2010 年，广东的外贸进出口增长恢复到 28.3%[③]。然而，随着企业用工成本的迅速上升，广东劳动密集型企业的竞争优势有所下降，接到的国际订单也日益减少。2014 年 1 月 16 日，商务部召开例行发布会，新闻发言人沈丹阳表示，受成本高企、资金短缺、竞争加剧等因素的影响，2014 年外贸形势将十分严峻复杂[④]。广东作为中国外贸大省，《2014 年广东省政府工作报告》仅制定 1%的外贸增长目标。2014 年 5 月，国家出台《国务院办公厅关于支持外贸稳定增长的若干意见》后，《广东省支持外贸稳定增长实施方案》提出多项措施缓解广东外贸出口的下行压力，目标是确保 2014 年外贸进出口增长 2.4%。从全国性数据来看，中国的对外贸易形势不容乐观。2015 年 1 月 13 日，海关总署新闻发言人、综合统计司司长郑跃声，在国务院新闻办公厅举办的出口情况发布会上指出，2014 年我国对外贸易进出口比 2013 年增长 2.3%，这个增速与预期目标（7.5%）

---

① 资料来源：人民日报，2010 年 1 月 4 日

② 资料来源：新华网 http://news.xinhuanet.com/fortune/2009-01/13/content_10651188.htm

③ 资料来源：广东统计信息网 http://www.gdstats.gov.cn/tjkx/t20110124_81331.htm

④ 资料来源：中国新闻网 http://www.chinanews.com/gn/2014/01-16/5744380.shtml

存在较大差距①。

中国外贸出口增长下降的主要原因在于：经济发展的刘易斯拐点出现在 2004 年，工资增速超越了劳动生产率的增速，减弱了中国经济在制造业的比较优势（蔡昉和王美艳，2013）。根据蔡昉教授的研究，2004～2009 年，中国制造业的名义小时工资提高了 72.7%，快于小时劳动生产率增幅，导致单位劳动力成本提高了 16.1%。影响工资上涨的因素有很多，既有经济运行带来的通货膨胀，也有近几年频发的劳动争议、特别是由集体劳动争议引发的加薪潮。以 2010 年南海本田罢工事件为例，在罢工前，一级普通工人的工资仅为 1510 元②，经集体谈判协商后，增加为 2044 元③，并建立工资逐年递增机制。截至 2013 年，南海本田一级普通工人的工资在 2500 元/月左右，扣除各种保险费用后，到手工资约为 2200 元。同年，佛山南海本田部分工人因不满年度薪酬调整方案再次发生集体罢工。在各部门积极协调下，本田公司的劳资双方已达成共识，一级普通工人工资增加 310 元（14.4%），另有 50 元房补，名义工资达到 2810 元④。即南海本田一级普通工人名义月工资比 2010 年增加了约 86%。考虑到 2010～2013 年，佛山市通货膨胀率为 11%⑤，他们 2013 年实际月工资比 2010 年上涨了约 75%。

在宏观经济层面，劳动力成本上升已经开始影响到出口和吸引外资的速度上了。据中国海关总署新闻发言人、综合统计司司长郑跃声介绍，2014 年全国上半年进出口情况：传统制造业，特别是劳动密集型产业，正加快向东南亚等周边国家转移。2014 年一季度，我国纺织品等七大类劳动密集型商品在美国的市场份额下降了 0.6%，跌至 44.4%；在欧盟和日本的市场份额分别下滑了 0.9% 和 2.4%，分别为 41.2% 和 58.2%。与此同时，东南亚国家同类产品在美国、欧美和日本的市场份额则有所上升。例如，孟加拉同类产品在欧美市场份额同比提升了 0.6%；越南同类产品在日本市场的份额提升了 1%⑥。

工资和劳动生产率一直是经济学界关注的焦点，学者普遍认为，工资上涨和劳动生产率增长之间有着内在联系。瑞士洛桑国际管理学院世界竞争力研究中心，将国际竞争力定义为"一国创造与保持一个使企业持续产出更多价值和人民拥有更多财富的环境的能力"（王勤，2006）。国际竞争力理论最早由古典经济学家亚当·斯密的"绝对优势理论"和大卫·李嘉图的"比较优势理论"演化而来，赫克歇尔和俄林在前人研究的基础上，进一步分析了比较优势的来源，提出"资源禀

① 资料来源：人民网 http://www.022net.com/2015/1-13/451538232215887.html

② 王广永、邓柱峰：《南海本田员工或加薪》，《广州日报》，2010 年 5 月 21 日，第 FSA2 版

③ 资料来源：http://www.job853.com/MacauNews/news_list_show_macao.aspx?type=2&id=12238

④ 黄晓晴、赵映光、郑诚：《南海本田工人停工求加薪》，《羊城晚报》，2013 年 3 月 20 日，第 A23 版

⑤ 资料来源：佛山市统计信息网 http://www.fstjj.gov.cn/

⑥ 资料来源：http://gd.sina.com.cn/szfinance/chanjing/2014-07-10/15173304.html

赋理论"，这些研究对早期的国际贸易和国家竞争力作出很好的解释。

　　20 世纪 80 年代以后，全球经济环境发生了巨大变化，在一个明确的竞争力概念下，一套完整揭示国际竞争力演变规律的理论逐步成形，其中，竞争优势理论是最具代表性的理论之一，代表人物是美国哈佛大学教授迈克尔·波特。波特（1988）认为：一个企业长时间维持优于平均行业发展水平的经营业绩，根本在于具有持久性的竞争优势。相对于竞争对手，企业可以拥有很多优势和劣势，其中有两种基本的竞争优势：低成本或差异性。一个企业所具有的优势或劣势的显著性，取决于企业最终在多大程度上能对相对成本和差异性有所作为，成本优势和差异性又由产业结构所左右（波特，1988）。劳动密集型企业又被称为劳动集约型企业，在生产过程中需要大量的劳动力，即产品成本中活劳动量消耗占比较大，尤其在中国，劳动密集型企业大多依靠低廉的劳动成本维持企业的竞争优势。可见，劳动密集型企业的目标是力争成为产业中的低成本生产厂商，对劳动力成本的控制就显得格外重要。

　　改革开放以来，中国廉价劳动力俨然成为中国经济发展的巨大优势。正是依靠廉价的劳动力优势，中国经济过去 30 多年获得高速发展。自 20 世纪 80 年代，大量外来工从农村涌入城市，为出口加工企业和劳动密集型企业提供了充足的劳动力，相关企业也因此获得成本优势，从而在国际市场上可以有一定的市场份额。正因为如此，中国在劳动力密集型产业及对外贸易方面有了飞速发展，并成为中国经济增长的"引擎"。中国对外资的吸引力同样在于丰富的廉价劳动力，依据统计数据，我国吸引外资的数量已连续 9 年位居发展中国家和地区之首。到 2014 年年底，全球最大的 500 家跨国公司中，已有 400 多家来中国投资。凭借着劳动力资源优势，中国迅速进入国际产业的分工体系，制造业位列世界第四，被冠以"世界工厂""世界制造中心"等称号（蔡的贵，2006）。

　　随着国民经济的快速发展，贸易全球化进程加剧，产业升级换代愈演愈烈，国内学者不得不重新审视劳动力成本与竞争优势的关系。在国家竞争优势层面上，有学者基于 1980～2008 年实证数据分析发现，在短期内，适当增加劳动者工资有利于提高中国制造业的国际竞争力，这种影响在短期内是显著的，长期则是均衡的（程承坪等，2014）。在行业竞争优势层面，受产业结构差距等因素的影响，制造业劳动力成本低的比较优势很大程度上被抵消了，而劳动者低工资水平很有可能使制造业陷入"低工资水平—低劳动生产率—低产业层次（低产品附加值）"的死循环中，因此应当逐步提高制造业劳动者的工资水平（吕政，2003）。在企业竞争优势层面，由效率工资理论可得，较高的工资水平对劳动者有着独特的激励作用。高工资水平还可对提升企业竞争力，如减少企业内部资源流失、提高劳动生产效率和产品服务质量、增强执行力及提升创新力产生"乘数效应"（雷辉，2008）。

2.2.4　农民工工资未实现有序增长

对企业而言，工资是成本；对劳动者而言，工资是劳动报酬。工资作为一个复合指标，它与经济发展相适应的有序增长，是商品经济运行内在的要求。在发达成熟的市场经济中，工资的增长大致与社会物质财富增长同步（鲁士海，1989）。国内的学者借鉴托宾的动态总量经济增长模型，对劳动者的工资、当地的物价水平及经济增长的内在关系，进行了大量实证研究，结果发现工资水平、物价水平及经济增长三者关系应相互协调，不协调会影响经济社会的和谐发展（刘丽和任保平，2008）。具体而言，劳动者工资增长应与居民消费价格指数联动，如果工资不考虑其变化而按照自身方式增长，将会导致货币数量增加及劳动生产率下降，从而爆发更为严重的经济和社会问题；劳动者工资增长的同时又不应与居民消费价格指数直接硬性挂钩，如果工资与物价互相推动，造成螺旋式上升，容易导致更为严重的通货膨胀（陈黎明等，2010）。劳动者工资和 GDP 同步增长能有效遏制日益扩大的收入差距，工资的停滞增长或者超常增长，都会对经济的良性发展造成不可忽视的冲击。总结众多学者的观点，可见工资"有序增长"的概念应定义为，工资增长要与劳动生产率、物价水平、国民收入、企业效益等指标的增长相协调，即大致同步，其涨幅不能过分滞后或超前于上述指标的增长。

与高速的经济发展形成鲜明对比的是，我国从事劳动密集型行业职工的工资，不到所有行业平均工资的 90%（莫荣和廖骏，2011），特别是以外来工为主的一线工人工资普遍处于较低水平。因此，外来工工资问题成为近年来学术界、政府和社会各界关注与讨论的焦点。经验事实表明，与体制内职工相比，外来工的工资水平不仅低下，而且增幅较小。相关数据显示，1991～2003 年，珠江三角洲地区外来务工人员的月工资平均只提高了 68 元，工资增长基本上处于停滞状态[①]。

2004 年之后，刘易斯拐点的出现以及"用工荒"的持续，意味着劳动力供需关系从"买方市场"转变为"卖方市场"，外来工获得了更多选择权与话语权。而且，随着新生代外来工权利意识的觉醒和《最低工资规定》《劳动合同法》等政策法规的出台，外来工的工资水平开始呈现增长的态势。例如，2004 年，全国外出农民工工资仅为 780 元，到 2008 年上涨为 1205 元，工资每年的增速基本保持在 10%或以上水平。2009～2011 年，外出农民工的工资获得高速增长，增速最高达到 21.2%。2011 年以后，工资增速虽然有所回落，但仍保持在 10%以上，详见表 2-5。

---

① 资料来源：http://news.qq.com/a/20050121/000240.htm

表 2-5 2004～2013 年外出农民工人均月收入和增长率

项目	2004 年	2005 年	2006 年	2007 年	2008 年	2009 年	2010 年	2011 年	2012 年	2013 年
人均月收入/元	780	861	946	1060	1205	1417	1690	2049	2290	2609
增长率/%	—	10.4	9.9	12.1	13.7	17.6	19.3	21.2	11.8	13.9

资料来源：中华人民共和国国家统计局《2013 年全国农民工监测调查报告》、中国农村住户调查年鉴《中国农民工工资走势：1979—2010》

如前所述，工资水平受制于物价水平、国民收入的影响，接下来将结合这些因素深入分析外来工的工资增长情况。表 2-6 显示，2004～2013 年，我国居民消费价格指数（简称 CPI）呈现"对称式"增长，由 2004 年的 455.8 增长为 2013 年的 594.8。在国际金融危机的影响下，2009 年 CPI 出现了 0.71% 的负增长。

表 2-6 全国居民消费价格指数和增长率

项目	2004 年	2005 年	2006 年	2007 年	2008 年	2009 年	2010 年	2011 年	2012 年	2013 年
CPI	455.8	464.0	471.0	493.6	522.7	519.0	536.1	565.0	579.7	594.8
增长率/%	—	1.80	1.51	4.80	5.90	−0.71	3.29	5.39	2.60	2.60

注：取 1978 年 CPI 为 100
资料来源：中华人民共和国国家统计局，增长率由计算得出

作为衡量国民收入的两个主要指标，2004～2013 年，国内生产总值（简称 GDP）和国民总收入（简称 GNI）实现了同步增长。GDP 和 GNI 的年增长率"拐点"均出现在 2009 年，增长率分别为 9.2% 和 8.3%，详见表 2-7、表 2-8。

表 2-7 全国国内生产总值指数和增长率

项目	2004 年	2005 年	2006 年	2007 年	2008 年	2009 年	2010 年	2011 年	2012 年	2013 年
GDP	1087	1210	1364	1557	1707	1864	2059	2251	2423	2609
增长率/%	—	11.3	12.7	14.2	9.6	9.2	10.4	9.3	7.7	7.7

注：取 1978 年 GDP 为 100
资料来源：中华人民共和国国家统计局，增长率由计算得出

表 2-8 全国国民总收入指数和增长率

项目	2004 年	2005 年	2006 年	2007 年	2008 年	2009 年	2010 年	2011 年	2012 年	2013 年
GNI	1085	1202	1361	1561	1718	1861	2050	2229	2417	2596
增长率/%	—	10.8	13.3	14.6	10.1	8.3	10.2	8.7	8.4	7.4

注：取 1978 年 GNI 为 100
资料来源：中华人民共和国国家统计局，增长率由计算得出

通过对比外来工工资增长率与上述各指标增长率，不难发现，在劳动生产率

增长方面，2005 年，外来工工资增长速度小于劳动生产率的增长，但在随后五年内，两者关系出现了逆转：外来工工资增长速度开始超越劳动生产率的增长，并呈现持续上升的态势。2012～2013 年，劳动生产率增长速度再度超越外来工工资增速。在 CPI 增长方面，2004～2013 年，外来工收入增长率整体高于 CPI 增长率，特别是 2009 年 CPI 增长率为最低点时，收入增长率却达到 17.6%。在国民收入方面，2007 年之前，外来工的收入增长率均低于 GDP 及 GNI 的增长率，然而，在 2008 年之后，情况发生了变化。在 GDP 和 GNI 增幅逐渐下滑的情况下，外来工工资收入增速则不断提高。研究结果显示，外来工的工资增速和劳动生产率呈现"你追我赶"的特点，与 CPI、GDP、GNI 的增速也并不一致。这说明，尽管外来工的工资水平在稳步增长，可仍没实现和谐同步的有序增长，需要进一步完善外来工的工资增长机制，详见图 2-1。

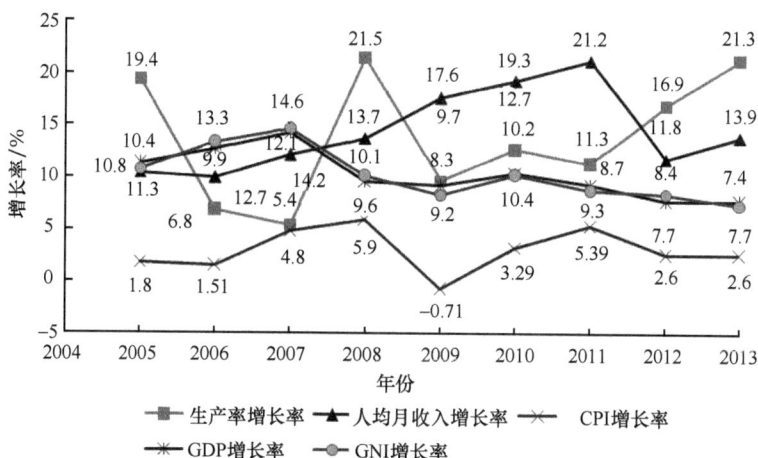

图 2-1　外来工人均月收入增长率和全国劳动生产率等指标增长

资料来源：中华人民共和国国家统计局《2013 年全国农民工监测调查报告》、中国农村住户调查年鉴《中国农民工工资走势：1979—2010》

纵观世界各国经验，欧盟促进工资有序增长的政策措施对我国具有重要的借鉴意义。20 世纪 90 年代以来，欧洲开始面临人口老龄化、信息技术革命、经济全球化、环境变化等诸多问题，导致经济增长逐渐放缓。在经济全球化的背景下，国际经济竞争日益加剧，跨国贸易和资本流动速度加快，世界各国都纳入全球分工体系中。一些新兴经济体，如中国、印度等发展中国家利用人口规模的优势实现经济转型，成为重要的制造业生产者、出口商，是世界经济不可忽视的力量。面对来自新经济体的挑战，欧洲的经济发展承受着前所未有的竞争压力。

为应对上述形势，巩固欧盟各国的政治经济地位，各成员国政府纷纷采取一系列积极的措施，其中，工资集体谈判是工资节制的主要手段。工资节制是指通过集体谈判使实际工资增长低于劳动生产率增长的过程。在集体谈判中，工资被划分成若干模块，基本工资可在国家或行业层面进行谈判，与企业利润挂钩的绩效工资和福利则由各企业与工会谈判。相比之下，中国采取的是地方政府制定工资指导线。企业根据指导线确认员工的工资水平，并可在发展生产、提高效益的基础上适度增加工资。

如表 2-9 所示，通过对比中欧工资控制目标，不难发现，自 20 世纪 80 年代起，欧洲的工资集体谈判目标就由关注利益相关者转变为以竞争优势为导向。后者强调通过工资节制来增强国际竞争力及国家、地方的投资吸引力。也就是说，工资节制不仅是降低劳动力成本的一种方式，还能成为增强竞争力的核心手段。经过十几年的调整和谈判，欧盟各国的竞争力都在不断增强。其中，荷兰是第一个将工资节制制度化的国家，保证了就业、经济长期处于正常发展的轨道；德国也是工资节制的典型代表，正因其强大的竞争力，才有能力在欧洲债务危机中援助希腊、西班牙等国家。

表 2-9　欧盟和中国工资控制目标和手段对比

项目	欧盟	中国
目标	· 保持和提升国际竞争优势	· 稳定物价、促进经济增长、实现充分就业及提高职工生活水平
制度	· 工资集体谈判 · 最低工资标准制度	· 工资指导线制度 · 最低工资标准制度
手段	· 国家（社会层面）的工资集体谈判 · 行业的工资集体谈判 · 企业资方与工会的工资集体谈判	· 政府规制和监控

在中国，低成本是构成中国出口行业的重要竞争力。2010 年之后，工资快速上涨带来的成本上升，导致许多中小型企业不敢接外贸订单。造成工资过快上涨的重要原因之一是频发的劳动争议，特别是由集体劳动争议引发的加薪潮。然而，若工资的增长是无序的，势必会对中国经济和社会的可持续发展带来损害（莫荣和廖骏，2011）。鉴于此，国家在"十二五"规划纲要中针对工资增长，提出了控制原则，按照市场调节、企业自主分配、平等协商、政府监督指导的原则，形成反映劳动力市场供求关系和企业经济效益的工资决定机制和增长机制（滕一龙，2013）。但不足的是，其中并未明确工资控制的目标。

在比较分析的基础上，有两个具体问题值得思考：

第一，工资集体协商的目标。地方政府将集体劳动争议的重点置于维稳，忽视了竞争优势的终极目标，结果导致外来工工资增速与劳动力生产率并未达到和谐同步的有序增长。目前，诸多工人停工、罢工行为虽然迫使企业增加工资，但却伤及企业、行业，乃至国家的整体国际竞争力，也挫伤外来工的劳动积极性，从长远来看不利于中国经济的可持续发展。

第二，目标达成的路径，即解决集体劳动争议的路径。解决劳动争议的路径是多样化的，既可利用法律，也可通过工资集体协商（更多时候用"协商"代替"谈判"，更能精准反映集体谈判在中国的实际含义），还可聚焦工作现场，采取管理创新的方法手段。在工资集体协商方面，不同于欧盟采取"劳资博弈"的模式，目前中国主要依靠"国家主导"力量。尽管集体合同签订率、覆盖率都呈现持续上升的趋势，可实际效果却并不理想，仅体现在统计数据上。这说明国家在规范劳动关系过程中，不是一般的简单控制，而是通过指标管理方式实现对基层产业秩序的治理（吴清军，2012）。结果是"100%的工资集体合同和集体协商努力，只有1%的成效"（周驷耕，2014）。可见，无论使用哪种路径解决劳动争议，都需要一个系统的制度设计，借鉴欧盟的经验，可考虑建立联动国家（社会）、行业和企业多方协作的合作机制。

总而言之，欧盟各国通过建立竞争导向的谈判机制，凝聚各方力量，规制工会、资方和政府之间的关系，促进提升竞争力的目标达成。在中国，作为解决集体劳动争议的重要路径之一，集体谈判/协商制度的主要目标并不在推动劳资博弈、控制劳动成本、保持竞争优势，而是置于"维稳"的核心思想，将劳资关系纳入特定的法律制度框架，使其实现法制化和契约化，达到化解劳资矛盾、维护基层产业良性运转的目标。

自改革开放以来，工资与收入一直是社会和企业关注的焦点。工资上涨速度过慢（工资增速远远滞后于劳动生产率增速），工人的生产积极性就会受到打击，企业也没有动力进行技术创新及产业升级，最终可能陷入"低工资低效率"的恶性循环；工资增长速度过快（工资增速远远超过劳动生产率增速），则会大大缩减企业的利润空间，降低企业的竞争力，尤其对于欠发达地区企业和中小企业来说，工资过快上涨带来的不利冲击是显而易见的，最终可能导致企业转产、转移，甚至倒闭。此外，工资过快上涨还会产生替代效应，部分企业通过扩大其他生产要素的需求弥补人工成本的上涨，以此降低生产成本，造成社会用工需求减少，进一步增加失业率（李平等，2011）。而适度的工资上涨（工资增速略微滞后于劳动生产率增速或者与其同步增长）不仅可以保证劳动者工资收入有最大可能的提高，同时又可以使剩余产品以较快的速度增长（李石泉，1983）。工资增长对企业来说，不仅是无害的，还可形成"高工资高增长"的良性循环。因此，相对于劳动生产率提升而言，工资上涨应该保持一个合适的速度，即工资增速应该略微滞后于或者接近于劳动生产率增速，工资的过慢和过快上涨都不利于劳动生产率的提升，最终有损于经济的可持续发展。

中国的刘易斯转折点于2004年到来，从2011年开始，15～39岁劳动年龄人口开始出现负增长。这种人口转变态势在劳动力市场上的反映，就是劳动力短缺成为常态，企业招工难愈演愈烈；表现在劳动者的工资议价能力上，则会促使普通劳动者的工资上涨。鉴于长期以来工资水平的提高滞后于劳动生产率，劳动报酬占国民收入比例偏低，工资上涨无疑有利于改善收入分配，均衡经济增长的需求结构。但是，工资增长归根结底需要考虑劳动生产率的提速。在对以往两者之间的脱节，即工资增长相对滞后的状况作出补偿之后，若工资增长超越了劳动生产率的增长，则会加速减弱中国经济在制造业的比较优势，不能为产业结构升级留出足够的时间，导致经济减速，这无异于一种休克疗法。近几年来，中国劳动密集型企业出口由强劲转向疲软的主要原因在于频发的劳动争议，尤其是集体劳动争议引发的盲目加薪，使企业不堪重负，弱化其国际竞争力。

在建立工资有序增长的机制上，虽然中欧均意识到控制工资增长的重要性，但中国的目标定位仅集中在缩小贫富差距、维持社会稳定，缺乏提升国际竞争优势的目标导向。欧盟各国清晰界定提升竞争优势的最终目标，并兼顾改善社会福利和缩小贫富差距，建立促进劳资双方良性互动的工资集体谈判机制。

在党的十八大上，胡锦涛总书记再次提出，要对私营企业及国家正规单位工资制度进行大幅度革新，积极实践工资集体协商制度，并极力保护劳动收入。因此，在建立和完善工资正常增长机制中，应考虑实施工资与劳动生产率同步增长计划，明确以增强国际竞争力为目的的工资集体谈判/协商制度。鉴于中国各地经济发展不均衡、劳动关系争议的差异较大，具体措施建议：从地方立法层面首先规范集体劳动争议的处理机制。如新修订的《广东省企业集体合同条例》于 2014 年 1 月 1 日起正式实施。与 1996 年颁布实施的旧条例相比，新修订条例的最大特点是对集体协商制度的建立和完善，提出明确而具体的要求，增强其可操作性。《上海市集体合同条例修正案（草案）》近日也提交上海市十四届人大常委会十八次会议首次审议，针对近年屡次发生的因拖欠工资薪酬等矛盾引发的过激行为，草案新增、列举了开展集体协商过程中企业和职工双方不得采取的行为，也兼顾了企业方和职工方的利益，上述两省市的立法举措值得借鉴。在操作层面上，建议从各个省市的地区层面、行业层面、企业层面展开工资集体协商，探索建立和完善具备中国特色的工资集体协商制度。一方面，需要注意均衡参与协商的主体力量，特别是增强劳方的协商能力和协商技巧。另一方面，关注协商的目标。协商主体需要将焦点置于提升企业竞争力，而不是拘泥于短期的工资大幅增长，唯有这样才能促进工资集体谈判/协商制度的长远发展。

2.3　广东企业劳动关系转型中的冲突与合作回顾

在广东经济社会转型的 37 年间，劳动关系也面临着转型。本节采用定量与定性结合的方法，利用统计年鉴和媒体报道的二手资料，从不同角度对 1978～2014 年广东劳动关系的冲突与合作情况进行分析与回顾。资料来源于两个方面：第一个是国家的统计数据，研究公开发表的统计年鉴数据；第二个是广东主流媒体报道，如罢工、停工等劳资冲突的典型事件。

2.3.1　广东企业劳动关系争议的统计数据分析

第一，1995～2012 年，广东省各级劳动争议仲裁委员会受理劳动争议案件的数量、涉及人数、集体争议案件数量总体呈现波浪式的增长。

1995 年，广东省受理劳动争议案件数量为 4974 件，2012 年增加到 100 329 件。其中，1995～1998 年，受理的劳动争议案件数量始终维持在较低水平；自 1999 年开始，受理的劳动争议案件数量呈现"先突增、后稳步增长"的趋势；2008 年，受到劳动合同法实施的影响，再次出现大幅增加。虽然 2009～2010 年受理的劳动争议案件数量略有下滑，但总体仍在高位（丁为民和漆志平，2008）。在受理的劳动争议案件中，涉及人数从 1995 年的 22 097 人增加到 2012 年的 100 329 人，年增长率的最高点出现在 2004 年，达到 256.31%。在受理的集体争议案件中，1995 年涉及总人数为 16 252 人，2012 年增加到 75 671 人，其中 2007～2008 年是增长高峰，最高达到 218.49%。各年度集体争议的涉及人数均占当年劳动争议总人数的 1/3 以上，最高达到 70% 以上。这表明，在市场化背景下，个体劳动关系逐步向集体劳动关系转型，集体劳动争议在劳动争议处理中居重要地位，见表 2-10。

表 2-10　广东省劳动争议案件数量、争议人数、比例

年份	当前所有案件				当期集体争议案件					
	受理数/件	年增长率/%	劳动者当事人数/人	年增长率/%	受理数/件	年增长率/%	占比 1/%	劳动者当事人数/人	年增长率/%	占比 2/%
1995	4 974	—	22 097	—	1109	—	22.30	16 252	—	73.55
1996	5 246	5.47	21 483	−2.78	963	−13.17	18.36	10 410	−35.95	48.46
1997	3 342	−36.29	12 409	−42.24	542	−43.72	16.22	7 409	−28.83	59.71
1998	3 011	−9.90	—	—	671	23.80	22.28	—	—	—
1999	36 990	1128.50	233 073	—	4341	546.94	11.74	171 952	—	73.78
2000	26 274	−28.97	133 074	−42.90	2475	−42.99	9.42	98 192	−42.90	73.79
2001	20 348	−22.55	112 811	−15.23	2397	−3.15	11.78	82 451	−16.03	73.09
2002	24 061	18.25	133 010	17.91	1768	−26.24	7.35	93 349	13.22	70.18

续表

年份	当前所有案件				当期集体争议案件					
	受理数/件	年增长率/%	劳动者当事人数/人	年增长率/%	受理数/件	年增长率/%	占比 1/%	劳动者当事人数/人	年增长率/%	占比 2/%
2003	42 228	75.50	41 799	−68.57	429	−75.74	1.02	98 680	5.71	236.08
2004	41 732	−1.17	148 936	256.31	4304	903.26	10.31	84 390	−14.48	56.66
2005	61 247	46.76	169 084	13.53	2115	−50.86	3.45	106 468	26.16	62.97
2006	54 855	−10.44	54 176	−67.96	1330	−37.12	2.42	83 220	−21.84	153.61
2007	55 473	1.13	132 265	144.14	830	−37.59	1.50	62 092	−25.39	46.95
2008	150 023	170.44	351 275	165.58	1897	128.55	1.26	197 756	218.49	56.30
2009	118 155	−21.24	198 881	−43.38	1776	−6.38	1.50	72 877	−63.15	36.64
2010	93 307	−21.03	144 778	−27.20	1013	−42.96	1.09	54 163	−25.68	37.41
2011	93 817	0.55	145 518	0.51	1008	−0.49	1.07	51 027	−5.79	35.07
2012	100 329	6.94	169 527	16.50	1763	74.90	1.76	75 671	48.30	44.64

注：占比 1 表示占当期所有案件比例；占比 2 表示占当期所有案件劳动者当事人数比例

资料来源：中国劳动统计年鉴

第二，经济利益矛盾成为劳动争议的焦点。

劳动报酬、社会保险和解除劳动合同是广东企业发生劳动争议的主要原因（丁为民和漆志平，2008）。总体来看，2000～2012 年，上述三类争议案件占案件总数的 80%以上，其中，劳动报酬类争议的比例为 40%，社会保险类争议的比例为 5%～20%，解除、终止劳动合同争议的比例为 30%～35%。以 2012 年为例，广东省劳动争议仲裁委员会共受理劳动争议案件 100 329 件，因劳动报酬发生争议的案件为 40 644 件，占案件总数的 40.51%，因解除、终止劳动合同发生争议 35 123 件，占案件总数的 35.01%，因社会保险福利发生争议案件 10 515 件，占案件总数的 10.48%，以上三类案件占总数的 86%，见表 2-11。

表 2-11 广东省劳动争议原因及比例　　　　　　　　　（单位：件）

年份	总案件数	原因									
		劳动报酬	所占比例/%	社会保险	所占比例/%	工伤保险	所占比例/%	福利	所占比例/%	解除终止劳动合同	所占比例/%
2000	26 274	11 572	44.04	1 286	4.89	—	—	—	—	8 859	33.72
2001	20 348	8 102	39.82	1 058	5.20	—	—	—	—	6 572	32.30
2002	24 061	9 811	40.78	1 393	5.79	—	—	—	—	7 450	30.96
2003	42 228	20 035	47.44	3 139	7.43	—	—	—	—	11 741	27.80
2004	41 732	20 167	48.33	8 676	20.79	—	—	—	—	13 823	33.12
2005	61 247	28 768	46.97	9 493	15.50	—	—	—	—	20 889	34.11
2006	54 855	24 628	44.90	8 637	15.75	—	—	—	—	18 735	34.15

续表

年份	总案件数	原因									
		劳动报酬	所占比例/%	社会保险	所占比例/%	工伤保险	所占比例/%	福利	所占比例/%	解除终止劳动合同	所占比例/%
2007	55 473	22 185	39.99	8 089	14.58	—	—	1317	2.37	19 996	36.05
2008	150 023	65 027	43.34	13 591	9.06	9049	6.03	1373	0.92	51 450	34.29
2009	118 155	47 687	40.36	10 994	9.30	7213	6.10	1109	0.94	13 207	11.18
2010	93 307	37 033	39.69	97 44	10.44	6572	7.04	789	0.85	9 000	9.65
2011	93 817	38 270	40.79	11 286	12.03	8034	8.56	—	—	31 982	34.09
2012	100 329	40 644	40.51	10 515	10.48	8612	8.58	—	—	35 123	35.01

注：2000~2007 年，"解除、终止劳动合同"包括变更、解除和终止劳动合同；2009~2010 年，仅包括解除劳动合同件数

资料来源：中国劳动统计年鉴

第三，调解结案比例稳步提升，裁决结案比例总体保持不变。

从结案方式上看，由于加大了调解力度，广东省仲裁委员会通过调解结案的比例从 1999 年的 19.83%上升至 2012 年的 36.90%。除 1999~2000 年外，通过裁决结案的比例基本保持在 55%左右，见表 2-12。

表 2-12　广东省劳动争议结案方式及比例情况

年份	结案数	仲裁调解		仲裁裁决		其他方式	
		案件数/件	比例/%	案件数/件	比例/%	案件数/件	比例/%
1999	36 816	7 302	19.83	3 373	9.16	26 141	71.00
2000	26 309	8 010	30.45	5 508	20.94	12 701	48.28
2001	19 731	4 307	21.83	9 713	49.23	5 711	28.94
2002	22 374	5 651	25.26	11 355	50.75	5 368	23.99
2003	40 751	11 073	27.17	24 334	59.71	5 344	13.11
2004	40 609	12 141	29.90	22 576	55.59	5 892	14.51
2005	59 398	15 451	26.01	34 339	57.81	9 608	16.18
2006	55 105	13 346	24.22	35 114	63.72	6 645	12.06
2007	54 526	13 818	25.34	32 989	60.50	7 719	14.16
2008	131 914	39 176	29.70	74 746	56.66	17 992	13.64
2009	120 625	35 884	29.75	65 010	53.89	5 846	4.85
2010	105 242	35 566	33.79	55 225	52.47	3 102	2.95
2011	941 96	34 218	36.33	51 452	54.62	8 526	9.05
2012	102 127	37 687	36.90	56 323	55.15	8 117	7.95

资料来源：中国劳动统计年鉴

第四，劳动争议案件绝大多数由劳动者提起申诉。

在企业内部的经营管理中，劳资双方的谈判力量的确是资强劳弱，劳动争议一旦发生，资方往往占有内部处理的优势。从 2000~2012 年的统计数据看出，由

劳动者提起申诉的争议案件超过 90%，企业主动提起申诉的案件不到 10%。从案件处理结果看，劳动者完全胜诉的比例由 2000 年的 65.34%下降至 2012 年的 21.84%，双方部分胜诉的比例由 2008 年的 28.11%上升为 2012 年的 66.07%。申诉结果显示，劳动者单方胜诉的比例在不断下降，劳资双方部分胜诉的比例则呈现高增长趋势。研究认为，出现上述结果的原因主要有两个方面：一是仲裁免费可能导致劳动者提出非合理化的诉求，出现过度维权现象；二是用人单位的劳动法律意识逐步增强，管理制度规范不断完善，自身的防范能力、减少劳动纠纷的能力得到提高。可见，随着劳资双方日趋理性，今后单方胜诉比例将会下降，双方部分胜诉案件比将提高，见表 2-13。

表 2-13　广东省劳动争议案件申诉情况（件）和处理结果（%）

年份	总案件	劳动者申诉案件数		结案数	用人单位胜诉		劳动者胜诉		双方部分胜诉	
		案件数/件	比例/%		案件数/件	比例/%	案件数/件	比例/%	案件数/件	比例/%
2000	26 274	26 019	99.03	26 309	1 796	6.83	17 189	65.34	7 395	28.11
2001	20 348	20 151	99.03	19 731	2 424	12.29	9 939	50.37	7 368	37.34
2002	24 061	23 841	99.09	22 374	2 993	13.38	8 946	39.98	10 435	46.64
2003	42 228	429	1.02	40 751	4 585	11.25	20 872	51.22	15 294	37.53
2004	41 732	40 757	97.66	40 609	4 313	10.62	18 121	44.62	18 175	44.76
2005	61 247	60 500	98.78	59 398	7 416	12.49	28 740	48.39	23 242	39.13
2006	54 855	151 217	275.67	55 105	6 013	10.91	21 072	38.24	28 020	50.85
2007	55 473	54 692	98.59	54 526	9 328	17.11	23 085	42.34	22 113	40.55
2008	150 023	144 051	96.02	131 914	17 161	13.01	45 005	34.12	69 748	52.87
2009	118 155	107 266	90.78	120 625	17 923	14.86	31 668	26.25	71 034	58.89
2010	93 307	89 465	95.88	105 242	15 582	14.81	26 036	24.74	63 624	60.45
2011	93 817	91 209	97.22	94 196	12 589	13.36	22 028	23.39	59 579	63.25
2012	100 329	97 055	96.74	102 127	12 347	12.09	22 306	21.84	67 474	66.07

资料来源：中国劳动统计年鉴

第五，劳动争议发生的地域差异明显，主要集中在经济发达地区。

从地域差异来看，劳动争议往往发生在经济较发达的地区。广东省一直是全国劳动争议案件数量最多的省份，占全国案件总量的 15%以上，见图 2-2。2008～2011 年，广东省集体争议案件数量最多，共发生 5694 件，约占全国的 11%（高芳芳，2014）。其中，广东省集体劳动争议所涉及的劳动者人数最多，为 375 823 人，占全国的 31.6%。单件集体劳动争议涉及的劳动者人数同样为全国最多，案件涉及劳动者人数 67 人，是全国平均水平的 2.8 倍。随着经济转型和劳动关系变化的叠加影响，广东省劳动争议案件数量将持续保持在高位，并呈现复杂化、尖锐化的趋势，处理难度不断加大。

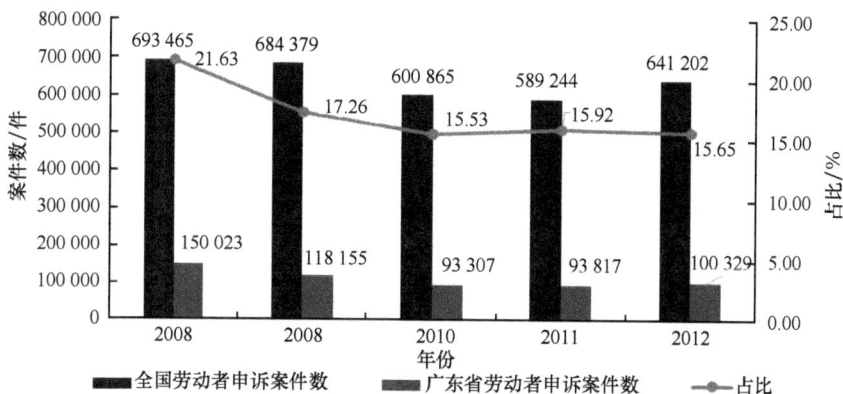

图 2-2　广东省劳动争议案件情况

1978～2014 年，广东劳动争议案件数量、涉及人数都在迅速增加，企业劳动关系日益紧张；集体劳动争议案件数量、涉及人数也保持较高的增长速度，并在劳动争议处理中居于重要地位；劳动者被侵权的问题仍比较突出，劳动争议主要集中在经济利益上；劳动争议的调解结案率稳步增长、裁决结案率总体保持不变；大多数劳动争议案件由劳动者提出申诉，劳动者单方胜诉案件比例下降，双方部分胜诉案件则在增长。近年来，广东省一直是全国劳动争议案件多发地区。

2.3.2　广东企业劳动关系争议的媒体数据分析

本小节的数据来自劳动争议的媒体报道，通过报纸、网络等方法查找相关的公开信息和资料。考虑到信息的权威和研究的区域，资料数据源于《羊城晚报》（金羊网）、《广州日报》、腾讯网、新浪网以及搜狐网五家主流报纸和网媒。在搜索案例的过程中，主要以劳资纠纷、劳动冲突、讨薪、逃薪、纠纷、罢工、（集体）停工、欠薪、拖欠工资为关键词，时间限定在 1978～2014 年。研究根据广东企业劳动关系转型的阶段划分，对搜索资料进行整理与归纳，分析广东企业在劳动关系转型中的冲突与合作。

1. 1978～1994 年企业劳动关系转型的冲突与合作

改革开放初期，国有企业和集体企业的劳动关系开始探索市场化的路径。1979 年以来，广东省按照中央关于在改革开放中先行一步的要求，对劳动领域的各项制度进行了一系列有益的改革探索（梁满光，2008）。但由于国家整体仍在计划经济的框架下，劳动力市场化程度不高，劳动领域各项制度尚处于探索阶段，工人的维权意识相对薄弱，劳动争议基本通过调解方式解决，较少发生冲突事件（叶文国，2000）。通过对网络媒体和报纸媒体的检索，虽然有劳动关系冲突的报道，但并不是社会热点问题。

2. 1995～2007 年企业劳动关系转型的冲突与合作

邓小平南方谈话后，整个珠江三角洲地区处于快速发展阶段，各大公司纷纷选择在广东建厂，并吸引了一大批工人涌入。随着 1995 年我国第一部劳动法正式实施，劳动者权利有了法律制度的保障，然而，权利保护的效果并不理想。以签订劳动合同为例，由于工会没有真正代表工人利益，这导致签订三方协议、建立集体合同和集体协商制度难以实现。尽管如此，20 世纪 90 年代初，劳动仲裁仍然是解决劳动争议的有效途径。

1995～2003 年，政府将发展经济视为首要目标，这导致涌入珠江三角洲的外来工遭遇种种不公平对待，如生产环境恶劣、工伤/职业病频发、工资低、克扣/拖欠工资、超负荷加班、劳动强度大、不受尊重等。在这种环境压迫下，工人的反抗形式往往是自己与管理者之间激烈的个体冲突，较少表现为集体抗争。所报道的个案大多发生在外资企业。如果说，20 世纪 90 年代，劳动仲裁是解决劳动争议的主要途径，那么，进入 2000 年以后，随着市场化程度不断加深，广东企业劳动争议的案件数量呈现倍数增长，但对于工人而言，仲裁程度复杂、耗费时间长，无法有效处理工人的诉求。于是，部分工人开始绕过工会和法律，采取停工的抗争新方式。

2004～2005 年，广东爆发了一轮停工潮，尤其以深圳为重点区域。此次停工的诉求为劳动法的执行，资方被要求遵守相关的工资规定，即停工的目的在于维护基本的法定权利。显然，工人的维权诉求、斗争策略均较以前有了明显的变化。例如，笔者曾经于 2004 年在深圳调研，当地一家台资家电企业发生集体停工事件，停工的主要原因是员工认为工资太低、罚款制度不合理以及工作节奏太快等，结果资方主动响应工人诉求，调整工资水平。这场停工的连锁反应非常突出，引发周围众多企业工人发动停工的举动，诉求主要集中在上调工资。对此，企业管理层很快作出反应，满足了工人的要求。自此，深圳企业工人的集体抗争能力和协调能力都在逐步加强，抗争经验获得迅速传播。

总体而言，从《劳动法》实施到《劳动合同法》颁布的这个阶段，工人的维权诉求日趋多元化，劳动争议的焦点为权利之争，抗争形式从个体劳动关系冲突逐步过渡到集体劳动关系争议，且组织化程度正逐步加深。20 世纪 90 年代初的停工是"分散、自发和无组织的"，进入 21 世纪后，停工则表现为"低度组织、车间行动主义和合法主义"。值得注意的是，2003 年广东工人开启的集体抗争模式以及停工潮，使政府开始正视工人的抗争行为，并认识到个人维权框架的不足，需要设立集体协商机制，解决集体劳资纠纷。恰恰是这一契机，导致国家正式启动《劳动合同法》的立法程序。

3. 2008～2014 年劳动关系冲突与合作回顾

2008 年之前，工人的抗争往往是"随意"和"非理性"的，甚至采取激烈的方式，常用的抗争方式包括堵路和上访等。究其原因，主要是当时的劳动法律体系尚处于发展、完善阶段，对工人抗争行为的引导作用十分有限。2008 年《劳动合同法》的正式实施，使工人维权有了具体可操作的法律武器。而且，随着工人权利意识的不断提升以及网络媒体的飞速发展，一种更为理性、更有组织性的集体行动成为工人维护权益、解决劳资冲突的主要方式。特别是自 2010 年以来，在诸多形式的劳动冲突中，集体劳动争议日益凸显，引发了社会各界的广泛关注。基于此，在回顾这一阶段劳动关系的冲突与合作时，围绕"集体劳动争议"，具体以停工、罢工等集体行动作为分析的切入点。2008～2014 年，据笔者搜集的新闻资料所得[①]，共发生 101 起劳资冲突事件，其中，2014 年 30 起，2013 年 20 起，2012 年 7 起，2011 年 11 起，2010 年 7 起，2009 年 6 起，2008 年 20 起。

1）按所有制分类分析广东企业劳资冲突发生情况

所有制分类包括外资企业、民营企业、其他企业或政府机构。考虑到港澳台商投资企业和外商投资企业的政策环境基本相同，将它们合并成一种类型，即外资企业。

从图 2-3 可以看出，2008～2014 年，劳资冲突多发生在民营企业内。在 101 起冲突事件中，发生在民营企业的共 71 起，占总数的 69.61%；发生在外资企业的有 21 起，占总数的 20.59%。也就是说，发生在民营企业的劳资冲突多于发生在外资企业的。可见，广东省民营企业的劳资关系并不十分和谐。

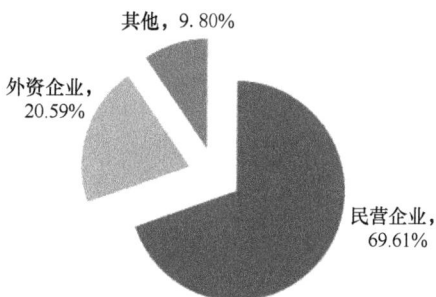

图 2-3　2008～2014 年发生劳资冲突企业的所有制类型

如图 2-4 所示，2008～2014 年，广东民营企业发生劳资冲突事件的数量逐年增加，近 5 年来，民营企业发生劳资冲突事件占总数的比例则呈正态分布，这些

---

① 研究搜集的案例均来源于主流媒体，具有一定的典型性和聚焦性，能反映广东地区集体行动的现状与特点。不可否认，这 7 年间可能还存在大量劳资冲突事件，由于没有被披露和报道，具体情况不得而知，但这对分析该地区的集体行动状况并无太大影响

民营企业大多规模小、工人少。值得关注的是，除 2012 年外，发生在其他企业或单位的劳资冲突事件也呈逐渐上升的趋势。例如，环卫工人讨薪、养老院护工罢工、讨薪等，这些都是 2012～2014 年发生的典型劳资冲突事件。可见，在外部竞争环境趋于激烈的趋势下，国有企业的劳资关系相对和谐，但外资和民营企业的劳资纠纷日益增多，其中尤以民营企业为甚。

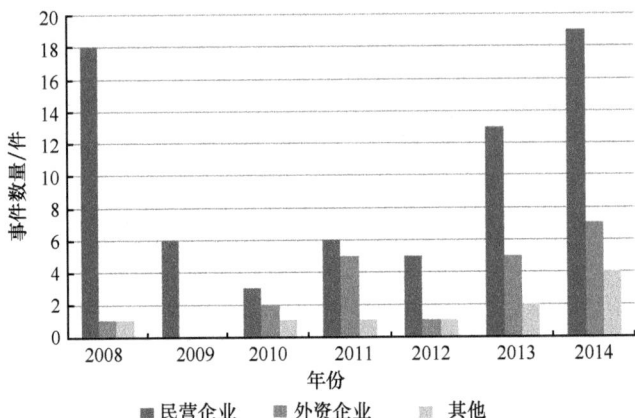

图 2-4　2008～2014 年不同所有制企业发生劳资冲突事件的数量

2）按行业分类分析广东企业劳资冲突发生情况

根据以前的研究成果，制造业发生劳资冲突事件的概率较高，因此，研究将搜集案例的行业类型分成"制造业"和"非制造业"两种类型，其中，制造业包括服装制造、家电制造、零部件加工、灯饰制造等，非制造业则涉及酒店、公共交通、物流快递、民航等。从图 2-5 可以看出，2008～2014 年，发生劳资冲突企业的行业类型，制造业和非制造业基本各占一半，两者劳资关系状况差异不大。

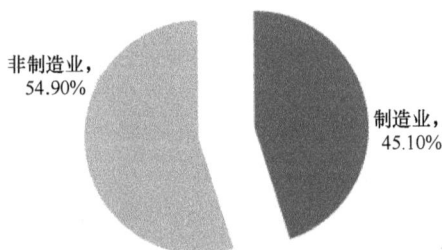

图 2-5　2008～2014 年发生劳资冲突企业的行业类型

从图 2-6 可以看出，2010～2012 年，发生在制造业的劳资冲突事件数量多于非制造业，但从 2013 年起，这种情况出现了变化。2013～2014 年，发生在非制造业的劳资冲突事件数量都多于发生在制造业。可见，一个基本的变化趋势：发生在非制造业的劳资冲突事件占全年发生总数的比例在逐年增加，且超过了发生在制造业的劳资冲突事件数量。这说明，以往研究提及的制造业紧张的劳资关系正逐渐改善，但非制造业发生集体行动的概率却在增大。举例来说，2014 年广东惠阳的 600 多名出租车司机因不打表被查后集体罢工；2014 年深圳中甲红钻足球队球员因球队欠薪集体向足协递交仲裁申请要求追讨薪水；2014 年深圳航空公司飞行员罢工，要求加薪；2014 年广州市白云区机电幼儿园老师因薪酬原因集体罢工；2013 年佛山中医院饭堂员工罢工；2012 年某超市老板携款逃跑，员工集体讨薪；2011 年高朋团购网站员工被裁集体讨薪；2010 年东莞市公交司机为改善福利停工。因此，非制造业的劳资关系是需要正视的重要问题。

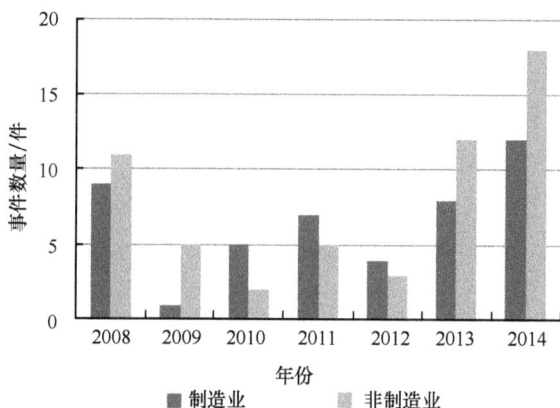

图 2-6　2008～2014 年不同行业类型企业发生劳资冲突事件的数量

3）按涉及人数分类分析广东企业劳资冲突发生情况

由于不同规模的劳资冲突事件的影响及处理方式都有所差异，研究根据搜集案例的涉及人数，将其划分成五类：100 人以内、100～500 人、500～1000 人、1000 人以上、报道没有明确提出涉及人数。具体分布如图 2-7 所示。

统计结果显示，2008～2014 年，劳资冲突事件涉及人数在 100 人以内的有 38 起，在 100～500 人的有 39 起，在 500～1000 人的有 8 起，在 1000 人以上的有 7 起，报道没有明确提出涉及人数的有 9 起。从中不难看出，大多数劳资冲突事件的涉及人数在 500 人以内，涉及 1000 人以上的特大冲突事件相对较少。尽管如此，依然有几起特大型劳资冲突事件值得我们关注：中山惠亚集团皆利士多层线路板有限公司员工因不满公司扣除社保金和公积金过高而集体停工，涉及人数高达 5000 多人；2014 年东莞万士达液晶显示器有限公司员工因不满中秋福利而停工，停工人数将近 10 000 人。这两起劳资冲突事件是收集案例中涉及人数最多的案例。众所周知，集体行动涉及的人数越多，造成的社会影响也越大，不仅威胁着劳资关系的和谐，还容易引起社会恐慌。所以，特大型劳资冲突事件应引起社会各界的重视，需要提前做好预防工作，及时发现问题处理问题。

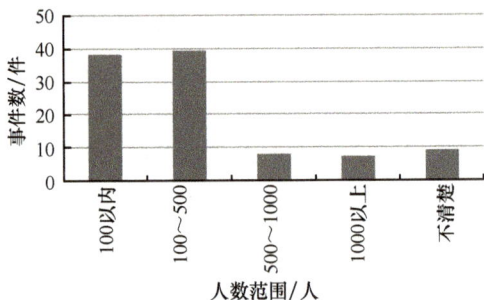

图 2-7　2008～2014 年按涉及人数分类的劳资冲突事件数量

4）按诉求焦点分类分析广东劳资冲突发生情况

自 2008 年起，越来越多的工人为争取法律规定外的利益而进行集体行动，可见，工人的维权诉求逐渐从"权利之争"转向"利益之争"。然而，随着工人诉求的日益多元化，加上不同集体行动的缘由各有差异，如企业倒闭、老板逃跑而导致的欠薪事件。因此，形成"权利争议"和"利益争议"①并存的格局。

从图 2-8 可知，2010 年是一个明显分界点，2008～2009 年，劳资冲突事件只有权利争议、没有利益争议，事件缘由多集中在拖欠工资、工资未达到最低工资标准、未依法签订劳动合同等。2010 年，由利益争议引发的劳资冲突事件多于权利争议造成的劳资冲突事件。然而，2011～2014 年，情况再次发生改变，每年因权利争议引发的劳资冲突事件，多于或等于因利益争议造成的劳资冲突事件。研究认为，可能是因为 2010 年发生了"南海本田罢工事件"。这是一次工人为争取利益而发动的大规模罢工行动，也标志着集体劳动争议的焦点由"权利

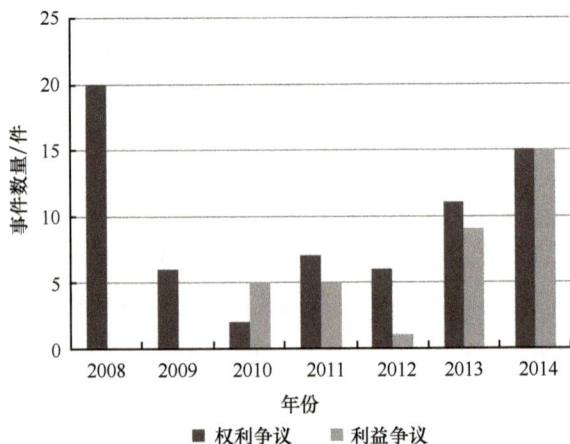

图 2-8　2008～2014 年不同诉求焦点的劳资冲突事件数量

---

① 利益争议是指员工为争取增长型利益诉求，而非法律规定的权利所进行的罢工、停工等集体行动

争议"转向"利益争议"。工人们成功维权的经验成为其他集体行动学习和模仿的范例,造成较大的社会影响,导致 2010 年发生了诸多利益冲突的同类型事件。此外,图 2-8 显示,2012 年之后,因利益争议引发的劳资冲突事件与因权利造成的劳资冲突事件的数量差异逐渐缩小,这也从侧面反映了,工人的维权意识开始增强,他们不仅仅满足于法律规定的基本权利,更为重要的是,还希望分享企业利润,为自己争取更多利益。例如,2014 年水华南包装制品厂上百名员工发生罢工行为,原因在于企业未对搬迁作出合理解释以及工人想争取更高待遇。

5)从解决方式来分析广东劳资冲突发生情况

从收集的 101 起劳资冲突事件来看,解决涉及人数在 3 人及以上的集体劳动争议常用的方式是调解、仲裁等。对于拖欠工资问题,员工通常会聚集在公司或政府部门门前进行声讨,引起社会各界的关注。通常,劳动监察等部门会迅速介入,对事件进行调查和调解,若调解不成,则直接进入法律仲裁程序。对于利益争议问题,员工会选择在工作场所进行罢工,随后,企业派管理人员与员工对话,力求快速安抚员工情绪,并劝说员工复工。从整体趋势来看,随着维权意识的逐渐觉醒,工人越来越懂得运用法律手段维护自己的合法利益。一般情况下,他们会选择诉诸法律、求助律师,通过开展集体协商来分享企业盈余。最典型的案例就是"南海本田罢工事件"。

综合以上的分析,可以看出《劳动合同法》在 2008 年正式实施以来,引起了劳资政三方的高度重视。在资方维护自己利益的同时,工人维权也更多诉诸法律武器,结果是,集体抗争方式从"激烈"转向"理性",双方尽可能在法律框架内解决争议。政府出于"维稳"的考虑,希望通过法律规制合理引导工人的行为选择,限制其"破坏性"行动。自 2008 年以来,由于劳动争议仲裁费用取消,导致劳动争议案件数量大增。之后,国际金融危机的爆发对广东的制造业带来了较大的冲击,同样给劳动关系也带来了冲击。在订单日益减少的情况下,企业想尽办法压缩劳动力成本,如辞退工人、减薪、提高用人标准。在广东就业的工人不得不面临就业、生计以及返乡带来的压力。从收集的新闻资料来看,金融危机期间,工人集体抗争大多源于老板欠薪跑路、工厂倒闭欠薪等工资拖欠问题。2010年爆发的"南海本田罢工事件"和"富士康员工自杀事件",给工人维护自身权益带来了机会,工人开始意识到通过集体力量争取自己的权益的必要性,并开了集体协商的先河。如果说,在这之前的集体行动都是因权利受损而引发的被动罢工,那么,"南海本田罢工事件"则是工人为分享利益进行的主动罢工。至此,广东企业劳动关系转型的冲突逐渐转向利益争夺的抗争,集体协商制度的践行则成为劳资合作的新起点。2014 年《广东省集体合同条例》的出台,意味着劳动法律体系建设基本完成,劳动关系的冲突将在法治框架内得到解决。

2.3.3　广东企业劳动关系冲突典型事例分析

广东是经济发展最快的沿海地区之一，同时也是劳动关系争议最多的地区之一。从 20 世纪 90 年代开始，个别劳资冲突典型事例不断涌现，已引起了广东省政府的重视。2010 年夏天发生的"南海本田罢工事件"和"富士康员工自杀事件"，引起了全国乃至世界的关注。舆论和学术界关注作为全球制造中心的中国，劳动者与资方到底发生了怎样的冲突？在化解冲突过程中，政府、工会和资方各自扮演的角色及效果如何？对今后中国劳动关系的走向产生怎样的影响？可以说，2010 年发生的这两起典型劳资冲突事件，引发了一系列连锁反应，使集体劳动争议开始走向"常态化"的发展道路。

1. 个别典型案例回顾

在广东经济社会转型过程中，早期的劳资双方冲突极端个案虽然存在，但在新闻媒体报道中被看成是社会个别事件，但 1995 年实施劳动法之后，劳动关系的市场化转型受到全社会的关注，大家意识到劳资双方的矛盾会影响到产业链的正常运作，而激烈的冲突，容易危及生命安全，甚至具有传染性，可能影响社会稳定。因此，几乎在广东发生的每个劳动关系带来的激烈冲突个案都会引起媒体的关注，进而引发大量的讨论。

例如，2000 年 7 月 3 日，普宁市一家私营木器厂发生爆炸，造成 11 人当场死亡，爆炸事件的起因是一名员工被解雇后感觉不公平，为报复企业老板采取了过激行为[①]。惠州市一名企业工人因劳资纠纷，计划用煤气瓶炸厂，被工厂的保安发现后，用猎枪打中大腿[②]。深圳市龙岗布吉镇坂田一家鞋厂，雇主为增加利润，采取先降工资再涨加班费的做法，只给员工每小时一角钱的加班费，被员工告上法庭[③]。一名在中山市打工的工人，因老板拖欠工资，购买了炸药和雷管，并扬言："若不给钱就与老板同归于尽"[④]。澄海一家工厂的老板克扣工人工资并殴打工人，引发打工仔放火烧厂，造成 7 人丧生[⑤]。珠海市一员工被老板苛刻对待后，用铁锤砸死了老板[⑥]。广州一私营企业发生了最严重的群体性职业中毒事件，含苯胶水成为工人健康的杀手，导致 4 人中毒，19 人仍需复查[⑦]。东莞市

---

① 资料来源：广州日报，2000 年 7 月 24 日
② 资料来源：广州日报，2000 年 6 月 5 日
③ 资料来源：广州日报，2000 年 12 月 8 日
④ 资料来源：羊城晚报，2000 年 11 月 28 日
⑤ 资料来源：羊城晚报，2001 年 6 月 20 日
⑥ 资料来源：羊城晚报，2001 年 8 月 11 日
⑦ 资料来源：广州日报，2001 年 11 月 29 日

一家私营企业"俊威"五金电镀厂,很多工人经常加班,被克扣工资,并患上严重的皮肤病,甚至有人中毒身亡[①]。打工仔因劳资纠纷,绑架老板小孩索要赎金未遂,就地"撕票"并将其弃尸荒野[②]。广东超霸电池厂员工镉中毒,50 名员工索赔千万元[③]。河源市 10 多名农民工因讨薪被围殴,结果造成 1 人死亡,2 人失踪,6 人重伤[④]。广州市天河区一民办学校拖欠工资,教师集体并肩站在校门外,筑成人墙冒雨讨薪[⑤]。广州市白云区一鞋厂 4000 多名工人集体上街讨薪,导致石沙路被堵 5 小时[⑥]。广州市番禺区某工地包工头卷款逃跑,小工头讨薪不成欲跳楼[⑦]。东莞市中堂开达玩具厂的工人因劳资争议纠纷,冲进厂内和办公楼,打烂门窗玻璃、计算机等办公设备[⑧]。汕头一家工厂的打工仔因 500 元劳资纠纷,纵火烧毁内衣厂,导致 14 死 1 伤[⑨]。深圳市冠星精密表链厂工人启动集体行动——停工,争取到有效对等的集体协商谈判,开启了解决劳资纠纷的新模式[⑩]。潮州市外来工讨薪时与老板发生争执,被老板派人持刀砍伤[⑪]。汕头市一家日本代工厂,因日籍管理人员殴打员工,引发 3000 人的集体罢工[⑫]。台企富士康工厂从 2010 年以来,已经发生了 10 余起员工跳楼行为,引发大规模罢工事件[⑬]。2013 年 12 月 3 日上午,中山市为银行提供保安服务的押运公司,500 余名押钞员因不满福利待遇而 "拒绝出车",造成市内多个银行网点取现业务暂停[⑭]。东莞市人民公园东门广场内,20 多名歹徒手持铁棍群殴环卫工人,致 9 名环卫工人受伤,起因是环卫承包公司变更引发的劳资纠纷[⑮]。广州市白云区江夏村的环卫工人连续多天罢工,村里大街小巷堆积大量垃圾,影响沿街商铺的生意,沿街的低楼层住户食不下咽[⑯]。深圳观澜斗井(中国)制品厂女工被韩方主管脱鞋扇耳光引发同事罢工[⑰]。中山市格兰仕公司因克扣员工

---

① 资料来源:羊城晚报,2001 年 5 月 26 日

② 资料来源:金羊网,2005 年 1 月 14 日

③ 资料来源:大洋网,2006 年 11 月 7 日

④ 资料来源:重庆晨报,2007 年 7 月 1 日

⑤ 资料来源:广州日报,2007 年 7 月 6 日

⑥ 资料来源:羊城晚报,2008 年 1 月 1 日

⑦ 资料来源:羊城晚报,2008 年 10 月 21 日

⑧ 资料来源:广州日报,2008 年 11 月 26 日

⑨ 资料来源:新华网,2010 年 12 月 5 日

⑩ 资料来源:南方日报,2010 年 12 月 12 日

⑪ 资料来源:新浪新闻,2011 年 6 月 8 日

⑫ 资料来源:腾讯新闻,2012 年 11 月 28 日

⑬ 资料来源:羊城晚报,2013 年 7 月 25 日

⑭ 资料来源:搜狐新闻,2013 年 12 月 4 日

⑮ 资料来源:搜狐新网,2014 年 8 月 26 日

⑯ 资料来源:羊城晚报,2014 年 7 月 22 日

⑰ 资料来源:羊城晚报,2014 年 1 月 14 日

奖金，导致员工将厂内计算机设备砸毁①。因劳资纠纷处理不当，深圳某科技公司一前员工挥刀砍向老板和同事后坠楼身亡，并造成老板死亡，4人受伤②。

从这些个案不难发现，老板欠薪、克扣工资、危害工人身心健康，甚至殴打工人，迫使工人跳楼讨薪、放火烧厂等极端行为屡见不鲜，激烈的冲突纠纷不仅危害劳资双方的正常关系，更给社会秩序的稳定造成隐患。上述列举的个案都是经新闻媒体曝光的典型事件，除此之外，可能还存在大量未被曝光的劳资冲突事件，需要引起社会和政府相关部门的高度关注。

2. 南海本田罢工事件

学者刘建华（2011）在杂志《小康》上详细介绍了事件的始末。事件的开始时间为2010年5月17日，位于广东省佛山市南海区狮山镇的本田汽车零部件制造有限公司（简称南海本田）发生了历时19天的罢工事件。事件的起因是员工涨薪要求未获满足后，自发组织了集体停工行动，要求提高工资待遇、改善福利。

5月17日，本田谭姓工人与往常一样坐着公司交通车来到厂区，早餐之后来到车间组织工人们罢工。通信的便利使得罢工消息以短信的方式迅速在各个车间的工友中传播开，生产线上的部分工人放下了手头的活儿，加入罢工行动中。由于工厂采取流水线作业，任何一个环节停工都会导致整个生产线停顿。当时，罢工最早发生在组装科，部分工人也因流水线停顿而进入罢工队伍中，其他工人则坐在流水线旁停工等待。当天的罢工持续到下午1点30分左右，公司管理方通过翻译向工人承诺，将在5月21日给员工一个满意答复。当天晚上，各大知名论坛转帖一篇名为"南海本田汽车配件公司大罢工（内幕爆料）"的帖子，附有图片简述南海本田罢工事件。随后，不同企业的工人们纷纷在各网站晒工资单。

第二天，即5月18日，南方都市报以《南海本田数百工人罢工 停工一天损失4000万》为题进行了报道，其中写道"参与停工的部门有轴务加工科和变速箱组装科，人数约为100人"。在报道中，还详细介绍了这约100人在篮球场集合，情绪表现平静，工人们提出了具体要求，包括：提高工资待遇、进一步改善员工福利。日籍总经理同罢工的人员见面，耐心听取员工的诉求后，代表公司作出承诺，将认真考虑员工提出的要求，争取在一周之内给予回复。而且，在南海狮山镇工会等职能部门的积极协调下，员工于当天下午3点30分自行离去。事实上，就在罢工的第一天，南海区人力资源和社会保障局下属的狮山劳动所在短时间内就到了工厂，与工人代表进行了初步接洽。当时政府判断，此次罢工涉及企业内部的集体协商问题，由于本田公司并未违反劳动法规，无法对企业采取强制性措

---

① 资料来源：羊城晚报，2014年1月14日

② 资料来源：南方都市报，2014年12月31日

施，只能成立工作小组进行综合调解。当地的工会和企业工会则认为，这是一起劳资纠纷事件，依据工会工作职责的要求，只能为存在争议的劳资双方搭建协商平台，无权命令企业改变工人工资。正因为当地工会和企业工会的不作为，导致工人们只能依靠自己，并从其他途径寻求帮助①。

5 月 20 日，在搜狐网发表报道《本田佛山"工资门"调查中日员工工资相差50 倍》之后，中国新闻网、新华网、网易等互联网站和各大媒体都纷纷转载此文。5 月 20 日与 21 日两天，本田的劳资双方展开了两次谈判，劳方代表由组装、铸造、齿轮、铝加工、轴物等 5 个科，每科选出两名工人加上各班班长组成，企业的工会则完全处于真空状态。5 月 21 日，本田公司就公布了加薪方案，规定所有正式员工加薪 55 元，实习生则暂不加薪，从中可以看出工人提出的工资诉求并未获资方认同。由公司单方面作出的加薪方案令所有工人再次感到不满，认为资方没有真正考虑工人的诉求，只想敷衍了事，没有诚意加薪，结果导致劳资双方的第一次谈判以失败宣告结束②。

罢工行动并没有因为加薪方案而终止，反而持续发酵，事态愈发严重。5 月21 日晚 8 时，生产线原本在运作，但变速器组的铝加工科和组装科正在工作的 300余名工人停止操作，走出车间进行罢工。第二天中午，厂方开除了两名带头停工的工人。第三天，为了防止资方继续开除工人，罢工的工人统一穿上工作服、戴着口罩。第四天，资方给工人发出承诺书，要求工人"绝不领导、参与怠工、停工等活动"。大多数工人不理会，同时工人代表当天就提出了 6 点诉求以回应厂方发放的《承诺书》，要求工会改选。到了第六天，资方与工人仍未达成协议。第七天，工人们首次系统提出了"六点要求"，《财经》《每日经济新闻》《北京青年报》等平面媒体报道了这六点要求。随着罢工事件的持续，《华尔街日报》《联合早报》等国际媒体也开始关注此事。之后，网络开始对相关消息进行了封锁，但罢工仍在持续进行。5 月 31 日，警方封锁了工厂附近的道路，本应作为工人后盾、维护工人利益的工会站在了资方的立场，狮山镇总工会工作人员以"维持秩序"为理由，进厂打伤多名工人。6 月 1 日，16 人组成的工人谈判代表团成立，6 月 3日，工人代表与中国人民大学常凯教授取得联系，希望他以工人法律顾问的身份参与谈判。

6 月 4 日，30 名工人协商代表与资方 5 名代表，面对面就工人待遇问题进行了协商，最终的协商结果为工人每月基本工资增加 300 元，补贴增加 66 元，特别奖金增加 134 元，总计增加收入 500 元，同时双方首席代表签订了《工资集体协商协议》。到此为止，持续 19 天的罢工结束，第二天即 6 月 5 日，工人陆续开始

---

① 资料来源：南方都市报，2010 年 5 月 18 日
② 资料来源：搜狐网，2010 年 5 月 20 日

复工①。

南海本田的工人罢工虽然最终解决了，达成了工人的诉求，但事件本身带来的影响却在延伸。2个月之后，即2010年8月，南海本田公司的工人以班为单位自主选出了工会小组长；接着在10月下旬，以科为单位成立了工会分会，选举出一名主席和两名委员。最终，原来的厂工会主席没有获得足够的选票，工人们也只选出工人代表，工会主席缺位。

同年的12月，劳资双方进行了第二次协商，协商2010年年末奖金发放方案。资方先提出了2个月的基本工资+职能工资方案，但工会代表并不同意，要求加到4.5个月的基本工资，资方否决了此提议。在时任广东省总工会副主席孔祥鸿的协调下，双方进行了多个回合协商，最终双方同意以公司2010年所实现的利润和劳动生产率为依据决定年终奖金的发放基础，达成3.5个月基本工资方案的一致意见。

第二年的春天，劳资双方举行了自罢工后的第三次工资集体协商会议。南海本田的资方首先向工会提出了2011年的工资调整方案，包括基本工资的调整、职能工资体系的调整、评价制度的修改以及引入根据服务年限自动调整等级制度，其中增加工资431元最引人注目。经过工会征询工人意见的流程，工会提出了增加工资880元的方案，与资方协商。针对880元的调薪方案，企业再次给出的方案是：普通职工Ⅰ级工资总体上调531元，增幅为27.7%，较最初资方给出的方案提高了近6个百分点，其他等级也做了相应调整，但较工会一方要求的880元仍有较大差距。工会代表认为资方不够诚意，提出了工人一方的新方案，即：普通职工Ⅰ级工资总额上调561元，奖金增加33元，在工人一方原来方案的基础上增加63元，并表示这是最后的方案，如果资方不赞成，以前所有协商方案将清零，最终提交政府有关部门进行仲裁。在孔祥鸿的紧急斡旋下，资方也作出了让步，答应了普通职工Ⅰ级工资总额上调561元、并承诺将奖金增添为50元，总额度达到611元。最终，劳资双方达成一致②。虽然相对于工会最初提出"增加工资800元"的目标仍有一定距离，但这是劳资双方协商的成果，工人们表示能够接受。对劳资双方来说，这无疑是一个巨大的进步（刘建华，2011）。

南海本田的工人通过罢工争取到了利益，其引发了一系列的传导效应。在制度层面，多个省市在2010年都提高了最低工资标准。更重要的是，引发了对于工会和集体协商制度的思考，大家意识到集体协商是最终解决集体劳资争议的有效方法。本田事件虽然表面上是一起普通的、时间较长的罢工事件，但其代表着新

① 资料来源：http://wenku.baidu.com/link?url=gddQnHwNv6IIbJntoLytcQ9qwGxJZpv2YRiGnMejL3smBEWT6fZVrF1BMiRie5Y738M8InSx5MSsIFynQTkRJ6GiStkIg1Ozkc278POAOCm

② 资料来源：http://finance.sina.com.cn/chanjing/sdbd/20100920/02128684113.shtml

生代工人维权意识的觉醒,工人通过正规渠道、理性表达诉求,是为自身争取权益的一次集体行动(常凯,2011),但《南方日报》记者黄应来则认为这是一个偶然事件。他认为,南海本田罢工事件是一个从工人停工到广东工资集体协商的过程,是在正确的时间、正确的地点、基于正确的理由,一批恰当的人找到另一批恰当的人,用恰当的方式,做成了既正确又恰当的事情。但无论如何,南海本田工人以利益为中心的诉求,对现行机制提出了挑战,开启了广东处理集体行动类劳动纠纷的新模式(刘建华,2011)。冯同庆(2012a)进一步提出,应吸取南海本田罢工事件的经验,将这类事件的性质定性为"经济维权"而非"维稳事件"。

在这一过程中,工会的角色和行为也让大家反思。姚仰生(2011)从微观层面探讨了在现有体制下如何让企业工会为工人维权,他认为由于南海本田工会主席享受中层干部待遇,在立场上偏向资方,导致工人不信任他,加剧了工人不信任工会组织的程度;而由政府设立的地方工会组织也更多地从维稳的角度处理工人的罢工事件,其结果反而导致冲突加剧。因此,要改变这种状况,应该加强工会的内涵建设,启动对企业工会主席的考核机制,严格规范上级工会的行为。中国工会只有积极行动起来,才能改善这种不被信任的局面。

3. 富士康员工自杀事件

同一年发生在广东的涉及劳资关系的事件是台资企业富士康员工自杀事件。2010 年 1 月 23 日至 5 月 26 日,在短短的 4 个月内,台湾鸿海精密工业股份有限公司在深圳投资兴办的富士康科技集团厂区内(简称深圳富士康),连续发生了 13 起工人跳楼或割腕自杀事件,非正常死亡和受重伤的事件在社会上引起了广泛关注。

富士康于 2010 年发生的第一跳逝者是 19 岁员工马向前。2010 年 1 月 23 日凌晨 4 时,马向前在富士康公司内坠亡,为此公司还悬赏 50 万元征集线索。第二跳则发生在 2010 年 3 月 11 日,深圳富士康龙华基地生活区一名李姓员工从宿舍楼 5 楼坠亡。时隔 18 天,一名 23 岁男性员工从宿舍楼坠亡。一周之后,即 2010 年 4 月 6 日,富士康观澜厂区宿舍一名 18 岁饶姓女工坠楼受伤。第四跳发生在 2010 年 4 月 7 日富士康的观澜厂区外宿舍,18 岁宁姓女工坠楼身亡。第五跳发生在 2010 年 4 月 7 日的观澜樟阁村,22 岁孙姓男工坠亡。连续的坠亡事件成为舆论的焦点。事实上,在发生第一起跳楼事件之后,企业否认坠亡与企业管理相关,当时总裁郭台铭就曾表示"富士康是负责任的企业",认为这起事件是员工心理因素所致,因此没有在企业内部进行整顿①。

但在发生第五跳之后,即 2010 年 4 月 10 日,富士康集团媒体办主任刘坤、

---

① 资料来源:http://www.xilu.com/zhuanti/my_3414/

富士康集团卫生部部长芮新明、富士康工会副主席陈宏方，一起接受了《羊城晚报》的独家专访，负责人多次使用"检讨"一词表态。其中刘坤说："近一两个月来，发生一连串突发事故，说明我们在管理上出现了问题。"同时，接受采访的负责人表示：无论是发生一件还是多件跳楼事件，富士康公司都会重视。公司在处理跳楼等突发事件时，一般会第一时间报 120、通知员工家属，并向媒体通报员工的基本信息和公司的态度，积极配合警方协助调查取证。刘坤坦言，在这一系列事件中，显示富士康的确存在一定的责任。因为"不管出于什么样的原因，不管员工选择了什么方式，毕竟在富士康的厂区内发生，公司应该在管理上、企业文化上检讨自己的问题。"他说，富士康公司仅仅在深圳厂区就有 40 多万人，管理难度很大，"但这不能成为我们推脱的借口"[①]。

然而，事件并没有结束。富士康员工卢新在 2010 年 5 月 6 日凌晨 4 时许，坠落身亡，富士康再次被推到风口浪尖。根据媒体的报道，郭台铭因频发跳楼事件，一度认为公司的风水出了问题，从五台山请来高僧做法事，为公司和员工祈福。五天之后，2010 年 5 月 11 日晚间，又有一名女工跳楼，这已经是自 2010 年 1 月23 日，富士康 19 岁员工马向前坠亡后的第八起跳楼事件，紧接着三天之后一名年仅 21 岁的安徽籍男性员工，从宿舍楼 7 楼楼顶坠下，当场身亡。富士康接连发生的"九连跳"事件引发了媒体和社会的高度关注，甚至当地的政府机构工作人员到企业调查，与该集团高层商讨防范措施。

事件还没有结束，第十跳在 2010 年 5 月 21 日发生，一名年仅 21 岁的男性员工南钢从 F4 栋楼跳下身亡。至此，当地政府和工会就不仅仅是调查和关注"十连跳"了。深圳市总工会、深圳公安局及宝安分局、富士康工会及公司相关部门当日召开紧急联席会议，商议对策。同时，公司内部启动应急方案，在干部 OA系统邮件中要求全体管理干部对手下的员工进行信息摸底，重点是排查精神病及心理障碍倾向的员工。富士康已紧急选调了近百名心理咨询师，并新装修"员工关爱中心"，提供员工发泄情绪的沙袋，把主管的面具套在沙袋上，供员工释放情绪。在媒体通报方面，22 日晚间，深圳市政府新闻办表示已组成市区两级联合工作组，进入富士康科技集团，协助改善企业内部管理。2010 年 5 月 24 日，郭台铭首度正面回应事件，称"富士康绝对不是血汗工厂"，他有信心在短期内把状况稳住。

尽管富士康采取了各种措施，积极疏导员工心理，帮助员工释放心理压力，但跳楼事件没有停止[②]。2010 年 5 月 25 日凌晨，富士康发生了连续"第十一跳"，

---

① 资料来源：羊城晚报，2010 年 4 月 10 日

② 资料来源：http://baike.baidu.com/link?url=uyS9o6s_CN2CxGzILPXL7dBY3chkg27ety0ht2mZzNj6o_uF8XwXsUfbNnRDoGVsm1WmblSUKU9YOG73OYhES

坠楼者不幸身亡。据《南方都市报》报道，"十一跳"发生后，富士康内部发出两封公开信，第一封为《致富士康同仁的一封信》，以富士康科技集团的名义发出，要求员工承诺"若发生非公司责任原因而导致的意外伤亡事件(含自杀、自残等)，同意公司按相关法律法规进行处理，本人或家属绝不向公司提出过当的诉求，绝不采取过激行为，导致公司名誉受损或给公司正常生产经营秩序造成困扰，给予10万人民币的人道赔偿"，要求每位员工在承诺书上签字。第二封来自郭台铭的公开信，郭总裁一方面安慰员工，另一方面表示会继续努力改进厂区软件、硬件建设。同时，深圳市公安、劳动保障、卫生、工会等职能部门已组成专题工作组进驻富士康公司，在管理模式、企业文化等方面提出多项指导意见和改善建议，派出心理医生等协助加强对企业员工的关怀工作。2010年5月26日，富士康负责人郭台铭上午从台湾飞赴深圳，首度开放工厂，全球媒体得以被允许进入富士康大本营——深圳龙华厂区采访和拍摄，上午共有200多名来自台湾、香港、内地及国外的记者参观富士康部分厂房。在随后的新闻发布会上，郭台铭向全社会、富士康所有员工和死者及家属表示道歉和慰问，再三鞠躬。同时宣布，此前要求员工签订的所谓"不自杀协议"承诺立即废止。但同时他也表示，跳楼事件与员工的个性和情绪管理有关，工厂管理并无问题，并呼吁媒体多正面报道。新加坡《联合早报》报道，这位以创造全球最大代工工厂而赚得巨亿财富的台湾首富这么快就得出了结论：富士康公司无责。

香港《明报》于5月26日发表文章分析了富士康深圳厂跳楼事件，认为：虽然富士康是待遇优厚的公司，吸引了很多人进入，但在精神层面，富士康是"血汗工厂"[①]。2010年5月26日23时27分，在龙华富士康科技园C2宿舍楼发生了"第十二跳"，接着在2010年5月27日4时，龙华富士康宿舍E楼有一男子割脉。到这个时候，富士康似乎没有办法了。2010年6月8日，郭台铭表示：企业无法承担太多的社会责任，将把宿舍管理交给当地政府[②]。

富士康接连发生的"十三跳"事件震惊了海内外，社会各界对此广泛关注，媒体大量报道，从法律、心理学、社会学等方面剖析事件发生的原因并试图找出相应对策。有的学者认为此事件与劳动关系的监察有关，赵红梅(2010)就认为"富士康员工自杀事件"充分反映出现行的以"劳动行政监察＋劳动者个体维权"模式实现劳动者权益保护模式有很大的缺陷，该模式中的两种机制没有有效保护劳动者权益或者达不到理想的保护效果。贺艳芳(2010)认为，富士康的员工工作时间长、导致工作压力大，但直到出现了"十二跳"，还是没有见到工会有力度的维权行为，工会在事件中没有起到应有的作用。鲍卫东(2010)进一步

---

① 资料来源：明报，2010年5月26日

② 资料来源：http://www.cb.com.cn/deep/2010_0529/132235_2.html

认为工会的不作为也是导致"富士康员工自杀事件"愈发严重的一个因素,为此,富士康工会应该进行改革。

有些学者从收入差距分析原因。例如,权衡(2010)认为"富士康员工自杀事件"的本质是收入分配关系恶化的集中反映。吴江秋(2013)的观察重点放在了制造业现场的劳资矛盾,流水线、大规模生产的管理模式和新生代工人心理模式的变化加剧有巨大的鸿沟,加深了劳资矛盾。刘闻佳(2010)详细分析了新生代农民工的心理现状及对策,他认为"富士康员工自杀事件"是新生代农民工生存、心理现状的缩影和集中反映,新生代农民工有更多的精神和情感诉求,然而,异化、社会支持缺失等社会因素,却使这一群体面临巨大的心理和生存困境。而很多学者则从农民工生存现状剖析"富士康员工自杀事件",刘艳艳(2010)认为该事件暴露出当前新生代农民工劳动权益保护面临的一些问题,虽然工资待遇高于行业水平,但富士康不尊重工人的权益,加之相关政府部门、工会组织的缺位,加重了农民工的弱势地位。从社会学的角度分析,冯占军(2010)认为"富士康员工自杀事件"体现了新生代农民工在城市化进程中的生存困境,对于这样一种困境,需要企业、政府、社会以及员工自身多个方面共同努力,才能改善目前的局面。

4. 集体劳资争议事件分析

除了通过劳动仲裁诉讼程序解决集体争议外,近年来,广东省还发生了大量因要求改善劳动条件、提高劳动报酬的停工罢工、怠工上访的集体抗争。特别是2010 年之后,这些集体抗争具有发生次数多、持续时间长、参与人数多、社会影响大等突出特点。广东省劳动者集体行动案例详细内容见附录2。

1)集体抗争事件的特征

第一,集体劳动争议行动的发起人及参与者多为新生代外来工,集体行动组织性、策划性强。

自 2010 年南海本田事件发生之后,集体劳动争议在广东成为一个经常性事件。而参与集体的工人群体,以新生代农民工为主(高芳芳,2014)。通过对广东省公开报道的案例进行分析,研究得到相似的结论。与新生代工人的父辈相比,他们接受了义务教育,普遍具有更高的文化水平,在农村没有或很少有务农经验。他们更加渴望过上美好生活,当期望理想与工资水平出现落差时,往往会采取集体行动向资方发起挑战,表达不满诉求。而且,这种集体行为有日益组织化的趋势,诸如诉求目标、内容、口径、行动时间、地点、路线等都经过精心设计,整体行动表现得更有组织性、计划性和目的性。

第二,在集体劳动争议的焦点诉求方面,形成了利益争议与权利争议并存的格局。

从争议焦点来看,一方面,劳动者聚焦的是法律赋予的权利,包括追讨拖欠克扣工资、抗议随意调整工作岗位、时间,争取加班工资、补偿金等。令人关注的是,部分劳动者的权利诉求开始转向政治层面,如促进工会改组、争取民主管理话语权等。

另一方面,劳动者的诉求集中于利益之争,要求企业建立工资增长机制,践行工资集体协商制度,"南海本田罢工事件"就是一个利益争议的典型案例。可见,随着劳动者日益提升的权利意识和多元化需求,集体行动诉求形成利益争议与权利争议并存的格局。

第三,大多数集体行动以和平方式进行,部分行动则极具冲突性。

2010～2013 年,广东省发生的劳动者集体行动案例多数以停工休息、有秩序地游行、静坐等较和平的方式进行。劳动者通过上述方式给企业和政府施压,以达到目的。但部分案例出现堵马路、暴力对抗、破坏物品等非理智行为。例如,2010 年深圳市汽车拖车司机曾连续三天停工,聚集堵路,这容易导致劳资冲突演化为社会公共事件,造成不可估量的损失和极大的负面影响。

第四,集体劳动争议的参与者充分利用网络媒介进行集体动员。

劳动者经常接触 BBS、QQ、微博、微信等新兴媒介,并以此来组织和发动集体行动。通过上述网络新媒介,他们对集体行动的诉求、策略、发起时间及方式等进行事先交流与沟通,增强集体行动的成功率。如 2010 年的南海本田罢工事件,参与者利用 QQ 进行沟通和交流;2011 年深圳冠兴精密表链厂的劳动者则使用微博进行沟通以及实时传播信息。

第五,处理难度大,争议解决主要依赖政府力量。

由于劳资双方缺乏有效的情绪宣泄渠道及通畅的协商机制,且诉诸法律面临程序复杂、成本高等问题,所以,劳动者往往直接采取集体行动进行抗争。通过剖析,不难发现,这些集体行动主要发生在民营企业、外资企业和港澳台企业,行业分布在劳动密集型电子装配、皮具皮鞋、玩具服装等行业,地域主要分布在广东的珠江三角洲经济发达地区,如广州、深圳、东莞、惠州等地。值得注意的是,集体行动容易造成多米诺骨牌效应,劳动者抱团组队、跟风申诉的趋势愈演愈烈,进而导致解决集体劳动争议的难度加大。从近几年广东省集体劳动争议的处理情况来看,基本上都需要依靠政府的深度介入才能解决,因此,解决集体劳动争议依赖政府力量的趋势非常明显。

2) 集体劳动争议事件多发的原因

第一,普通员工劳动报酬没有随着经济的发展而同步增长,薪酬始终是劳动者最为关心的问题。

为了维持廉价劳动力的优势,广东省劳动密集型行业的普通员工工资水平一直偏低,增长缓慢,这也是当前劳动关系争议中最突出的问题。2010 年发生的富士康员工自杀事件、南海本田罢工事件，之后发生的广东东莞出租车司机、客运司机罢运事件，2014 年春节发生的广州押钞员停工要求加薪等集体劳资争议事件，均以提高工资和薪酬待遇为主要诉求。例如，在南海本田罢工事件中，工人的谈判目标清晰而简洁，"工资提高 800 元，全部加入基本工资，未来工资年度增幅不低于 15%"；广州押钞员的诉求为加薪 600 元。

第二，权益诉求表达机制不完善，劳动者缺乏成熟的协商机制和渠道。

现行的劳动争议调解机制针对的是个别劳动关系，缺乏解决劳动者集体争议的有效方法。首先，现阶段集体协商内容多集中于工资福利，对于其他劳动标准鲜有提及，改善作用并不明显。其次，集体协商的代表专业水平知识有限，不能有效推动工资价格的决定。再者，劳资双方对集体协商的认同度不高，难以形成有效凝聚力。另一种解决方法是劳资谈判，同样存在谈判成本过高、谈判流于形式、应用范围有限、企业内工会代表性不强等问题。

第三，基层工会的代表性不强，未能有效协调企业的劳动争议。

因为各种复杂的因素，造成基层工会作用难以有效发挥，其中既有体制原因，也有工会自身因素。在广东省，私营企业工会组建率远远低于国有部门，很多企业仍未建立工会，雇主排斥工会。而且，劳资双方对组建工会的意愿不高，部分企业认为，工会功能完全可以由企业来实现；劳动者由于不了解工会职能与性质，也认为工会难以发挥作用。可见，工会与现实脱节严重，尤其体现在劳动者身上。对于有工会的企业来说，工会的独立性和有效性仍遭质疑，工会横跨在两个利益冲突的群体之间，往往只能以一种多样、模糊的方式来应对劳资纠纷。

从近几年广东省发生的集体劳动争议不难看出，工会在集体行动中几乎没有作为，工会要么袖手旁观，要么站在企业一边。例如，在 2010 年的南海本田事件中，工人在集体罢工前曾多次向企业及工会反映增加工资的诉求，但都未获重视。从地方工会角度判断，认为这是一起企业的劳资纠纷事件，地方工会最多只能提供协商平台。正是因为地方工会和企业工会的态度较为消极，促使工人提出重组企业工会的诉求。在 2012 年深圳欧姆电子劳资谈判案例中，工人同样提出了企业工会重组的请求。

第四，劳动法律体系的日益完善，扩大了劳动者享有企业利益的范围。

1995 年实施的《中华人民共和国劳动法》，意味着国家将保护劳动者合法权益、调整劳动关系纳入了法律体系框架内，其目标在于建立和维护适应社会主义市场经济的劳动制度，最终目标在于促进经济发展和社会进步。而 2008 年 1 月 1 日实施的《中华人民共和国劳动合同法》，进一步完善了劳动合同制度，从操作性方面加强了法规细则，明确了劳动合同签订双方当事人的权利和义务，可以有效促进和谐稳定的劳动关系的构建与发展。之后实施的《中华人民共和国劳动争议调解仲裁法》以及 2014 年通过的《广东省企业集体合同条例》明确了劳动争议的集体协商行为。可见，劳动法律体系的日益完善，扩大了劳动者享有的权利范围。

综上所述，研究运用媒体公开报道的数据与案例，分析了1978～2014年广东省劳动争议的变化发展。可以看出，改革开放以来，在计划经济向市场经济转型过程中，广东省的劳动关系因企业所有制差异、企业规模差异、所处行业差异等因素导致多样化、复杂化的状况，但契约化、市场化和调整法制化已成为中国劳资关系的主要特点。在市场化背景下，广东省个别劳动关系已向集体劳动关系转变调整，集体劳动争议在劳动争议处理中居于重要地位，形成利益争议和权利争议并存的格局。近年来，广东省集体劳动争议行动不断增多，且呈现不同的趋势与特点。可以预见，劳资矛盾仍是影响未来广东社会经济发展的重要因素之一。

这个转型过程是一个渐进的过程，包括国有企业改革、外资进入、允许农民工进城务工、鼓励发展非公有制经济，等等。正如科斯（2013）所言："引领中国走向现代市场经济的一系列事件，并非是有目的的人为计划，其结果完全出人意料。"在三十多年的转型过程中，劳动关系的转型也非详细计划、周密布置的，其呈现出的多样性、复杂性和可变性的特点，是今后研究需要关注的重要议题。

2.4 本章小结

改革开放以来，广东省作为国家经济发展的主力军，可以说是创造了"经济奇迹"，社会的价值观和百姓的文明程度也得到了发展。但体制的建设落后于经济发展步骤，经济奇迹并未带来"体制奇迹"。虽说劳动力市场逐步开放，各种规章制度逐步完善，劳动关系却并未如同经济奇迹那般向好发展，反而冲突事件频频发生，劳动关系陷于困境。归结原因，体制建设跟不上经济建设的脚步，关键问题含糊不清，完善的制度却没有强大的执行力作支撑。

第3章 广东企业资方（管理方）在劳动关系转型中的策略

本章针对不同所有制企业，分析在37年中广东经济和社会转型过程的劳动关系管理策略和制度。首先研究外商投资企业，"三资"企业开创性地带来了市场化劳动关系的管理方法和手段。接着分析私营企业，在没有任何历史包袱的基础上，私营企业积极学习外资企业的人力资源管理方法，但由于私营企业处于资本原始积累阶段，无法完全复制外资企业在劳动关系管理上的优点，反而较多地吸收了其缺点，多数私营企业带有原始资本积累阶段残酷剥削性质实施的劳动关系管理，而私营企业以中小企业为主要构成，其劳动关系更多受到来自市场竞争中的"市场霸权"影响，不规范、家长式管理普遍存在。国有企业劳动关系在20世纪90年代末完成市场化改革后，一方面保持了工会作用和职工主人翁地位，另一方面处于行业竞争的垄断地位，更有条件实施规范的劳动关系管理。这一章将分别详细分析三种所有制企业各自的劳动关系管理策略，从中看出影响不同所有制企业资方（管理方）劳动关系策略和制度的原因，以及劳动关系管理的成效。

3.1 外资企业的市场化劳动关系管理策略和制度

3.1.1 外国直接投资与劳动关系立法

最初，外商直接投资企业被称为"三资"企业，指的是中外合资经营企业、中外合作经营企业和外商独资经营企业，其中来自香港、台湾、澳门的投资也被视为外商直接投资企业。在当时的国际经济环境下，融入经济全球化，吸收外国直接投资，组建三资企业，是国际经济合作的重要形式之一，招商引资被中国政府视为重点工作。1979年7月1日，中国第一部《中外合资经营企业法》生效，之后的1980年4月，北京与香港合资经营的北京航空食品有限公司成为国内第一家外商投资企业；1983年2月6日第一家中外合资酒店、设立在广州的"白天鹅酒店"开业，该酒店由广东省人民政府与霍英东先生的香港维昌发展有限公司共同投资兴建；第一家"三来一补"企业——设立在顺德的"大进制衣厂"也是来自香港的资金。事实上，1978年之后，广东和香港当局合作，制止了逃港人潮，但由于缺少新移民，香港工业发展面临劳动力短缺、人工成本较高的局面（当时广东工人的工资是香港工人的 1/5）。虽然广东的工人缺乏技能，但他们愿意学习，一份工作有 10 个人应聘，香港企业在广东设厂是解决人工成本高、雇佣困难的最佳选择。20 世纪 80 年代，凭借地理优势、文化优势和人脉优势，港资开始大量进入广东，把广东作为优先考虑的投资区域，仅仅 1986～1987 年，香港迁往内地的企业就有 6 万家，其中 4 万家选择在广东的东莞设厂①。香港企业因而获得了当时世界上最丰富的廉价劳动力，1987 年广东大约超过 100 万工人在香港的企业工作（傅高义，1991），而在这些港资企业工作的工人收入也远远高于政府官员的工资水平。以 1988 年为例，位于广州的一家以出口加工为业务的港资玩具企业，其普通工人的月工资起点为 350 港币，多劳多得的计件工资情况下，技术工人月工资有时会高于 1000 港币，不超过 2000 港币；刚刚毕业的本科生进入这家企业工作，月工资为 500 港币，3 个月之后月工资为 700 港币，1 年之后为 900 港币，而当时黑市的 100 元人民币兑换 80 港币，有大学本科以上学历、在政府部门和事业单位任职的年轻人工资不超过 100 元人民币。

　　20 世纪 80 年代末、90 年代初期，由广东省社会科学院经济研究所承担的全国哲学社会科学"七五"规划项目，其中一个项目就专门针对"三资"企业经营管理进行研究，项目主持人为广东著名的经济学家曾牧野、廖建祥和李克华，其部分研究成果刊登在《南方经济》杂志 1992 年第 4 期。他们首先分析了招商引资的有利影响，发现随着外商投资的增加以及各种技术的引进，"三资"企业呈现出较高的企业管理水平。外商派遣大批管理人员来华工作，这些管理人员较系统、完整地掌握了国外企业管理的经验，使三资企业成为引进外资、技术和管理方法的重要窗口。据曾牧野等（1992）的调查研究数据显示，1987 年广东省组建的"三资"企业中，提供的就业岗位超过 50 万个，其中管理人员 12 万人，正副总经理、总工程师、总会计师等高级管理人员 2 万多人。例如，中外合作经营的广州中国大酒店，由外方担任总经理，不仅引进海外资本，而且引进先进的酒店管理制度，实行了一整套行之有效的科学管理方法，培养了一批优秀的管理人才，之后广州中国大酒店成为当时培训高级酒店管理人员的重要基地之一。以广州中国大酒店、白天鹅宾馆、花园酒店为代表的酒店服务规范不仅提升了整个广东省的酒店、餐饮服务水平，而且引领了全国的酒店和餐饮服务规范制定。

　　引进外资过程中，劳动关系一直受到学术界的关注。曾牧野等（1992）在其研究报告中专门分析了"三资"企业劳动关系制度的创新内容。当时，深圳市"三资"企业的用工制度按照国际惯例，对正式工、季节工和临时工均采取"契约式"的管理办法，给予企业人事管理的权限，企业被允许选择不同的用工形式，劳资双方均享有解聘、辞职的权利。例如，当时生产彩电的著名企业——深圳康佳电

---

① 资料来源：http://news.dayoo.com/guangzhou/73829/74213/

子公司，被允许对新招收的员工全部实行合同制，新员工要经过三个星期的上岗前培训和三个月的试用期，满意后才签订合同予以录用。深圳市"三资"企业约有 9 万多名临时工、劳务工，对这些企业的临时工、劳务工、季节工均实行劳动合同或劳务合同管理。正是引入了这种新的用工制度，"促进了整个社会劳动者就业心理的转化，使择业意识、流动意识、竞争意识、自强意识等趋于强化，是实现劳动制度改革市场化取向的重要条件之一"（曾牧野等，1992），这也反映了经济社会转型期广东省在劳动关系制度变革方面所做的努力。

但与此同时，曾牧野的课题组也发现了若干不规范的用工现象。由于"三资"企业用工形式的多样化使劳资关系日益复杂化，加上国家劳动监督法规的不配套、不健全，企业管理仍存在一些不尽如人意的地方。例如，"在一些企业，尤其是独资企业，员工权益受到侵犯的现象比较严重，由此产生的劳资纠纷不断增多……最后导致工人罢工"（曾牧野等，1992）。还有一些企业利用政府对外资进驻的渴望，以及不完善的监管制度，公然违反我国劳动保护的相关规定，不重视工作现场的安全生产和作业环境，劳动条件极其恶劣，结果导致工伤事故频繁发生，原因在于这些外资企业的安全管理较松散。因为不看好中国的投资环境，企业行为短期化现象较为严重，与政府签订了三至五年的短期经营合同。例如，迫使员工长时间加班加点，大量使用童工等。从这些研究成果不难发现，20 世纪 80 年代，部分外资企业的劳动关系从企业建立之初，就已不规范、不和谐。而且，外商的议价能力较强，而无论是对当地政府还是对渴望工作岗位的员工来说，他们的谈判力量都相对较弱，加上劳动法律规制的空白，给外资企业不规范的劳动关系管理提供了可乘之机，也形成了一种惯性发展的趋势，这种影响一直持续到 2008 年的 1 月 1 日实施劳动合同法之前（程延园，2002；佟新，2007；于欣，2008）。

这种不规范的劳动关系管理，引发了诸多工人抗争，最终促使国家于 1994 年和 2007 年立法规制劳动关系，这再次说明了"行动"与"结构"的互动作用（沈原，2006）。根据中国劳动统计年鉴的数据显示，在 1994 年，中国发生了 19 098 起劳动争议；在实施劳动合同法之后的第一年，即 1995 年，劳动争议的数量就上升了 73%，达 33 030 起。这种增长趋势并不意味着实际发生的劳动争议增加，只是实施劳动法后的显性表现。此后，劳动争议逐年上升，1996 年上升了 45.6%，1997 年上升了 48.6%，1998 年上升了 31.1%，达 93 649 起，到 2003 年劳动争议为 226 000 起，比前一年再次增加，而 2008 年达到顶峰。以广州为例，根据《广州劳动争议诉讼情况白皮书（2008～2010）》，2008 年广州的劳动争议案件出现井喷式增长，2009 年和 2010 年增长速度趋缓，但数量仍维持历史高位。这一现象是伴随着劳动关系的转型、外国直接投资的迅速发展、一些重大的法律变革以及中央对国有企业改革的重新投入而产生的。在此投资环境中，广东外资企业发生的劳动争议日渐增多。

自 1978 年开始，政府就开始重视利用法律来规制劳动关系，这种规制思路与外国直接投资对中国经济发展的作用密切相关。首先，吸引外国直接投资，需要创造和维持一种法治的环境。所以，政府将法治建设作为一种既能鼓励外资又能控制其负面影响的手段，特别是对劳动关系的规制。劳动法等各种劳动法规的颁布，是对解决持续增加的劳资冲突的一种积极回应。其次，对劳动关系的立法，可以使劳动争议在工作场所之外得到解决（林振恭和陈育琳，1993），从而不影响企业的正常运作。

1. 外资企业劳动关系管理的背景与中国劳动关系法律的制度化

由于中国经济发展需要大量外国直接投资，所以，法律在中国经济改革与逐渐融入全球经济化过程中发挥的作用尤其重要。其中，将中国法律运用于外国投资项目是制定合资企业政策的中心环节，这不仅有利于保护中国主权，还是界定合资企业法律地位以及发现合资企业能否满足改善劳动关系的需要。

1979 年，中国颁布了《中华人民共和国中外合资经营企业法》，这是改革开放之后颁布的第一部用于吸引外国直接投资的中国法律，法律中强调了劳动管理的重要性。《中华人民共和国中外合资经营企业法》颁布 26 天之后，又通过了《中华人民共和国中外合资经营企业劳动管理规定》，这是处理非国有企业中新型劳动关系和重要管理议题的第一个条例。劳动合同制度首先在深圳和珠海的经济特区得到确立（傅高义，1991），对于外国投资者而言，劳动合同的实施赋予了企业自主权，在中国开启了劳动关系的契约管理。劳动合同制度不仅使外国投资者实现对就业、就业期限的控制，而且通过相对长期的合同（2~5 年），保证了外资企业工人的就业稳定性。

在 20 世纪 80 年代初，劳动合同制度并非是一个被劳动者普遍接受的概念，它的实施首先是在外国投资企业，外商投资企业的劳动关系在中国整体劳动关系中所占比例很小，与其他所有制企业有所区别。1983 年，广东政府开始完善经济特区和外资企业之外的劳动合同。从那时候起直到 90 年代初期，劳动合同逐渐得到扩展，然而，劳动合同的实施服从于经济改革普遍存在的"放宽—紧缩"周期，反对劳动合同的理由与改革前国有企业合同工被视为临时工的历史有关。

对劳动合同实施"放宽—紧缩"政策的动态效应，还与 1992 年邓小平南方谈话之后，外国直接投资迅速扩大和国内私营企业增加有关。在劳动法实施之前，非公企业的劳动关系出现了一些问题：

首先，劳动条件恶劣。具体体现在：缺乏福利和保险、没有工作保障、工作条件危险、无力支付工资的企业（外资企业和私营企业）明显增加。这些企业集中在广东的开发区，以劳动密集型的制造业居多，尤其是来自香港和台湾的投资企业。由于香港的人工成本较高，在广东的港台企业投资者以更低的工资寻找新的生产基地，企业雇佣的员工以外来工为主，工作现场制度不规范，工作环境混乱，岗位不稳定是普遍存在的问题，呈现剥削的特征(Pun，005)。即使是来自发达国家的中小型外资企业，尽管名义上要求签订合同，但为了最大限度地维持劳动灵活性水平，往往避免签订劳动合同。为此，国家劳动部于 1992 年 5 月 3 日专门发布文件，回复北京市劳动局"关于外商投资企业中发生不与职工签订劳动合同等三种情况时的劳动争议是否受理的请示"函件（劳力字[1992]20 号文件），强调"外商投资企业与职工应当依法签订劳动合同建立劳动关系"，即使没有签订劳动合同，发生劳动争议时，如果当事人申请仲裁，劳动争议仲裁委员会应视为因履行劳动合同发生的争议。之后，为了在劳动法律方面加以规制，把劳动合同制度化和法律化，1994 年颁布、1995 年实施的《劳动法》将外资企业与员工建立劳动关系纳入了制度和法律程序的渠道。

其次，尽管外资企业的所有工人都是合同工，但劳动合同短期化现象非常普遍（程延园，2002；于欣，2008）。在整个 20 世纪 80 年代和 90 年代初期，劳动合同实施的比例增长非常缓慢，随着外国直接投资的增加和国有企业的深化改革，签订比例迅速上升。特别是 1994 年劳动法的颁布和之后的实施，企业劳动合同制度的普及率得到了提升。但外资企业本身存在短期经营的目标，资本在全球流动，当初看中的是中国的廉价劳动力，一旦劳动力成本上升，就会随时撤资、关闭企业。因此，在雇佣契约方面，往往通过短期合同保持用人的灵活性。在劳动合同法实施之前，很多企业的合同是一年至两年的短期合同，甚至更短期限的合同。

2. 外资企业劳动关系恶化与政府劳动关系规制的博弈

广东政府为了吸引外资，给予外资企业诸多优惠政策，但不能无视劳动者权益受损的现象。借鉴市场经济国家的手段，与资方博弈的最有效方法是立法。在国家层面，劳动立法的内容和时机，与外国直接投资的进驻和外资企业紧张的劳动关系密切相关。在 20 世纪 90 年代中前期，外国直接投资以非常快的速度在广东发展，这一时期劳动关系规制凸显了两个重要问题：一是，外资企业的劳动关系每况愈下，国家劳动部和工会不断努力，争取赢得对外资企业管理的更大监督和管辖权。二是，国有企业人事改革不理想和国有企业竞争地位的急剧下降。国有企业管理者开始要求更多的用工自主权，从而能与这些外企和私营企业在招聘、激励和解聘方面进行公平竞争。因此，竞争环境促使中央政府必须制定全面的法律，使国有企业与外企、私营企业在同一个法律框架内得到规制和公平竞争。当时负责《劳动法（草案）》工作的中国劳动部副部长张左己认为，这两个原因对于 1994 年通过的劳动法起到极为重要的作用（加拉格尔，2010）。

20 世纪 90 年代，学者们开始关注外资企业中恶劣的劳动环境和不断增加的工人抗争。近年来，许多学者则对中国的劳动关系进行了重点研究（Cooke，2002；Winfield，1999；Benson，et al.，2000；Ding and Warner，1999），其中包括针对各种所有制劳资关系的实证研究，外资企业的劳资关系因具有跨文化特征而成为一个研究重点。对外资企业的研究，较多从外来工劳动权益保护、在全球供应链中在华外资企业赚取廉价劳动力而采用的劳资管理模式展开分析。他们发现，部分外资企业把工人当成"绵羊"实行严格控制（Pun，2005；Frenkel，2001），Lee（1995）形容为"当地化专制"模式，这些研究从某种程度上验证了 Burawoy（1985）提出的"工厂政体"理论。

由于外国直接投资和外资企业在 20 世纪 90 年代迅速增加，外资企业的劳动关系管理问题得到了更多的重视，尤其是来自广东的媒体以及香港人权组织和工会的关注。之后随着日本、韩国和我国台湾地区的投资急剧增加，促使人们对这些企业的劳动问题更为关注。从调查得知，在 20 世纪 90 年代，位于珠海和深圳经济特区的、来自日本、韩国、我国台湾地区的企业，多次发生工人的集体罢工和停工事件，工人的诉求均为工资增长、有尊严。由于广东的外国直接投资高度聚集，一旦发生罢工，容易产生多米诺骨牌效应。1994 年 5 月，工会会员报告指出，1993 年有 100 家合资企业发生了罢工。在 90% 的罢工事件中，工人并不是由官方组织的，工厂行动的这个"道钉"从几个方面增加了国家应对外资企业劳动问题的压力。首先，在一个地区，接连发生的罢工"模仿综合征"严重威胁到对外国直接投资的吸引力。其次，无需官方工会出面就组织罢工行动的能力，意味着某些类型的工人组织正在取代外资企业中的官方工会（加拉格尔，2010）。

随着市场经济转型速度的加快，以及劳动条件的恶化（工作强度、工作条件和工作保障），国家开始制定劳动法规来约束剥削性的劳动实践。这些法规包括为工作条件和工作安全设定劳动基准，为工会利用集体合同和有限的集体协商捍卫、保护工人的合法权利制定了一种扩展性职责，并建立了解决个别劳动关系争议和政府检查劳动实践的制度。随着这些法规被纳入劳动法，法规的执行有了充分的制度保障。当然，劳动法的实施效果只有经历长时间的检验才能显现，这部法律在后续实施过程中暴露出若干缺陷与不足，如不具操作性、内容含糊。尽管如此，劳动法的颁布为后来的劳动合同法的实施提供了一个重要模板。

3. 企业劳动争议处理的制度

随着 1979 年中外合资企业法的通过，以及 1986 年劳动争议调解的恢复，劳动争议处理制度得以重新建立。1987 年，国家通过了《国营企业劳动争议处理暂行规定》，但这个规定只适用于国有企业部门，忽视了大部分发生在非国有企业（集体、农村和外资企业）的劳动争议。直到 1993 年国家颁布了《中华人民共和国企业劳动争议处理条例》，劳动争议的处理的法规问题才得到解决。《中华人民共和国企业劳动争议处理条例》不限于特定的所有制企业，意味着所有外国、私营企业以及公有、集体企业均适用该条例，这在 1994 年颁布的《中华人民共和国劳动法》中得以延续。

3.1.2　广东外资企业的劳动争议状况及处理

1. 外资企业劳动争议的状况

1）争议数量增加

随着外资和私营企业的发展，从 1993 年起，劳动争议数量逐年增加，1993～2000 年，全国各地政府仲裁机构共受理劳动争议近 53.3 万件，平均每年 66 647余件，不同类型所有制企业的劳动争议率仍处于变化之中。与其他任何类型所有制企业相比，外资企业的争议率更高。1999 年，外资企业每 10 万名工人中就发生 456 起劳动争议。

随着外商投资企业改善人事管理、推行现代人力资源管理制度之后，外资企业发生的劳动争议逐渐减少，但是外资企业的争议率仍然非常突出。2001 年，发生在外资企业的争议率是私营企业的两倍，是国有企业的大约六倍。这些数字不仅表明了存在于许多外资企业中紧张和对抗的劳动关系，同时还表明了越来越多的工人敢于提出诉讼反抗外国管理者（加拉格尔，2010）。

劳资矛盾在中国的工业化进程中一直存在，但在广东的经济社会转型过程中，外商独资劳动密集型企业的劳动关系冲突最为突出。例如，2006 年国际金属制品联合会（International Metal Workers Federation，IMF）对 27 家在华投资的外资企业的劳资关系进行了调查。报告显示，五大劳动密集型制造工业的劳资关系存在发生激烈冲突的隐患，有些企业的情况甚是恶劣。在 2010 年夏天，富士康员工自杀事件、广东南海本田罢工事件引发了罢工潮，劳资关系冲突引起了全社会的关注。广东省相关部门提交的实地调查报告"当前我省劳资关系的现状及对策建议"结果显示，这些劳资冲突事件集中发生在外商投资企业中，并呈现出不同企业劳资关系状况有明显的差异化特征。大致说来，从资本类型来看，在外资企业中，欧美企业的劳资关系要明显好于台资、日资和港资企业，这涉及不同企业的组织文化背景；从产业与技术类型来看，产业层次较高的企业劳资关系明显好于处在产业链低端的加工型企业，资本密集型、知识密集型企业的劳资关系显著好于劳动密集型企业；从规模来看，前些年激烈的劳资冲突主要发生在规模小、市场竞争力较差的中小型私营企业，而现在很多停工事件则发生在一些知名外资企业。

另一个经济背景在于在华外商独资企业在非公企业经济中占主体地位。中国于 20 世纪 90 年代中期作为"世界工厂"进入全球经济舞台（Warner，2000），在所有外商投资企业中，中外合营企业的比例非常少，1986 年曾达到最高峰，占比为 98.4%（中国统计年鉴，1987），之后数量逐年减少。2008 年，43 万户外资企业中，中外合资企业占比只有 18.46%，相比之下，外商独资企业占比高达 81.19%；在外商直接投资企业就业的总人数为 943 万人（中国统计年鉴，2009）。另据 2007 年《中国外商投资报告》分析，外商在制造业投资领域主要集中在通信设备和电子制造业，这些都是劳动密集型行业。

在广东投资的跨国公司，独资是最主要的投资组建企业形式。《广东年鉴 2009》（2009）的数据显示，2008 年，广东实际吸引的外商直接投资为 191.67 亿美元，新签协议共 6999 宗。其中，外商独资协议有 6477 宗，占全年新签协议的 92.5%；2007 年新签协议共 9506 宗，外商独资协议有 8645 宗，占全年新签协议的 90.9%。这两年新签的独资协议中，实际利用外资比例也占 90% 以上，投资主要分布在通信设备、电子制造业等劳动密集型产业。

对外资企业劳动者合法权益的保护离不开相应的监督机制，但在 20 世纪 90 年代，政府为了吸引外商投资，放松了监管。徐长垣（2009）的研究指出，外资企业陆续发生侵害员工合法权益的事件，主要表现为工资无故拖欠、加班严重、社会保障差等问题，主要原因在于缺乏对外资企业的有效监督机制。例如，由于开发新项目需要较长的周期，某外企专门制定了一套规则制度，规定除周六外，员工每天的工作时间为 13 个小时，从早晨 9 时到晚上 10 时，周日也不例外。而且，没有依据劳动法的规定给予员工加班工资。这种情况持续了半年时间，最后，有 7 名员工因忍受不了频繁、无偿加班而申请辞职（徐长垣，2009）。

2）集体劳动争议数量在全国最多

发生在广东外资企业的集体劳动争议在 20 世纪 90 年代就存在，但引起全国、乃至全世界关注的事件为 2010 年发生在南海本田的罢工事件，其直接经济损失为 40 亿元人民币。自 2010 年后，集体劳动争议主要发生在广东，并且主要发生在外资企业。发生集体劳动争议的内在原因在于外资企业的劳动关系管理水平落后，轻视劳工的权益，表现在薪酬、福利、劳动保障等方面与其资本获利能力不对称，加上劳工的团结意识增强，自发组织了集体行动。外部原因则在于法规滞后、监管不到位，因为制度存在缺陷，没有强制企业与工人进行集体谈判或者集体协商。在 1995 年，国内劳动关系专家常凯教授就意识到外资企业开展集体谈判和集体合同制度的数量非常少，他当时指出"我国已经开工的外资企业大约有 10 余万家，但实行集体谈判与集体合同制度的企业寥寥数家"（常凯，1995）。由于没有强制要求集体协商，在广东外资企业调研中发现，多数企业在研究法律和法规之后，无法确定集体协商带来的经营成本和效益，导致很少企业主动执行工资集体协商，也很少企业签订集体合同制度。

虽然发生在外资企业的劳动争议事件要显著多于其他所有制企业，但这些被报道的劳动争议仍有不少共同之处。不可忽视的是，除文化背景差异外，外资企业劳动关系争议较多的外部原因之一在于媒体宣传。国内媒体通常更自由地报道外资企业的劳动争议事件，可能导致工人认为在外资企业抗争，会得到更多社会支持和政府默许。例如，1993～1994 年，许多发生于韩国和日本工厂的罢工事件在中国媒体得到广泛报道，其他一些规模更小的外资企业对中国工人的虐待也得到了报道。事实上，尽管许多外国直接投资企业的劳动条件非常恶劣，然而，中小私营企业的劳动条件同样不尽如人意，尤其是乡镇企业和小型私营企业，它们的劳动条件甚至比外资企业更差。一些学者的研究也发现，某些国有企业的劳动实践，因为大量使用非正规就业的雇佣模式，正变得越来越专制和具有剥削性（Zhao and Nichols，1996）。

2. 广东外资企业劳动关系争议处理存在的问题

外资企业劳资纠纷存在的主要问题是司法效果不佳，以及工会缺位，其核心原因可以从法律制定、思想误区以及尚未完善的社会保障机制等方面去寻求解释。

1）政府处理劳动关系争议与招商引资目标有冲突

由于广东基层地方政府对外资企业持欢迎的态度，对企业的监管也较为宽松。所以，政府在处理外资企业劳动关系争议时，一般抱着"大事化小，小事化了"的态度。在发生劳动争议时，只要外资企业不撤资，不拒绝支付工资，政府就不会强力介入。只有矛盾被激化，工人发生极端行为，有可能使事件发展成群体性纠纷时，政府才会采取措施。然而，即便政府采取措施，也大多流于形式，意在平息冲突，并没有从根本上解决劳资双方的冲突。例如，2008 年以前，东莞市政府就制定了"老板跑掉，房东埋单"的政策，以保证外来工的利益。如果厂房是村委会的，则由村委会埋单。如果厂房归个人所有，则采取先由村委会垫付，再以厂房出租权为抵押，要求房东支付外来工工资。2008 年，仅东莞虎门某社区关停的工厂就有约 20 家，其中不少外企老板"走人"，该社区只好为倒闭工厂垫付工人工资 100 多万元（邓新建，2009）。这虽保障了外来工的权利，却损害了房东的利益，表面上解决了问题，却掩盖了劳资冲突的矛盾真相，并将损失转嫁于他人。该做法显示，在处理外资企业劳资纠纷时，基层政府以治标为原则。在很多官员眼里，只要劳资纠纷不影响社会安定，不出现群体纠纷与暴力事件，怎么处理都行。在这种主导原则下，诸多外资企业的劳资纠纷都被一一"化解"了。

2）劳动监察力量不够

截至 2011 年，全国有 2.3 万名专职的劳动保障监察员，3000 多个劳动保障监察机构，其中广东省劳动保障监察员大约有 5000 人（何家骐，2013）。要处理和监察日益增多的劳资纠纷，劳动保障监察员的人数明显不足，同时经费缺少。更重要的原因是政府的发展思路是以经济为中心，劳动监察人员在执法时存在顾虑，执法力度有限，效果不佳，导致企业违法行为没有得到及时纠正。正因为监察的人手不够，只能依赖事后监察监督，无法及时展开日常监督，调查不够深入，处罚力度不大。在一般情况下，劳动保障监察员依赖劳动仲裁、劳动诉讼案件的启动，一旦劳资一方启动劳动仲裁，劳动监察则终止。

　　3）工会在工人权益维护方面角色不明确

　　2007年11月颁布的《劳动争议调解仲裁法》以法律形式肯定了劳动关系争议协商程序的重要地位，其中规定工会在劳动争议协商中的作用为："发生劳动争议时，劳动者可以与用人单位协商，也可以请工会或者第三方共同与用人单位协商，达成和解协议。"但是这条规定对工会的角色界定模糊、操作性不强。工人与资方发生劳动争议后，工人不一定会找工会协商，即使是工会参与争议的协调，那么工会代表谁？是代表政府还是代表工人？工会通过什么方式协商，协商力量来自哪里，具体步骤是什么，等等。在法律中，没有规定协商的实质要件和程序要件等，缺乏实际可操作性。

　　《劳动争议调解仲裁法》在保留原有企业调解委员会的基础上，增加了基层人民调解组织，意味着街道、乡镇设立的具有劳动争议调解职能的组织及人员也可以替代工会，这对工会主导的劳动争议调解制度造成了一定的冲击，进一步弱化了工会的调解功能。

　　基层工会在三方协调机制中的地位不清晰。在劳动争议的三方协调机制中，政府由劳动部门代表，工会则代表工人的利益，与同级企业家协会代表针对本行政区域内有关劳动关系的重大问题进行协调处理。工会虽然代表工人，但其管理与运作却受制于政府领导，这对工会的独立性造成一定的影响。总工会的官员由政府任命，相当一部分经费由财政拨付，工会人员纳入国家参公事业单位管理。结果是，总工会难免有从劳动者维权机构变成政府机构延伸之嫌，成为劳动保障部门的"分支机构"，丧失应有的独立性。即便是设立于企业内部的基层工会，也几乎不能代表工人利益，基本由外资企业直接任命、指定或指派工作人员来担任工会主席。基层工会的定位不清，独立性较差，对协调劳资关系的效果也不理想。

　　何家骐（2013）分析过2013年佛山市总工会的工作要点，发现：2013年的工作总体要求是努力实践科学发展观，以党的十八大精神为指导，认真贯彻落实市委十一届四次全会精神……有效推动服务、帮扶、维权一体化体系建设。这些内容与政府的工作思路没有差异。当然，佛山市总工会的工作要点还包括"工会改革创新，努力激发基层工会活力，团结动员全市广大职工为率先全面建成小康社会、率先基本实现现代化充分发挥工人阶级主力军作用"。在细化的22个工作要点中，排在前10位的依次是：①学习贯彻十八大会议精神；②开展职工六五普法；③参与佛山创文明城市；④企业职工文化建设；⑤新时期工会宣传工作；

⑥重点工程劳动竞赛；⑦群众性科技创新劳动竞赛；⑧开展劳模培养和选树工作；
⑨开展职工技能比赛；⑩开展工会法律援助工作。这些内容从表面上看，并没有
抓住工人劳动权益维护的核心内容，体现了地方工会的工作重点和资源配置倾向
与劳动争议关联性不强，也预示着地方工会在处理企业劳资纠纷的作用有限。

4）调解、仲裁、诉讼制度存在缺陷

现行的企业内部调解制度存在较大缺陷，难以成功推动企业调解工作。其一，
企业层次的劳动争议调解委员会一般受控于资方，在经济上没有独立性和权威性，
往往维护企业资方的利益，导致调解工作很难公正开展。其二，即使企业调解委员
会进行了调解，劳资双方达成了共识，但协议不具有强制执行力，资方或者劳方随
时都有毁约的可能。其三，《中华人民共和国劳动法》与《调解仲裁法》没有强制
要求企业设立劳动争议调解委员会，如果企业不设立该机构，企业并不违法。可见，
企业内部调解机制无法对劳资纠纷进行有效调解，还可能使劳资矛盾继续恶化。

近年来，随着劳动争议日益多元化和复杂化，个别劳动争议与集体劳动争议
并存，立法的滞后性导致其难以应对劳资关系的新情况。例如，在转型过程中，
大量企业劳动争议，如下岗、协保等无法在现有法律框架内解决。此外，大量地
方性政策承担起法律、法规在规范劳动纠纷、劳动问题上的指导作用，但不具有
普遍性和强制性。由于这种未完善的法律体系，法官只能根据地方性政策和公平
原则进行裁量，可能会损害劳动者对法律的信任，同时也损害了法律的尊严。

另外，劳动仲裁权除了依照法院那样依法依规办案外，还可以按照国家政策、
国际惯例、企业规章或"公平合理"原则对劳动争议事项作出裁决，所以，办案
时具有更大的自由裁量权。另外，劳动仲裁案件一般不对外公开，也不必像法院
判决结果那样，在报纸或官方刊物上公布，存在非公正性的问题，无法接受社会
的公开监督。

3. 外资企业劳资争议处理存在问题的原因

1）立法原因

立法的原因在于，现行法律体系与调处劳资纠纷的要求不相适应。针对在华
投资的外商企业劳动立法走过了一个由分到统的较长过程，在改革开放之初的
1979 年，国家就颁布了《中外合资经营企业法》，之后于 1986 年颁布了《外资企
业法》，于 1988 年颁布了《中外合作经营企业法》。这三部法律及其实施条例成为
处理、调整当时三资企业的最高法律规范。1994 年颁布的《中华人民共和国劳动
法》是既适用于内资企业、也适用于外资企业的最高立法，吸收了针对三资立法
的特点，对外资企业劳动保障与劳动保护起到了指导作用。2001 年修订后的《中
华人民共和国工会法》再次明确所有制不同的企业工会职责，同样适用于在华投
资的外资企业。迄今为止，《劳动法》、《劳动合同法》与《工会法》三部法律，是

目前调整外商投资企业劳动关系最基本的法律依据。

总体上看,2007年之前我国劳动法的立法体系层次较低,只有一部法律,几个行政法规,大量的是部门规章,这导致外商投资企业可以利用法律的漏洞和空白取得更多的廉价劳动力的红利,尤其是针对一些非正规雇佣关系的劳动者,在外资企业的权益保护缺乏法律保障。

2)政府监管不力的观念原因

首先,政府为了优先发展经济,树立了"经济为主导"的观念。吸引外资,学习外国先进的管理经验,利用中国廉价劳动力一直是近二十多年来不变的主题。外资企业的进驻,的确为中国带来了先进的技术、就业岗位,促进了城市化发展,带来了经济高速发展。"一个中心,两个基本点",经济建设为主导的中心思想,一直是中央政府和地方政府对国家发展决策的基点。外资企业的劳资纠纷由来已久,企业文化的冲突、简陋的工作条件,尚未完善的劳动保障条件,都在"以经济建设为中心"下被掩盖。"强资本,弱劳工"的劳资关系一直存在,政府偏袒资方利益,工会作为维护工人利益的组织也脱离了其性质本意,有时甚至完全站在资方立场,成为与工人对立的企业内部机构。因此,在解决劳资纠纷时,政府往往采取不作为的方式,导致劳动关系保持在高度紧张的状态,甚至被长期扭曲。

其次,企业社会责任意识不强,使得外资企业忽视劳工利益。改革开放以来,外资企业在中国的议价力量非常强,各个地方政府都在吸引外资,外资企业在中国享受到了大量的优惠政策和劳动力红利,利用中国廉价的劳动力生产出大量产品满足其国际市场的需求。但是随着世界经济格局的变化,中国经济改革走向深水区,中国社会老龄化日益严重,当劳动力供求关系发生转变时,这种粗放型经济发展模式受到了严峻的挑战。长期以来,外资企业利用廉价劳动力,忽视工人权利,认为为工人提供劳动就业机会就可以任意侵犯其劳动权益。这种追逐利润的观念还在影响外资企业的管理模式,特别是一些技术含量低、附加值低的劳动密集型产业。这些企业不是通过重视工人权益,提高生产技术含量,提高生产效率而赚取超额利润,而是希望利用中国的廉价劳动力在短期获取暴利。在这种情况下,外资企业不正视工人利益,不理会政府对它的容忍,不在意社会舆论的指责。因此,只有通过严格立法、执法并督促外资企业改变旧思维、改变营利模式才能真正地解决功利主义思想带来的严重危害。

农民传统的"效益观"也影响劳动关系争议的处理。自改革开放以来,珠江三角洲一线工人几乎都是进城务工的农民,他们的行动兼有农村和城市的特性。特别是对于老一代农民工而言,回流的宿命和成长的环境均离不开浓厚的乡土情结,其行为特征更多受到传统观念的制约,正如刘林平等(2010)所指出的,对农民最具影响力的是其传统的"效益观"。在农村,农业生产的基本组织为家庭,经济活动也以"家庭收入"为首要目的,结果导致农民更为关注全年的劳动收益,而不是单位时间的劳动报酬。相应地，在城市面对资本的剥削，这种观念同样使其对绝对剥削（如拖欠工资）比较敏感，对单位时间的相对剥夺不太敏感，能够承受严苛的工作程序、压抑的工作环境、长期的加班、无望的前途。

3.1.3　《劳动合同法》颁布与实施前后外资企业的反应

2008 年之前，在华投资的外资企业普遍较好地执行了《劳动法》，但也存在一些不严格执行法律条文的极端例子。例如，中国网报道（china.com.cn，2007-08-25），2007 年全球餐饮连锁巨头麦当劳被指涉嫌违反劳动法，受到中华全国总工会的批评。其中广州麦当劳因小时工资最低只有 4 元，远低于劳动部门规定的 7.5 元最低标准而备受各界关注。4 个月后的 9 月 1 日，麦当劳 17 年来首次全面提高在华员工工资，把员工薪资上调至高于中国最低工资标准 12%～56%的水平，涉及麦当劳在华 95%的员工。

可以说，2007 年颁布的《劳动合同法》是对劳动者权益保护重要的历史转折点。事实上，在《劳动合同法》草案讨论时，在华外资企业及相关雇主组织就开始关注其具体的内容，希望继续保护企业的利益，不赞成政府改变现状，不希望将劳动者权益保护的要求写入劳动合同法之中作为基本原则。同时，在许多针对具体条款的意见中，不赞成立法有过多具体的硬性规定，主张给劳资双方更大自主的协调空间和弹性。但值得注意的是，在华外资企业威胁要撤资的行为，不仅受到中国社会各界的强烈批评，而且也受到西方政府的谴责。美国劳工组织、国会左翼成员及美国主流媒体纷纷指责一些在华的著名美资跨国公司及美国商会；美国立法机构——国会也采取行动，督促美国的布什总统对中国劳动合同立法草案关于保护工人权益条款表示支持。

不少人担心，《劳动合同法》实施后外商真的会撤资。当时全国人大常委会法工委行政法室的副主任张世诚说："有外商投资企业代表说，我们要撤资！撤到越南，撤到印度去"（李小霞，2009）。在广东企业调查中发现，《劳动合同法》颁布实施以后，外资企业的投资方虽然在头口上表达反对的态度，但在行动上均采取措施，检查公司的政策与劳动合同法有冲突的地方，调整公司的人力资源管理制度。

1. 外商投资企业在《劳动合同法》实施前的劳动关系

由于统计年鉴数据的不连贯，仅仅依据 2003 年的统计分析看出，全国范围的劳动争议，数量最多的是国有企业，占比 21.5%，而外资企业（含港澳台企业）仅仅占 10.3%。由于广东的外资企业（含港澳台企业）在全国占比最多，发生在外资企业的劳动争议也是居于全国的最高比例。从劳动争议的诉求来看，外商投资企业的员工与企业之间的劳动争议问题主要集中于劳动报酬、厂规厂纪、经济补偿等方面。另据李小霞（2009）的研究发现，在 2009 年之前的十多年之中，拥有外资企业较多的深圳市，其劳动、信访、工会等部门处理的劳资纠纷中90%与工资报酬相关，几乎所有的罢工事件均由工资、社保问题引发，这意味着涉及切身利益的劳动报酬在劳资双方之间存在较大的争议。在广东省，即使没有劳动合同法的颁布和实施，外资企业劳动争议也一直在增加，这些现象一方面体现了劳资关系的利益不平衡，另一方面也说明劳动者权益维护意识在增强。

1）劳动合同短期化导致外资企业的劳资关系不稳定

外资企业的劳动合同管理均表现出短期化的特征，在劳动规制制度不健全的情况下，由于雇佣没有保障，劳动者的权益容易受到侵害。因为劳资双方的博弈力量是不均衡的，在劳资双方的关系中，经营的主权掌握在资方，劳方明显处于弱势地位，直接的表现就是劳动合同签订率较低。即使签订了劳动合同，合同期限也大多为 1～2 年的短期合同，短期雇佣现象在外资企业表现得更为普遍和明显。劳动合同短期化，使得劳动者在企业的合法权益受到损害，只能暂时忍让，导致心理契约实现的不足感和不公平感，不仅弱化了员工对企业的组织归属感，还使得这种不公平感成为外资企业劳资关系不稳定的主要因素。

2）外资企业的工会组建率较低

中华全国总工会曾经做过一个全国性的调查，数据显示在 2006 年，在华投资的外资企业有 48 万家，但仅仅有 16 万家企业建立了工会，占 33%（佟新，2007）。在我国的一些外资企业中，即便成立了工会，大多数也并未起到实质性作用。例如，著名跨国公司沃尔玛曾经坚持抵制在企业内建立工会，他们提出不建工会的理由是根据我国工会法的第二条："工会是职工自愿结合的工人阶级的群众组织。"因此，沃尔玛公开发表的声明为"其在中国没有成立工会源于员工没有提出建立要求"。沃尔玛的示范效应可想而知，美国的跨国公司柯达也曾经直言，中国的工会法强调的是工会由工人自愿组织，作为公司的股权人和管理层没有权利和义务去要求工人成立工会。但事情发生了转变，2006 年 8 月，当沃尔玛晋江店职工依法提出成立工会时，被形容为"十年破茧"。

外商投资企业之所以不愿组建工会，主要原因有：一是工会成立之后，担心工会与资方形成对立关系；二是以其他国家投资的分支机构不建工会为理由拒绝在华子公司组建工会；三是某些地方政府为招商引资的政绩考虑，如果要求在外资企业组建工会，将影响外商投资的决策。甚至有些企业仔细研究工会法之后，表示不反对建立工会，声称"是否成立工会，决定权在员工"，但却把组建工会的工人列入黑名单，员工为了保住就业岗位，不敢、也不愿意主动出面提出组建工会的要求。

2.《劳动合同法》实施之后外商投资企业劳动关系的变化

1）劳动合同签订率有所提高

国际劳工组织（ILO）在劳动合同法实施之后，曾经于 2011 年发布一个有关其实施效果的调查报告（李昌辉和刘明伟，2011）。这份调查报告的样本企业数为600 家，调查时间为 2008 年 7~9 月，其中外商投资企业（含港澳台企业）占比为 28.55%。调查结果显示，在所有 600 家接受调查的企业中，签订劳动合同的比例在实施《劳动合同法》之后，仅仅增加了 0.2%，即没有签订劳动合同的比例，从 2007 年的 3.2%下降到 3.0%。报告中分析，这种情况可能的原因是接受调查的企业原来的劳动合同签订率就较高。另外，根据全国人大关于《劳动合同法》实施情况的执法检查表明，2008 年规模以上企业的签合同率大概达到了 90%以上。深圳市劳动和社会保障局公布资料显示，2008 年全市劳动合同签订率为 94.6%，同比增长 2.4%，劳务工劳动合同签订率为 89.5%，占比明显提高。由于深圳市的企业以外资占比最大，这个数据显示，外资企业的劳动合同比例在《劳动合同法》执行之后，的确得到了提升。

2）劳动合同向中长期转变

在国际劳工组织（ILO）2011 年发布的有关劳动合同法实施效果的调查报告中，还有合同期限的调查数据（李昌辉和刘明伟，2011）基于 600 家企业的问卷数据，签订无固定期限劳动合同员工的平均百分比从 2007 年的 20.8%上升到 2008 年的 23.8%，而签订一年或一年以下劳动合同员工的平均百分比从 2007 年的43.9%减少到 2008 年的 27.5%，签订三年或者三年以下期限的比例从 2007 年的70.2%减少到 2008 年的 67.1%，这些变化说明劳动合同法保障了员工的工作岗位和长期就业。

此外，全国人大常委会《劳动合同法》执法检查组于 2008 年 10 月 10 日在外商投资企业最多的地区——广东东莞进行检查的数据显示，自《劳动合同法》实施以来，东莞企业规范用工意识显著增强，普遍改变了过去劳动合同"一年一签"的做法。根据东莞市劳动局介绍，很多外资企业在员工的试用期满后，一般将合同期限延长两年至三年，一年以下期限的劳动合同大幅度减少（李小霞，2009）。

3.《劳动合同法》实施遭遇的挑战

2008 年是《劳动合同法》实施的第一年，至关重要，但外部环境却恰逢全球性金融危机爆发，在广东的外商投资企业订单大幅度下降。为了保住订单、进而保住企业不破产，给劳动合同法的严格实施带来了严峻的挑战。仅仅在 2007~2008 年，在粤投资的外资企业为降低生产成本，陆续发生减产、裁员等事件：

2007 年 11 月，日本数码相机厂商奥林巴斯作出决策，确定将于 2009 年前将中国的两座工厂合并为一座，并投资约 7 亿元在越南另设厂，以降低成本。

2007 年 11 月，日本最大的服装零售商优衣库宣布，到 2009 年，将中国的订单从 90%减少到 60%，同时，将越南和柬埔寨等东南亚国家的订单比例提高 30%以上。

2008 年 7 月，知名跨国公司 IBM 辞退患抑郁症的员工。

2008 年 7 月，沃尔玛宣布中国裁员 180 人，沃尔玛在不到一年内第二次裁员，其在中国的裁员规模占到全球裁员的 50%。

2008 年 7 月，LG 电子（中国）将在总部和全国各地分公司大量裁减企业工作年限 5～9 年的老员工。

以上事件说明，劳动关系受制于经济环境，一旦遇到企业经营不善、盈利困难，极容易触发劳资纠纷与冲突。《劳动合同法》的立法初衷既保护劳动者合法权益，也保护企业的合法经营利益，但主要目标在于促进劳资关系的和谐发展，如果企业的利益没有保障，导致企业破产，那么劳动争议的处理就没有一个稳定的经济基础。

3.2 广东中小私营企业劳动关系管理

广东的私营企业是在邓小平南方谈话之后得到大力的发展，虽然可以借鉴外资企业管理模式中优秀的一面，但局限于处于原始资本积累的初级阶段，私营企业的劳动关系更加带有剥削色彩。然而，私营企业的老板受到中国文化的影响，往往采用家族企业的管理特色，用感情等方法化解部分劳动关系冲突，反而使得劳动关系冲突呈现出普遍不激烈、个案较极端的状况。从广东私营企业所处的市场竞争状况分析，如果是出口导向型的企业，由于没有自己的自主品牌，订单来自海外市场，在工资待遇上受到更加不公平的对待，剥削的性质更加显著；但如果私营企业有自己的品牌，并以大陆市场为主，加上社会责任履行意识更强的雇主，劳动关系反而较和谐。因此，广东的私营企业劳动关系冲突形式和管理模式呈现出多样性。

3.2.1 广东私营中小企业发展与就业

我国自 1978 年实施的改革开放政策，引发了社会结构变化，而利益关系的多元化导致各种社会关系的变化，主要表现为"以公有制为主体、多种经济成分适当发展"的所有制新格局的形成，各种新型企业随之产生（吴宏洛，2007），包括公有制经济的企业，如国有企业、集体企业和国有独资公司等；混合型经济的企业，如股份制企业、合伙制企业和中外合资企业等；私有制经济企业，如内资自营企业、外商独资企业和个体经济组织等（吴宏洛，2007）。

广东省作为改革开放的前沿省份，受到经济全球化资本流动的影响更为深刻，中小企业的发展也空前壮大起来，尤其是 1978 年后，"三来一补"企业的大量发展，为广东省经济起飞作出突出的贡献（喻华铸，2000），同时也为大量剩余的农村劳动力提供了就业岗位，具体表现在：

第一，改革开放后，广东省外向型经济发展迅速，加速了广东省产业结构的调整，极大地促进了广东省制造业的发展。广东省通过设立经济特区，鼓励加工贸易的发展，充分发挥地理位置优势和华侨众多的优势，把握了香港 20 世纪 80 年代的产业结构调整机会。1978 年在广东首先试行"三来一补"，广东省加工贸易所占的比例逐年上升，而对加工贸易有如此重大贡献的企业绝大多数是单独来看不甚起眼的中小企业，这些规模小、位置分散、劳动环境恶劣的企业，通过产业链条的联系群聚集，形成了一种"簇群经济"（陈秋彦和张小冬，2002）。这些中小企业主要是劳动密集型企业，受到规模经济劣势、要素短缺劣势、核心能力劣势、市场竞争力弱等条件的制约，其产品的附加值也低（喻华铸，2000）。维持这些低附加值的劳动密集型中小企业成长的是劳动力的低成本优势，这些低成本的劳动力正是大量的外来人口，且其主要成分是外来工。

在"三来一补"加工贸易的中小企业中，制造业中的制衣小企业就是一个明显的例子。随着加工贸易的发展，大量的纺织服装订单给了制衣小企业，而制衣小企业要维持其利润和竞争优势等，就不得不招聘大量的廉价劳动力，农民工外出挣钱的首要目的也迎合了这一需要，进而也促进了制衣小企业的发展。

第二，广东省的房地产业得到迅速发展，从而带动了中小建筑施工企业的发展。在计划经济时代，住宅、厂房、基础设施的建设基本由政府控制，房地产业没有发展的空间，使得房地产在社会再生产中的经济功能和作用被削弱，没有成为独立的产业发展起来。但 1978 年以后，我国经济从计划经济向市场经济转轨，政府管制逐渐放松，在房地产业引入了市场竞争（白涛，2008）。2001 年加入世界贸易组织是我国房地产融入世界经济主流的最有效途径，也推进了我国房地产的全面发展（翁洪波，2001），而且入世对房地产的影响是机遇与挑战并存，必须因势利导发挥积极作用，譬如国外廉价的建材为房地产开发降低了成本等（兰建军，2002）。由于房地产业市场是一个卖方市场，其利益相关者群体也从中获利，建筑业成为房地产业得以生存的基础行业（白涛，2008）。另外，作为国计民生的基本需求，广东省的基础建设也迅速发展。此背景下，由于施工规模的逐步扩大以及开发商的经济利益驱使，建筑业等相关行业对于廉价劳动力的需求也逐渐升级，这也吸引了众多外来工南下入穗。然而，建筑业等相关行业拖欠外来工（农民工）工资也成为全国乃至广东省建筑行业管理的一大难题，其根本原因在于建设方与总承包商之间、总承包商和分包商之间正式契约履行的不完全性（杨瑞龙和卢恩来，2004），为此中央政府和广东的地方政府通过宏观调控、制度安排等来保护建筑业等相关行业外来工（农民工）的合法权益不受侵害。例如，2003 中央政府下发了《国务院办公厅关于切实解决建设领域拖欠工程款问题的通知》（国办发[2003]94 号），建设部也于 2004 年进一步下发《关于贯彻〈国务院办公厅关于切实解决建设领域拖欠工程款问题的通知〉的实施意见》（建市[2004]1 号），广州市政府根据中央和广东省政府的要求，于 2004 年 8 月开始实施"广州市解决建设领域拖欠工程款及农民工工资实施方案"，方案中承诺用三年时间解决 2003 年之前拖欠建设领域工程款及农民工工资问题。之后，广州市政府又出台了建筑施工企业工人工资支付保证金管理办法，从 2009 年 7 月 1 日开始实施。该方案执行的效果显著，根据 2012 年 1 月广州日报的报道，截至 2011 年，广州市已经有 1517家建筑企业缴纳了 8.63 亿元的工资支付保证金，2011 年 30 人以上的群体性事件同比 2010 年下降 30%，并且广州未出现一起恶意欠薪拖欠农民工工资的事件。

拖欠建筑行业农民工工资的问题不仅仅是施工企业老板所造成的，政府的工程建设项目也涉及其中，导致问题非常复杂。从中央政府、省级政府、地级市、乃至县级政府都有建设项目出现拖欠工程款的问题，导致农民工工资被拖欠。时至今日，在广东省实施工程信用担保制度，规范建筑劳务用工制度，甚至实施工程建设领域工资支付保证金制度之后，广东建筑施工行业拖欠工人工资的问题虽然有所缓解，但问题没有彻底解决，老的问题解决了，新的问题又出现了。但如果政府想解决这个问题，还是可以找到对策的，广州市就是一个最好的例子。

第三，在改革开放主导的区域优势中，广东省的服务业也得到大力发展。改革开放 30 多年中，广东的传统服务业和现代服务业从小到大，从弱到强，年均增速为 14.6%，高于同期广东生产总值 13.8%的增长（广东省统计信息网），而且不管是哪一类服务业，都主要集聚在北京、上海和广州等发达城市。广州作为服务业产业集聚的代表性城市，享受着改革开放的先机并着力发展服务业，尤其是传统服务业的餐饮、酒店、商业和旅游业等得到了极大的发展，服务人员需求量大，同时现代服务业得到了极大的发展（杨嫩晓，2010；申朴和孔令丞，2010；刘徐方，2010）。关系到居民生活的服务业发展受到制约，理发美发小企业就是典型代表。理发美发小企业吸收了大量的廉价劳动力，这些廉价劳动力是理发美发小企业中的非技术性员工，技术型员工因为具有技术优势而不在低收入人群之列（唐青和季六行，2008）。这些廉价劳动力有不同于制衣和建筑业的特点，他们主要是新生代外来工（农民工）——新的社会弱势群体。

虽然改革开放以来，广东省中小企业得到了长足的发展，但中小企业是非正规就业的主要渠道，是劳动者合法权益缺乏保护的集中表现场所（MacMahon，1996）。新功能主义社会学家皮奥尔（Michael J. Piore）提出的劳动力市场二元结构理论对此具有一定的解释力。他认为：第一劳动力市场指工资高、劳动条件好、工作有保障、福利优越的劳动力市场，劳动力具有较大的差异和具备某种特定的技能，需求量大于供给量；第二劳动力市场则具有工资低、工作条件差、就业不稳定的特征，劳动力表现为同质性、几乎不具备特定的技能，主要来源是农民工等（吴江等，2008）。广东省低收入行业中小企业的劳动力市场属于二元结构中的第二劳动力市场，吸纳的就业劳动力主要是外来工（农民工）。就目前我国的情况来看，中小企业、私营企业、外向型劳动密集型企业等在吸纳社会就业方面发挥着重要作用（陈兰通，2010），而他们的就业大多是通过亲戚和朋友等社会网络和非制度性社会支持等（杨绪松等，2006），具有不正规性。

　　而非正规就业是指雇员在非正规部门的就业。针对非正规部门的界定，1992年劳工统计大会提出国际标准，即非正规部门是指规模很小的从事商品生产、流通和服务的单位，包括微型单位、家庭型的生产服务单位、独立的个体劳动者（施文慧，2003）。鉴于我国经济社会转型的国情，我国非正规就业不仅包含在非正规部门中，还包括在正规部门中，后者即为"正规部门中的灵活就业"，如短期临时就业、分包生产和服务等。外来工的"季节性"迁移和"工农兼职"的特征，或者新生代外来工高离职率等都决定了他们在我国制衣小企业、建筑施工小企业和理发美发服务业等就业的非正规性。

　　有数据显示，中小企业的数量现在占我国企业总数的99%，GDP 的60%则来自于中小企业的贡献，进出口贸易总额的60%有赖于中小企业，这些企业提供了75%以上的城镇就业岗位，吸纳了50%以上的新增就业人员以及70%以上的城镇就业人口（陈兰通，2010）。中小企业带来的非正规就业及其经济贡献给广东省经济发展带来积极的贡献。

3.2.2　广东私营中小企业劳动关系管理

　　1949 年新中国成立之后，经过集体化改造和公私合营，基本上消灭了私营经济，几乎没有私营企业。但在改革开放的最初十年，变化最小的是国营企业和国营农场，而变化最大的是农村以及城镇的私营部门和集体部门（傅高义，1991）。私营经济中的个体劳动者和小企业的工人能迅速改变企业的内部结构，适应市场的变化和需求。受到当时意识形态的影响，规定个体企业的雇员不能超过 7 人，私营企业的雇员人数可以为 8 人以上。之所以规定员工人数为 7 人的原因在于当时的《中华人民共和国私营企业暂行条例》中所界定的私营企业为"企业资产属于私人所有，雇工 8 人以上的营利性的经济组织"。从质上分析，企业财产的私有性，是各国私营企业的共性；但从量上分析，雇工 8 人以上，却是中国官方对私营企业的特殊判定。在私营企业发展的初期，理论界对雇工 8 人以上定为私营企业有争议，随着私营企业的规模发展，这个争议就消失了。查阅历史文献，当时的争议在于：私营企业在量上界定为雇工 8 人以上，并非按照马克思所介绍的雇工 8 人以上就可以成为资本家的假定，而是因为当时国家政策上有规定，个体工商户可以带一两个学徒，请三五个帮手，两者加起来不超过 7 个人，为了与个体工商户在雇工数量上相区别，规定私营企业是雇工 8 人以上的营利性的经济组织。而有的专家认为，这一量的规定是根据马克思在《资本论》第一卷第 9 章论述货币转化为资本的最低数量界限时所举的一个例子来确定的(张厚义和明立志，1999)。在 1999 年宪法修正案中第十六条明确了非公有制经济是社会主义市场经济的重要组成部分之后，私营经济的雇佣关系成为整个社会劳动关系的重要组成部分，对雇员人数基本上没有限制了。

私营企业在政府对劳资关系较弱的规制中实现了原始资本积累，其突出表现在于其大量使用廉价劳动力，但并没有遵守劳动法规的要求。例如，国务院发展研究中心市场经济所副所长陈淮在一次报告中指出，在珠江三角洲这个中国经济增长最快的地区，农民工工资 12 年增长的幅度只有 68 元人民币。20 世纪 90 年代中期以来，随着私营经济的不断发展，私营企业工资增长缓慢、社会保险征缴困难、劳动保护条件差、工会建设滞后、劳动争议逐渐增多等问题日益突出，私营企业的劳动关系问题显得越来越重要。

在广东省，随着非公有经济的发展，私营企业的数量、从业人员以及投资者均增长迅速。至 1999 年年底，广东私营企业和个体从业人员已经占所有从业人员的 27.6%。2001 年在广东省就业的打工仔总数达 2800 万人，占全省人口总数的三分之一，其中由私营企业雇佣的占 50%以上（羊城晚报，2002 年 1 月 29 日）。来自广东省工商局的数据，截至 2014 年，全省的私营企业数量突破 200 万家，占企业总数的 90%以上（数据来源于广东工商局网站）。私营经济的发展一方面促进了国民经济的发展，另一方面也使经济关系和劳动关系发生了重大变化，劳资纠纷增多。由于私营企业雇主法制观念淡薄，虐待或不公正对待员工的现象时有发生，部分企业劳资关系比较紧张，个别企业甚至发生一些严重侵犯职工权益的事件。据统计，1998 年广东个体私营企业劳动违法案件 5218 宗，私营企业员工罢工和上访事件 649 宗（广东省工商联合会，1999）；1999 年全省企业劳动争议调解委员会和地方劳动仲裁委员会两级机构共受理劳动争议 13 891 件，其中 10 513 件是发生在非公有经济比较集中的经济特区和珠江三角洲的 9 个市，占 73%，其余 12 个市的劳动争议件数仅占总数的 27%（广东工会年鉴，2000 年）。进入 21 世纪之后，广东受理的劳动争议案件总量占全国的 10%~15%左右，其中 2000 年和 2001 年广东劳动保障部门处理的发生在私营企业中的劳动违法案件分别为 1.9 万件和 2.21 万件，分别占全部同类案件的 63.84%和 67.18%；2000 年和 2001 年广东劳动保障部门仲裁的案件中发生在私营企业的案件数分别占所有劳动争议仲裁案件数的 28.9%和 24.4%。之后的年度，私营企业劳动关系纠纷占比逐渐增多。例如，李强（2007）根据统计资料得出的研究表明，广东省劳动纠纷主要发生在非公有制企业。2005 年年末，广东省劳动保障部门查处企业违规案件 61 086 宗，其中属于非公有制企业违规案件 58 091 宗，占 95.1%。广东省劳动争议仲裁机构受理裁决企业劳动纠纷案件 99 120 宗，其中属于非公有制企业劳动纠纷案件 89 967 宗，占 90.77%。这些案件冲突的焦点在拖欠工资、解除劳动关系后的经济补偿、社会保险、超时加班和工伤待遇方面。

广东省私营企业多数是低收入行业的小企业，其劳资关系的特点具有私营企业劳资关系的普遍特征。具体表现在：第一，在劳动合同方面，中小企业劳动合同签订率很低，中小企业和非公有制经济签订率不到20%，个体经济则更低，签订集体劳动合同的企业相对于国有企业和外资企业少，即使签订，许多合同不规范，流于形式，合同执行情况不太好。第二，在工资收入方面，虽然私营企业执行了最低工资标准，但欠薪问题一直没有有效解决。在企业内，基本上没有工资集体协商，工资由企业单方决定现象仍较普遍，资方（管理者）与普通员工的收入差距较大，多数企业没有形成员工工资与经济发展和企业盈利同步正常合理的增长机制。第三，在工会建设方面，虽然广东的工会费通过税务系统征收，迫使企业组建工会，但工会组织有名无实，开展工会的活动流于形式，维权工作成效不理想。第四，在社会保障方面，员工参保率有所提高，但参保的工资基数较低，导致社会保险水平低。虽然政府在努力解决社会保险关系转移困难的管理问题，但还是有企业基于缴费负担重的压力，没有给所有员工办理参保。第五，在劳动争议方面，劳动争议案件数量不断上升，其中"集体劳动争议比例扩大，一些案件处理难度增大"（黄孟复，2008）。可见，在私营企业存在劳动合同签约率低、工资收入和福利低、工会组建率低、社会保障覆盖率低等问题。在目前的私营企业劳资关系问题中，小企业问题多（至2007年9月，全国私营企业538万家，其中，大中型企业只有几万家，其余均为小型微型企业）、外来工问题多（拖欠工资等现象严重）、劳动密集型企业问题多（95%以上的企业从事加工生产、建筑劳动，一般流通与社会服务，以提供普遍劳动服务为主）等（黄孟复，2008）。例如，低收入中小企业中的制衣业、建筑业和理发美发服务业基本上都是私营企业，且具备"三多"特点。因此，低收入行业小企业中缺乏劳动保障、低工资和低福利等现象普遍存在，而这种现象的产生与其就业群体——外来工——的非正式就业不无关系。

在现阶段，全国乃至广东省的私营企业存在两种生产力模式：一种是以手工劳动为主的、半机械化的低水平生产力；另一种是以机械化为主的、充分运用现代化科技的高水平生产力。两种模式在中小私营企业都大量存在（黄孟复，2008）。其中，前者的就业群体以外来工为主，后者的就业群体中也包括外来工；前者的就业群体是非技术型员工，后者的就业群体中不乏技术型外来工。无论是前者还是后者，由于地缘、血缘和业缘等关系建立的就业网络和社会支持仍是其就业的主要渠道。然而，在资本雇佣劳动中，资本的单极治理导致了强资本弱劳动现象的产生（吴江等，2008）。因此，越是非正规就业越能体现强资本弱劳动的态势，加上工会的缺位和政府部门的"政绩观"导向的影响，最终造成缺乏劳动保障、低工资和低福利等现象，劳动者的合法权益受到侵害的现象也普遍存在。

当劳动者合法权益受到侵害时，劳动者一般是绕开协调和仲裁，直接诉诸法律，也就产生了一系列的劳资争议案件。但需要说明的是，由于传统文化的影响，劳动者遇到合法权益被侵害时，往往是先忍让，只有在劳动者的合法权益受到不可忍受的损害时，劳动者才会将其诉诸法律。劳动争议案件的多寡反映了劳动关系的和谐程度（汪新艳，2009）。根据统计年鉴数据，1999～2003 年，发生在私营企业的劳资纠纷仲裁案件中，由劳动者申诉的占了较高的比例，而劳动者胜诉的也占了比较高的比例。1999～2003 年，私营企业员工提出的劳动争议仲裁案件占所有仲裁案件的 37.6%，其中，年均 10.1%是雇主胜诉，年均 53.6%是员工胜诉，其余是双方部分胜诉，见表 3-1 所示。

表 3-1　1999～2003 年私营劳动争议诉讼结果表

年份	结案数/件	雇主胜诉所占比例/%	雇员胜诉所占比例/%	双方各有一部分胜诉所占比例/%
1999	13 522	6.5	62.2	31.3
2000	19 021	7.6	62.1	30.3
2001	22 475	10.4	52.7	36.9
2002	29 828	11.4	47.6	41.0
2003	31 092	11.9	51.1	37.0

资料来源：中国劳动统计年鉴

由于统计口径的变化，2004～2008 年的私营企业劳动争议诉讼结果不得而知，故有针对性地对广东省劳动争议诉讼结果进行描述，如表 3-2 所示。广东省劳动争议案件数呈现逐年上升的趋势，在 2008 年急剧上升。其中，每年诉讼案件中平均有 12.84%是雇主胜诉、41.56%是员工胜诉，其余是双方部分胜诉。值得指出的是，2008 年劳动争议骤然上升的原因与 2008 年 1 月 1 日《劳动合同法》的全面实施有关，它对劳动合同的签订、实施和履行都提出了更严格的要求，同时有了法律保障后，原来隐形化的劳资冲突显性化，劳动者可以利用法律武器维护自己的权利。在劳动争议诉讼中，2004～2007 年，劳动争议原因中各项原因案件数较为稳定；在 2008 年，劳动争议原因中的劳动报酬、解除劳动合同和社会保险是导致案件总数上升的主要原因，其中关于劳动报酬的案件数是前 4 年平均水平的 2.72 倍，关于解除劳动的案件数是前 4 年平均水平的 3.41 倍，关于社会保险案件数是前 4 年平均水平的 1.40 倍，如表 3-3 所示。

表 3-2　2005～2008 年广东省劳动争议诉讼结果表

年份	结案数/件	雇主胜诉所占比例/%	雇员胜诉所占比例/%	双方部分胜诉所占比例/%
2004	40 469	10.7	44.8	44.5
2005	59 398	12.5	48.4	39.1
2006	55 105	10.9	38.2	50.9
2007	54 526	17.1	42.3	30.6
2008	131 914	13.0	34.1	52.9

资料来源：中国劳动统计年鉴

表 3-3 2004～2007 年与 2008 年广东省劳动争议原因案件数对比表

年份	劳动报酬/件	社会保险/件	解除劳动合同/件
2004	20 167	8 676（包括福利）	10 064
2005	28 768	9 493	16 827
2006	24 628	8 637	15 349
2007	22 185	8 089	18 060
2008	65 027	12 218	51 450

资料来源：中国劳动统计年鉴

2008 年推行《劳动合同法》后，企业的违法行为在理论上应该得到一定的控制，在劳资争议中，雇主的胜诉率应该上升，雇员的胜诉率应该下降。从表 3-2 可知，2008 年雇主的胜诉率维持在前四年的平均水平，而雇员的胜诉率均低于前四年的平均水平，这说明：推行《劳动合同法》后，劳资争议案件增多、雇员的胜诉率下降，广东省的企业违法用工等现象较之前有一定的改观；雇主的违法行为得到一定控制，但是劳资争议案件增多、雇主的胜诉率也没有因此而上升，企业的劳动合同制度并没有得到有效管理。多数企业反映在劳动争议纠纷中企业败诉率高的重要原因之一在于企业取证困难，这和很多企业还没有建立和执行规范的劳动合同管理制度和员工绩效考核制度有密切关系（陈兰通，2010）。事实上，《劳动合同法》实施对企业用工制度的具体影响体现在以下三个方面：第一，《劳动合同法》促使企业劳动合同签订率得以提高；第二，《劳动合同法》实施增加了企业的用工成本，反映最多的是社会保险成本、终止/解除劳动合同的成本、工资成本、人力资源管理成本的提高；第三，企业应对《劳动合同法》实施采用的用工措施，包括招工谨慎、减少用工、以机器替代人等（陈兰通，2010）。这意味着 2008 年《劳动合同法》的实施，在为劳动者提供了更好保障的同时，也确实为企业带来了一些难题。然而，在广东省中小企业产业升级还未完全实现的背景下，其企业劳资双方的谈判地位中劳方的弱势地位并没有得到明显改善。

随着经济社会转型的深入，中小私营企业的劳动关系纠纷似乎没有得到根本改善。广州中院于 2014 年 6 月 10 日发布劳动争议诉讼白皮书[①]，从受理的案件来看，劳资双方恶意诉讼案件在增多。以广州为例，广州 12 个区市基层法院受理的案件呈现"两极分化"的特点，凡是经济发展快、流动人口多、中小企业多的地区，劳动争议案件数量也随之占比更多。花都、白云、番禺三区在 2012～2014 年三年之间共受理案件 16 525 件，占全市的 44.2%；南沙、从化、黄埔三区在 2012～2014 年三年之间受理案件 2608 件，占全市的 7.0%。广州中院通过问卷调查和案件抽样进行分析，发现劳动争议案件的劳动者以来穗务工人员为主，这些外来务工人员收入水平较低，平均工资为 2000～3000 元，而劳动争议涉及的资方则以

---

① 资料来源：羊城晚报，2014 年 6 月 11 日 A3 版

个体、中小私营企业为主。以 2013 年广州中院受理的案件为例，涉案用人单位中，个体、中小私营企业 1735 家，占 45.6%；港澳台企业和外商投资企业 1201 家，占 31.5%；国有和集体企业 491 家，只占 12.9%。

在广东中小私营企业中，大多数雇佣关系争议没有采取激烈的对抗形式，而是采用老板解雇工人或工人主动离职的方式。解雇工人的理由有多种：完不成生产任务、违反劳动纪律、顶撞了老板，等等。但在广东经济社会转型过程中，广东私营企业雇主与雇员间的激烈冲突个案一直存在，往往成为媒体报道的焦点，因为一旦有激烈的冲突发生，将涉及生命安全和影响社会的稳定，容易引起大众的关注。从第二章第三部分的劳动关系冲突典型个案中可以看出，大多数激烈的劳资冲突发生在私营中小企业。

进入 21 世纪，在社会各界的共同努力下，私营企业劳动关系的若干问题得到关注和处理，有关制度建设也在不断加强，私营企业对劳动关系问题的重视程度显著提高，并积极加强劳动关系建设，私营企业劳动关系保持总体和谐（黄孟复，2008）。但是私营企业存在的劳资问题仍需继续加以重视。总体上来说，我国现阶段私营企业劳资关系具有以下特征：①私营企业的劳动关系是一种不成熟、不规范的劳资关系。据第六次中国私营企业调查报告显示，全国私营企业所雇用的员工中，有一半以上是农民工，有四分之一是下岗职工。劳资关系主要是通过亲戚、家族、同乡等地缘、血缘关系建立起来的，管理模式上表现为家族式管理，而这种管理在一定程度上缓和了劳资矛盾，有利于调动工人的积极性。②私营企业劳动关系是资方主导的劳资关系。资方享受完全经营决策权和高度自主权，处于强势地位，绝大多数员工为临时雇员，是一种典型的以资方为主导的不平衡的劳动关系。③私营企业劳动关系是一种受制约的发展中的劳动关系。劳动者所得基本限于维持劳动力再生产所需，剩余价值的分享有限，尤其是处于谈判劣势地位的农民工基本不分享剩余价值。④受制于劳动监察力量不足的因素，政府对私营中小企业的劳动关系规制不到位。各级政府单纯追求经济增长的目标和动机，压低或压倒了协调劳动关系的公共管理目标和作用。⑤工会在私营企业劳动关系中缺位。大多数私营企业的工会功能仅限于调解员工之间的矛盾，组织一些员工活动等，一旦涉及工资等权益之争，工会就显得苍白无力（吴宏洛，2007）。

劳资双方谈判地位的强弱一方面与私营企业资本的单极化治理直接相关，另一方面与外来人口的数量、质量以及区域经济发展等息息相关，这种相关性决定于我国"人口红利"的趋势。改革开放之初，广东尤其是珠江三角洲的开放吸引了成千上万的创业者和打工者，从最初的年均流入几万人到后来的年均流入百万人以上，广东成为全国吸纳外来人口最多的省份，20 世纪 80 年代中期开始的"百万民工下广东""东西南北中，发财到广东"的民工潮现象就是广东吸引大量外来创业者和打工者的写照。在众多外来人口中，绝大多数是 15～39 岁的青壮年劳动力。2000 年第五次人口普查流动人口数据显示，全省离开户籍所在地半年以上、地域上跨县区的流动人口为 2105.4 万人，占全省总人口的 24.88%，其中 15～39 岁的为 1806.22 万人，占总数的 85.79%。庞大的外来青壮年劳动力人口在改变人口结构的同时，为广东尤其是珠江三角洲的经济发展提供了有力的支撑（李德友，2007）。改革开放给广东省带来的经济发展吸引了大量外来人口，其主要成分是农民工，然而，农民工的文化程度并不高。据统计，外出农民工中初中文化程度的占多数，但高中及以上文化程度的比例较 2009 年有提高（国家统计局农林司，2010），外出农民工呈年轻化趋势，其中新生代农民工越来越成为农民工的主力军，已超过 1 亿人（刘俊彦，2007），其文化程度普遍在初中、中专和高中范围之内，小学文化的很少，女性的文化程度明显高于男性（刘俊彦，2007）。老一代农民工以挣钱为主要目的，新生代农民工则对城市有更高的期望，渴望改变"社会性排斥"的处境。从老一代农民工到新一代农民工，其文化程度在提高，其特征需求在转变，其谈判地位也期待得到进一步的改善。对此，新生代农民工也付出了实际行动，譬如敢于向低工资说"不"，拒绝加班等①。事实上，农民工谈判地位的改变内在决定于我国"人口红利"的变化趋势。根据蔡昉（2010）等的论证和检验，中国的人口红利正在逐渐消失。劳资双方的谈判力量中的劳方弱势也将顺应这一趋势而改观，也相应改变了低收入行业小企业的就业者与资方之间的谈判地位和雇佣条件，如工资上升、降低劳动强度等。如何发掘第一次"人口红利"和如何利用第二次人口红利的探讨（蔡昉，2009），将成为广东省乃至全国劳工政策制定的新依据，也将成为劳资关系和谐的重要影响因素之一。

3.3　广东国有企业的劳动关系转型策略

国有企业劳动关系的改革是中国经济体制改革过程中难度最大、最具挑战性的改革之一，因为这项人事关系改革涉及千千万万的国有企业职工的切身利益。国家社会保障政策是否完善和国有企业用人机制的调整，都被视为国有企业改革过程的配套措施。

回顾 37 年的中国经济社会转型历程，时至今日，国有企业改革一直是经济改革的焦点，虽然历经多次改革，但还是问题较多。改革从 1978 年年底开始，当时的国有企业只是一个指令性计划的执行者，它的生产、投资、销售、资金调拨、员工录用均按指令性计划行事，利润上交财政、亏损由财政补贴。最初的改革目的就是要发挥市场调节的作用，调动国有企业做好生产经营的积极性。因此，以放权让利为特征开始扩大企业自主权的改革，尤其是 1984 年 10 月至 1993 年 10

---

① 资料来源：羊城晚报，2010 年 10 月 6 日

月以两权分离为特征进行的经营机制转换改革，直接影响劳动人事用工制度契约化的改革（黄速建等，2008）。

由于计划与市场的并存，改革的取向一直存在着计划与市场之争。但随着改革的推进，指令性计划不断被削弱，而市场的作用则不断增强。1992 年，党的十四大终结了计划与市场之争，确定改革的目标是建立市场经济体制。所以，在这一时期，改革主要是使国有企业挣脱指令性计划束缚而逐步走向市场。国企改革力度增强是从 1993 年 11 月开始的，1994 年，国务院启动了百户国有企业建立现代企业制度试点，至 2003 年前后基本结束，全面进行股份制改革以建立现代企业制度和实施战略性重组，使得大量的国企职工在"减员增效"的改革中脱离了国有企业，进入社会自谋职业。2004 年至今，则进入了国有企业改革的纵深推进阶段（张云梅，2011；邵宁，2014）。虽然国有企业的改革还在进行，但截至 2014 年，劳动关系的改革基本结束。作为国有企业改革的重要环节，劳动关系的改革经历了松动、分解和重构的阶段，最终走上了市场化的道路。

3.3.1 企业自主权扩大与奖金制度改革

到 20 世纪 70 年代末，国有企业的弊端暴露无遗，企业的低效率和僵化的用人制度已成为阻碍中国经济发展的痼疾。"文化大革命"结束以后，中国立即向世界敞开了大门，组织代表团到国外进行了多次访问，资本主义企业的高效和活力给各访问团留下了深刻的印象（傅高义，2013）。十一届三中全会之后，党和国家领导人决定主抓企业改革，并将重心集中在中国社会主义经济体制最为薄弱的领域——国营企业（科斯，2013）。

中国的改革是渐进式的，国有企业的经营改革、包括人事制度改革也是在探索中完善的，先是经营自主权的改革，之后才实施人事制度改革。1978 年中央《十一届三中全会公报》指出"（中国）经济管理体制的一个重要缺陷，是权力过于集中。"即企业缺乏最基本的经营自主权，无法决定生产的产品和数量，无法自主招工和确定员工工资水平。为增强占主导地位的国有企业经营活力，1979 年 7 月，国务院发布了《关于扩大国营工业企业经营管理自主权的若干规定》《关于国营企业实行利润留成的规定》等 5 个文件，鼓励全国各地区按照规定进行试点。企业在增收基础上，可以提取部分利润留成，职工可以从中得到一定的奖金（张卓元，2008）。这种"放权让利"的政策的确激发了国有企业的生产积极性，在一定程度上提高了企业的经济效益。然而，由于"放权让利"并未明确边界，放权后的约束机制难以规范企业行为，加上宏观政策未形成完整的配套，结果导致 1979～1980 年连续两年出现巨额财政赤字（黄速建等，2008）。在这种情况下，国家对工业企业开始试行利润包干的经济责任制（周叔莲，1998），并于 1981 年 10 月颁布了《关于实行工业生产责任制若干问题的意见》，进一步明确了经济责任制的适用范围。接着于 1982 年 11 月，国务院批转了《关于当前完善工业经济责任制的几个问题的报告》，要求各地因地制宜，探索推广经济责任制的具体方法。这项政策实施非常快，到 1982 年年底，实行经济责任制的工业企业就高达 80% 以上（章迪城，2006）。但是，由于实行经济责任制后，大部分企业的效益并无显著提高，只有少部分企业利润有所增长。自 1981 年开始，政府对企业留成办法作出修改，把"全额分成"改为"基数分成+增长分成"（萧冬连，2014）。而且，基于企业增长潜力的差异，容易造成"鞭打快牛"的现象，为此，国家推行了"利改税"，将企业向国家上缴利润形式改为交税。

在第一阶段的改革中，国家试图通过"放权让利"提高企业的绩效。此举措虽然使企业具有相对独立的经济利益，允许企业在职工的奖金收入上进行一定程度的改革，对调动企业生产积极性有一定作用，但这并没有突破计划经济的思维定式。在 1984 年，广东约有 1/4 的国营企业经营亏损（傅高义，1991）。国家计划在原有体制模式上，通过加强企业的经济核算、给企业放权让利和增强经营者和职工的物质刺激办法来调动积极性，使国有企业具有活力。然而，由于存在制度与激励的不兼容，改革陷入"一放就乱、一收就死"的尴尬境地（田辉，2003）。

然而，不可否认的是，国有企业经营自主权的扩大使劳动关系出现了一些松动，具体表现在工资改革，被视为改善国有企业激励机制的关键环节。在这方面的第一项重大措施便是 1979~1980 年开始执行的各类奖金制度（傅高义，1991），并导致企业能留存部分收益支撑生产投入和职工薪酬。普遍的涨薪受到了员工们的热烈欢迎，但由于奖金的分配没有一个合理方案，更多的是以平均主义的方式分发，不仅造成企业留存利益的枯竭和财政赤字，也没有起到激励员工的作用。广东更因为发放奖金过多，在 1981 年 1 月受到国务院的批评。就广东而言，劳动关系用工制度一直走在全国的前列，外资企业有别于公有制企业的用工制度直接影响到国有企业的劳动关系制度。根据中央对劳动制度的改革和《广东省经济特区企业劳动工资管理暂行规定》，深圳成为首个在中外合资企业实行合同用工制的地区，并在 1982 年 7 月 1 日开始覆盖到所有国营企业，统一对新招聘员工实行合同用工制（李华杰和李其应，1983）。

就整体来看，为适应这一阶段的改革措施，国家并没有针对国有企业的就业、利益分配、社会保险等方面进行重大改革，也没有触动国有企业的"铁饭碗"制度。不过，国有企业的改革趋势和一些大陆企业地方的先行先试必然对广东的国有企业劳动关系产生深远影响。

3.3.2 国有企业两权分离与劳动人事用工制度改革

经过第一个阶段的改革，国有企业的经营自主权有了显著的提高。然而，由于配套措施改革的局限性，一些国有大中型企业的经营绩效仍面临诸多问题。1984

年 10 月，党的十二届三中全会通过的《中共中央关于经济体制改革的决定》指出："国有企业改革的目标是：要使企业真正成为相对独立的经济实体，成为自主经营、自负盈亏的社会主义商品生产者和经营者，具有自我改造和自我发展的能力，成为具有一定权利和义务的法人。"这意味着国有企业改革要扭转效益和效率较低、竞争力较弱的局面，将借鉴现代企业制度，转向"两权分离"的改革，把企业所有权与控制权进行分离。两年之后，即 1986 年 12 月，国务院颁布的《关于深化企业改革　增强企业活力的若干规定》提出了具体措施，把推行多种形式的承包经营责任制、给国有企业的经营者充分的经营自主权作为改革的路径选择。1987年 3 月，经全国人民代表大会审议通过的《政府工作报告》进一步明确，改革的中心就是完善企业经营机制。改革进行试点之后，为了增强国有大中型企业的活力，于 1991 年 9 月颁布了 20 条改革措施，促进国有企业经营机制的转换。1992年 7 月，国务院颁布的《全民所有制工业企业转换经营机制条例》规定，让国有企业享有 14 条经营权（黄速建等，2008）。在整个过程中，国家对不同规模的国有企业实施不同的改革措施，其中大中型企业实行企业承包经营责任制，而对规模稍小的国有企业实行租赁制，在个别大型国有企业试点股份制改革。

从中央发布的一系列改革文件看出，促进国有企业劳动关系调整的力量来源于两个方面。首先从内部理论分析，经过"放权让利""利改税"以及"责任制""租赁制"等改革，企业的经营自主权得到了显著增强。另一方面，随着改革的深入，国有企业冗员问题日益突出，促使国家和企业重新反思如何平衡"效率"和"公平"的关系。为适应这种新形势，国家需要改革传统的用工制度，调整以往的劳动关系。其次，从外部压力分析，在国家政策推动下，外资企业和私营企业等非公有制企业用工日趋活跃。以深圳特区为例，它率先在用工方面实行合同制，取消终身制，并从 1980 年开始实施绩效考核制度，公开招收有能力的工程师、国际问题专家等（傅高义，1991）。灵活多变的用工方式、组建城镇劳动力市场、调整从前的劳动关系均成为影响企业综合竞争力的重要因素，这些措施推动着国有企业劳动关系的改革进程（陈诗达，2006）。

1984 年 11 月，广东省人民政府发布的《关于录用新干部试行选聘合同制的规定》指出："从 1985 年 1 月起，除机密要害部门外，在全省各级企、事业单位和县以下（含县）政府机关，对新录用干部试行选聘合同制；驻广东省的中央直属企、事业单位，同样试行选聘合同制"。随后，广东省根据实际情况对相关规定作了进一步补充和完善，这在一定程度上扩大了公有制用人单位的自主权，也调动了干部的积极性和创造性。吸取经济特区企业的契约制劳动关系后，1986 年国家开始尝试劳动合同的签订，颁布了《国营企业劳动合同暂行规定》、《国营企业招用工人暂行规定》、《国营企业辞退违纪职工暂行规定》和《国营企业职工待业保险暂行规定》，这些规定是新中国成立以来我国劳动制度发生重大改革的体现。在国家政策的指导下，广东省政府于 1986 年 9 月颁布的《广东省国营企业实行劳动合同制实施细则》规定："企业从社会上招用工人，统一实行劳动合同制。对技工学校毕业生，已实行劳动合同制的市、县，应继续实行；未实行的，要逐步实行。对城镇复员退伍军人，已实行劳动合同制的市、县，可继续实行；尚未实行的，仍按国家有关规定执行"。尽管合同制范围在进一步扩大，可是仍未涉及企业原有的固定职工。1988 年广东省转发了广州市颁布的《关于在县（区）及以上集体单位实行劳动合同制的通知》，鼓励在集体企业全面实行劳动合同制。因此，在国家政策推动下以及广东经济发达地区的带动下，劳动合同制得到逐渐深化，劳动关系也开始向契约化转变。

在流动人口管理方面，1985 年 8 月，广东省劳动局印发的《广东省劳动合同制工人流动暂行办法》，对合同制工人在省内流动的适用范围、原则和程序等进行了说明，这意味着劳动关系的改革开始涉及劳动力的合理流动问题。1986 年，广东省劳动局根据《国营企业实行劳动合同制暂行规定》和《广东省国营企业实行劳动合同制实施细则》，颁布了《关于劳动合同制工人跨市、县转移问题的通知》，对合同制员工的省内跨区域转移作了进一步补充解释。

在工资改革方面，1985 年年初国务院发布了《关于国营企业工资制度改革问题的通知》，对国有企业的工资制度进行全面改革。这次改革打破了国有企业原有僵化的工资分配格局，促使企业开始重视经济效益，极大地调动了员工的积极性和主动性。

毋庸置疑，合同制的实施增强了企业用工的自主权和活力。然而，随着经济责任制的深入，在企业效益和职工利益分配发生分歧时，企业效益优先的地位逐渐显现。而且，由于长期受制于国有企业"铁饭碗"的用工制度，针对劳动者的薪酬改革变得异常艰难。此外，合同制并未涉及原有的固定职工，国有企业仍面临冗员、负担沉重等问题，最终导致改革效果不理想，无法从根本上刺激企业经营活力，增强企业的市场竞争力。

3.3.3 现代企业制度与劳动关系契约化

20 世纪 90 年代初，公司制企业的数量相当多，但企业经营管理制度很不规范，包括劳动关系制度。以 1992 年邓小平南方谈话为标志，我国逐步进入建立社会主义市场经济体制的转型时期，国有企业的改革也开始由政策调整转向制度创新。一个重要的转折点发生在 1993 年 11 月，党的十四届三中全会明确提出了建立现代企业制度的目标，并将改革劳动制度、逐步形成劳动力市场作为建立社会主义市场经济体制的一项重要内容。1995 年 9 月，党的十四届五中全会正式提出调整国有经济布局，国有企业改革进行战略性重组和购并，培育有竞争力的大企业，改革思路转向"抓大放小"，其核心是"放小"，即对小企业实行非国有化改制。广东省顺德市作为率先"放小"的试点，到 1994 年年底，已有 896 家企业基本完成改制。1997 年以后，小企业改制步伐大大加快，主要形式有三种：公司制改组、股份合作制和出售（萧冬连，2014）。

国有企业劳动关系转型的关键：一是在于如何打破"铁饭碗"制度，二是改革可能导致大规模失业以及严重的社会、政治后果。毋庸置疑，国有企业劳动关系市场化转型面临的困难是前所未有的，但相对于其他非公有制企业来说，国家有足够的资源去推动和保障这些改革措施的落实。在这个阶段中，最为关键的是国家通过"过度分流"和"主辅分离"等措施，下岗分流了千万的国有企业职工。

早在 1993 年 4 月，国务院颁布了《国有企业富余职工安置规定》，国家开始采取"拓展多种经营、组织劳务活动、发展第三产业、综合利用资源"等减员增效措施，对富余职工实行待岗、转业培训、有限期放假、内退等政策，明确对申请辞职的员工发放一次性生活补助费，允许企业提前与员工解除劳动合同并发放经济补偿金，为之后的国企改革，在制度和经验上奠定了基础。

1996 年，国家在"优先资本结构"试点城市推行破产或关停企业"将土地使用权抵押所得，优先用于职工安置""按第一序列优先清偿养老保险费"等特殊政策。

1998 年，国有企业开始普遍建立再就业服务中心，保障国有企业下岗职工基本生活。下岗分流职工先进入再就业服务中心，暂时保留其国有职工的身份，中心负责发放生活费用，代下岗职工缴纳养老、医疗、失业等社会保险费用，并负责组织他们参加职业指导和再就业培训。

此外，1994 年劳动部颁布《违反和解除劳动合同的经济补偿办法》，明确包括国有企业在内的企业裁减人员所需支付费用的计算标准的法规依据。之后国家推广长沙市的做法，采用产权置换和职工身份置换相结合的改革模式。在产权置换方面，政府通过邀请外部投资人或企业职工入股，降低自身持有股份。在职工身份置换方面，企业对改制中被辞退的职工实行一次性经济补偿，将他们的国有企业职工身份置换为非国有企业的职工身份，解除职工对国有企业的依赖关系，使其走向市场化。2002 年国家出台了 859 文件，推进国企"主辅分离"，文件允许大中型国有企业可利用非主业资产和闲置资产，破产企业可利用其有效资产，作为分流职工解除劳动合同的经济补偿金。

从 1997 年开始，国企改制造成大规模的失业潮。1998 年第一季度，全国下岗职工为 655 万人，1999 年达到 1190 万人，2003 年达 2780 万人，国有企业职工从 6970 万人减少到 4190 万人（章迪诚，2006）。因此，国家在职工再就业、社会保障等方面面临着前所未有的压力，日益复杂的劳动关系也极大增加了企业内部矛盾。在企业转轨时期，受制于生产力水平，资方在劳资关系中占主导地位，对技能培训、工作环境、劳动力价格、劳动争议处理机制等并没有秉持公正态度（吕楠，2008）。

"抓大放小"的难点在于"抓大"。90 年代中后期，由于债台高筑、人员冗余，大部分国有企业都亏损严重。1997 年，全国 31 个省份中，有 12 个省份的国有企业是亏损的，16 874 家国有大中型企业中，亏损 6599 家。到 1998 年上半年，国有企业的亏损面仍然为 40%～45%，相当一部分企业已被逼到死角，面临破产倒闭（陈清泰，1998）。此外，正在进行的 WTO 谈判加速了国有企业的改革进程。如果加入 WTO，中国需要逐渐放开多个领域的准入，那么，国有企业将面临来自其他国家企业的竞争。然而，当时国有企业的国际竞争力仍显不足，因此，对大型国有企业的改革势在必行，这不仅关系到中国在世贸谈判中获胜的概率，还关系到中国加入 WTO 后企业的生存状况。1997 年 9 月，为了创造加入 WTO 的条件，中共十五大提出：“用三年左右的时间，通过改革、改组、改造和加强管理，使大多数大中型国有亏损企业摆脱困境。”于是，国有企业改革进入“三年脱困”阶段。期间，通过“兼并破产”“下岗分流”“行业结构调整”等手段，国有企业三年脱困目标在 2000 年年底宣布基本实现（陈清泰，2008）。

到 2003 年 3 月成立国资委，全国 196 家中央所属国企统一归入国务院下属的国资委，由国资委负责管理。同年 10 月，十六届三中全会召开，会议阐述了中国经济体制改革下一阶段目标，并明确表示国有企业作为中国经济体制改革的“中心环节”到此结束（科斯，2013）。作为最后一轮改革，国企改革取得了一定程度的成功。就劳动关系方面来说，1998～2001 年，国有企业下岗职工累计有 2550 多万人，其中，1680 多万人实现了再就业。到 2004 年 6 月底，全国共有国有企业下岗职工 196 万人，比 2003 年年底减少 64 万人，比高峰期的 700 多万人有了明显的下降（邹建锋，2004）。虽然下岗职工再就业、社会保障等方面仍存在诸多问题，但国有企业在改革过程中减轻了负担，企业的劳资关系也逐渐完成了市场化转型。

3.3.4 劳动关系制度完善与遗留问题

2003 年以后，针对国有企业的劳动关系转型制度建设重点是保障劳动力就业和规范劳动力市场。总体来看，截至 2008 年《劳动合同法》出台之前，总体经济形势处于“国退民进”的阶段，各个环节对资本的依赖仍然较强，资本呈现强势状态，导致企业劳动关系出现完全市场化和对抗化的格局，有的甚至发生激烈的劳资冲突，国有企业职工在很大程度上承担了社会转型、企业改制的代价。

时至今日，国有企业的劳资冲突和博弈已经常态化、规范化和法制化，但是一些历史遗留问题仍在困扰国有企业和影响社会秩序，譬如国有企业改制时“买断工龄”的员工维权问题、国有企业劳务派遣工问题等。

以四大国有银行的股份制改造和上市为例，虽然改制和上市已完成，但还存在一些历史遗留问题未解决。21 世纪初，国有商业银行面临着来自股份制银行的挑战和竞争，尤其是 2001 年加入世贸组织后，中国政府承诺在一定时间期限内逐步开放金融市场，开放之后的局面必然是国外商业银行所拥有的竞争优势更强，因此，国有商业银行的改制变得日趋紧迫和必要。2002 年 2 月，中央在京召开第二次全国金融工作会议提出："必须把银行办成现代金融企业，推进国有独资商业银行的综合改革是整个金融改革的重点"，"无论是充分发挥银行的重要作用，还是从根本上防范金融风险，都必须下大决心推进国有独资商业银行改革"，"具备条件的国有独资商业银行可改组为国家控股的股份制商业银行，条件成熟的可以上市"。实行股份制改造，无非是要实现银行股权结构的多元化，在保持国有资本控股地位的前提下，引进其他国有企业法人资本、外资和社会公众资本，形成法人治理结构和现代企业制度。

与职工利益密切相关的是国有银行长期执行的"铁饭碗"劳动人事制度改革。为提高国有银行的竞争力和满足银行上市所需条件，"减员增效"成为劳动人事制度改革的核心内容，直接的减员手段为"买断工龄"，由企业一次性支付给员工一定金额的货币补偿，解除企业和富余员工之间的劳动关系，把员工推向社会就业。2001 年，工商银行率先推出一系列"减员增效""买断工龄"的措施，随后各家银行也开始效仿。在短时间内，几十万银行员工与企业"协商解除劳动合同"，走向社会"自谋职业"。

在这一过程中，被"买断工龄"的职工得到了数万至十几万人民币不等的经济补偿。由于经济补偿高于当时物价水平，很多人都乐意接受赔偿。然而，随着经济发展和物价上涨，留在银行体制内员工的收入水平和生活质量都有明显的保障，这导致许多被"买断工龄"的下岗职工进行不间断的信访、上访等抗争活动。2008 年 11 月 20 日，包括工行、农行、建行、中行四大行的近 2000 名失业者在国家信访局聚集。2009 年 2 月 23 日、2009 年 5 月 11 日、 2009 年 10 月 26 日、2010 年 4 月 19 日、2010 年 7 月 19 日，来自全国各省的银行下岗职工多次聚集于北京抗议，并引起国内外媒体的关注。2013 年 5 月份、7 月份和 10 月份，工行、农行、建行、中行四大商业银行被买断工龄维权职工（自称"断友"）发起了三次进京集体上访和请愿行动①。

面对这样的问题，员工和企业都面临着不小的困境。对于员工来说，他们若选择法律作为维权手段几乎没有胜算，因为当时改制签署解除劳动关系是其自愿行为。对银行来说，集体上访员工诉求，特别是待遇较低等合理（可能不合法）诉求，应当认真对待并妥善处理，不过，全国被"买断工龄"的下岗职工数量巨大，如何妥善解决却是个相当困难的问题。

如果这个问题不能够合理化解，必然会影响到另一个银行用工问题的处理，即银行所使用的劳务派遣工制度。银行的劳务派遣制度是指银行与劳务派遣公司或人力资源公司签订派遣服务协议，规定派遣工的人数和费用，银行向其缴纳一定的管理费用，派遣制员工与劳务派遣公司签订合同而不与银行签订劳动关系，

---

① 资料来源：http://www.szhgh.com/Article/gnzs/worker/201401/41702.html

被派往银行工作。派遣制员工最早可追溯到 20 世纪 80 年代，当时被银行称为代办员。国有商业银行为方便企业客户，由企业派出人员到银行，专门负责代办其在银行的各项业务。随着国有商业银行的改制，为了让这些劳动关系合乎法律规定和上市要求，银行开始由当地的中介机构负责与这些员工签订劳动合同，然后派遣到银行工作，工资和社保等均由中介公司负责发放。自 2003 年起，银行派遣制员工的数量增长迅速，尤其是国有大型银行进行股份制改造之后，基本剥离清理了大量合同制员工，并在一些非核心岗位上大量使用派遣工。之后，中小银行也开始陆续采用这种成本较低的用工模式。如表 3-4 所示，截至 2012 年年末，11家上市银行共有 20.2 万名劳务派遣员工，其中 6 家银行派遣用工比例超过 20%。到 2013 年，只有中国银行的劳务派遣工人数占员工总人数的百分比超过 10%，其余三家的比例则低于 10%。

表 3-4　四大商业银行员工总人数与劳务派遣员工人数　　　　　（单位：人）

年份	项目	中国银行	建设银行	工商银行	中国农业银行
2013	员工总人数	305 675	368 410	441 902	478 980
	含劳务派遣工人数	54 058	8 320	20 385	34 770
	占比/%	17.68	2.25	4.61	7.26
2012	员工总人数	302 016	348 955	427 356	461 100
	含劳务派遣工人数	59 573	21 363	29 457	40 662
	占比/%	19.73	6.12	6.89	8.82
2011	员工总人数	289 951	329 438	408 859	447 401
	含劳务派遣工人数	66 855	29 610	33 669	42 720
	占比/%	23.06	8.99	8.23	9.55
2010	员工总人数	279 301	313 867	397 339	444 447
	含劳务派遣工人数	61 094	38 767	37 479	41 353
	占比/%	21.87	12.35	9.43	9.30
2009	员工总人数	262 566	301 537	389 827	441 144
	含劳务派遣工人数	57 748	47 889	36 457	38 954
	占比/%	21.99	15.88	9.35	8.83
2008	员工总人数	249 278	298 581	385 609	441 883
	含劳务派遣工人数	56 131	47 466	36 285	33 757
	占比/%	22.52	15.90	9.41	7.64
2007	员工总人数	237 379	298 868	381 783	—
	含劳务派遣工人数	52 992	44 191	34 892	—
	占比/%	22.32	14.79	9.14	—
2006	员工总人数	232 632	297 506	351 448	—
	含劳务派遣工人数	40 620	—	—	—
	占比/%	17.46	—	—	—

注：员工总数包含港澳台以及国外分支机构的员工

资料来源：本表根据上市银行年报数据编制

银行劳务派遣人员的"同工不同酬"问题一直是劳动关系领域的热点，这种差异反映在劳务派遣员工和正式员工的奖金与福利方面。2013 年 7 月 1 日，修订后的《劳动合同法》正式实施，规定"被派遣劳动者享有与用工单位的劳动者同工同酬的权利"，并且要求用工单位严格控制劳务派遣用工数量和比例。在法律修改情况下，国有商业银行迅速调整了用人制度，将劳务派遣员工部分转为正式员工，或者重新划分岗位，把一些辅助性、临时性、替换性的工作任务合并，继续沿用劳务派遣员工，而转变为正式工的岗位所产生的人力成本则由银行内部消化。由于经过十多年的经济发展，银行已经积累了较充分的资源，这种改变带来的成本，银行可以承受。

当然，也有一些银行除了提供"转编"名额之外，开始考虑选择转变用工模式，用新的用工方式代替劳务派遣，例如"人力资源业务外包"。所谓"人力资源业务外包"，其实是将整个业务外包给某个公司，劳动者只跟外包公司签订劳动合同，由外包公司安排具体工作，劳动者的管理、工资支付、保险等各个方面都只与外包公司存在关系。所以，与派遣制相比，外包人员与银行基本没有任何法律关系，外包公司可以独立法人的身份与银行展开业务合作。

其实，不仅是银行业，包括石油、电力等其他国有企业改制同样面临以上问题。在劳动关系平稳过渡的时期，这些历史遗留问题随着我国经济社会的发展逐步显现。现阶段，劳资关系的博弈格局初步形成，如何妥善处理以前的历史遗留问题不仅是对企业管理人员的考验，更是我国规制劳动关系调解机制的一个挑战。

3.4　本章小结

经济社会转型中，广东省企业的劳资关系与全国劳资关系的特点一致，但具有代表性。其中国有企业的劳动关系管理最为规范，百分之百的员工签订了劳动合同，购买了劳动法规所要求的五险一金；其次是外资企业的劳动关系管理，外资企业中，特别是欧美企业和跨国公司，主动遵守中国的劳动关系法规要求；但中小私营企业是劳动者（主要是外来工）合法权益受到侵害的集聚地。2008 年新《劳动合同法》实施后，因劳动报酬、社会保险和解除劳动合同等引发的劳动争议骤然上升，这表明广东省的劳资关系状况并不乐观。毋庸置疑，《劳动合同法》的积极作用是值得肯定的，然而，资本单极化治理下的劳方弱势地位仍需进一步改善，劳方在谈判中的弱势地位不仅仅与资本单极化治理直接相关，还与外来人口的数量、质量以及区域经济发展等息息相关，并内在决定于我国"人口红利"的趋势。随着我国"人口红利"的逐渐消失、"刘易斯拐点"的靠近，劳方的谈判地位也将逐渐得到提高。如何针对转型期的劳资关系，发挥"人口红利"的潜在优势将成为政府有关劳工政策、规章等制度制定的有力参考。

第4章 广东企业劳动关系转型中劳方的需求与行为

本章从劳方角度分析，在37年的经济社会转型过程中，从劳动者对就业岗位的渴求、不在乎工作环境开始，到追求权利保障，进而发展到今天对利益分享的诉求，聚焦整个过程的需求变化和相应的行为选择。在员工类别的划分中，选择三种主要的身份，分别是外来工（农民工）、国有企业职工、低收入行业小企业的员工，具体分析在不同的经济环境、社会环境，以及政治环境中员工的需求、就业路径、需求满足及行为选择。本章最后一节，介绍实证研究所收集数据的基本分析结果，显示新生代员工的心理需求和对劳动关系氛围的认知。

4.1 广东企业外来工的需求与行为转变

20世纪80年代，以"家庭联产承包责任制"为核心的农村经济改革，不仅提高了农业生产效率，激发了农村经济的发展活力，同时也释放出巨大的农村剩余劳动力。受益于欧美全球化战略需求及"亚洲四小龙"的产业转型升级，广东省（特别是珠江三角洲地区）把握了劳动密集型产业向低成本地区转移的契机，凭借濒临港澳的地理优势，迅速发展起"三来一补"的贸易形式。由于珠江三角洲企业对劳动力的巨大吸纳性以及大量农村剩余劳动力的出现，为农民进城务工奠定了供需基础。在1984年之前，由于严格的户籍制度和人口迁移政策，农民想要获得城市户口，迁移到城市居住与生活，只能通过升学、参军和招工三种途径。在这一年，中央一号文件首次明确提出，务工、经商和办服务业的农民可自理口粮[1]到集镇落户。这意味着国家在制度层面开始放开对人口流动迁移的限制，也使农民进城务工的行为选择得以实现。据学者估计，20世纪90年代，全国离土离乡进城务工经商的农民为3000万~4000万人（穆光宗，1990）。作为流动人口迁入大省，截至1993年年末，累计进入广东的外省劳动力高达650万人，占总人口的9.87%；其中，进入各类企业人数为300多万人，占从业人员人数的8.74%[2]。

---

[1] 自理口粮是指国家为解决农民进城务工和经商问题，采取"转人不转粮"的临时户口政策，即不给粮票的城镇户口

[2] 资料来源：广东统计年鉴（1994）

4.1.1　1978～1994 年：以"生存经济"为核心的行为导向

1. 外来工在城市的生存状态

初来南国，宽阔的马路，五彩的霓虹灯，川流不息的各种车辆，令人兴奋不已，过去只能在地图上见到的高速公路，现在不但能亲眼看到，而且还能坐车潇洒走一回，真乃人生一大乐事……每次面试，就像接受一次审讯，那些老板和经理们提问之刁钻，可以说是我生平仅见。若往日，以我的性格定会拂袖而去，可现在，为了谋生，只能忍受……终于谋到一份工作，上班、吃饭、睡觉，生活总是枯燥地重复着，我觉得很累，有时很想哭，但一定要挺住！来深圳是自己的选择，苦又能怪谁[1]？

对于很多外来工来说，生活在农村并不富裕，"赚钱"是他们进城务工的首要目的。尽管与城市居民相比，他们的收入水平并不算高，可是，如果以农村居民为参照，情况就大不相同。据部分外来工讲述，在城市一个月的务工收入几乎等于一年的务农收入，足以应付他们及家庭在农村的生活所需。因此，随着收入渠道的多元化，工资性收入逐渐成为农村居民经济收入的重要来源。由于制度性身份的约束和强烈的乡土情怀，外来工的最终归宿还是回到农村，这导致他们形成了与城市居民截然不同的消费方式。在城市赚钱以后，除日常基本支出外，外来工几乎不怎么消费。相反，他们会将工资收入存入银行或寄回老家，形成"在城市赚钱、在农村花钱"的劳动力再生产模式。总之，为了能让自己和家人在农村过上幸福生活，外来工甘愿忍受在城市务工遭遇的一切艰难与险阻。

在企业内部，外来工干的是最"脏、苦、累"的底层工作，工资收入处于下游水平。据学者推算，20 世纪 80 年代末，外来工平均工资水平为 200 元/月[2]。尽管劳动成本已经如此低廉，企业还是想方设法将一些本该由自己承担的费用（治安费、计划生育费、城市管理费）转嫁给他们，更有甚者，长期拖欠外来工工资。据省劳动部门数据显示，1992 年，深圳与惠州发生的劳动争议及怠工事件，绝大多数由拖欠工资引发[3]。追本溯源，有的确实源于企业的经营不善和利润亏损，但更为普遍的情况是，企业试图通过故意拖欠工资来降低劳动力的流失率。例如，企业推迟发放工资的时间，实行当月工资次月发放的制度，或将每月的工资发放日期拆分成三个时间点，分别为每月的上中下旬。所以，如果外来工辞工，他们将不能获得足额的工资收入。

在社会保障方面，大部分外来工进入的是体制外部门（外资企业、民营企业），

---

① 资料来源：深圳特区报，1994 年 11 月 21 日

② 资料来源：卢锋. 中国农民工工资走势：1979~2010.中国社会科学，2012（7）

③ 资料来源：工人日报，1994 年 2 月 20 日

这些部门一般不为职工提供或只提供较低的社会保险。1995 年，中国社科院外来农民工课题组在广东省进行调查后指出，外来工的社会保障状况令人担忧，只有 3.9% 的企业为外来工购买了养老保险，办理医疗保险和工伤保险的人数同样不容乐观，分别占样本总量的 11.9% 和 25.4%。除特殊工种外，基于听话、稳重和规矩等特质，女工比男工较容易受到企业的青睐，被招募进厂工作。然而，在福利保障方面，她们却因婚育问题比男工承受更多不平等的待遇。孕产期能获得全额或部分报销的仅占少数，部分企业甚至只要女工怀孕，就解雇她。

劳动合同是约束劳动者与企业之间的劳动关系，明确双方权利与义务的契约。20 世纪 90 年代，没与企业签订劳动合同的外来工比例高达 57.26%（熊水龙，1994）。对于合同形式，部分外来工签订的只是口头合同；对于合同的保存方式，大多数外来工表示，自己没有保存劳动合同原件或副本。由此可见，非规范性的合同签订对规制劳资关系和保护外来工权益不具有实质性作用。在普遍没有劳动合同的制约下，外来工的转工频率剧增，频繁在不同地区、企业和行业间流动。面对不稳定的劳动力队伍，企业为确保生产的正常进行，采取扣押金、身份证、边境通行证等非法手段遏制员工的快速流失，严重侵犯外来工的人身自由。

超时加班普遍存在于珠江三角洲各企业内，一般来说，除正常工作 8 小时外，外来工每天还要加班 2～4 小时。而且，这种加班往往带有强制性，每个月仅有的休息假期也可能被挪用，外来工全年休息时间不超过 15 天①。由于他们从事的行业主要集中在第二产业，工种是半技术半体力活，为保证工厂流水线的正常作业，企业围绕"超时加班"制定了一套严格的规章制度：加班期间不准请假，迟到与旷工都要缴纳罚款；如有不愿意加班者，轻则扣工资，重则被解雇；除正常上班时间外，加班时间没有工资收入；外方管理人员可以随意打骂、侮辱和处罚职工，只要工人以任何形式反抗，就会马上被解雇。所以，外来工需要经常忍受疲劳和困苦，提前透支自己的青春与健康，没日没夜地工作在生产一线。更为糟糕的是，企业将生产空间的规定延伸到外来工的日常生活，试图全方位地管制工人，训练出合格和温驯的劳动者。特别是在一些规模较小的企业，厂内规章制度的建立随意性较大，主要取决于企业主的个人意志。例如，白天不能出厂，不能互相串门，吃饭排队不能讲话，上下班要按照规定线路行走。

与高强度的劳动时间相比，外来工的劳动环境同样十分恶劣。企业为节约成本，购置陈旧淘汰的机器设备，不为工人配置防护措施，构筑不合理的车间布局，导致工伤事故频发。据统计，1992 年，东莞市两个月内发生工伤事故高达 180 起，其中，60 人断指，10 人断肢，2 人死亡②。在诸多事故中，令社会最为震惊的是

---

① 资料来源：深圳特区报，1994 年 3 月 7 日

② 资料来源：工人日报，1994 年 2 月 20 日

1993 年 11 月 19 日发生在深圳市葵涌镇新围村致丽玩具厂的火灾。该企业是车间、仓库和宿舍三合一结构,这为发生火灾埋下了安全隐患。发生火灾后,由于车间内的窗户被焊死、消防通道被封死和疏散通道被堵塞,工人无法逃生,最终酿成81 人死亡、22 人重伤的惨剧。

2. 外来工权益受损的行为选择

1994 年 6 月 27 日,龙岗区某涂料厂劳务工蒋某在车间上班,被脱落的铁板扎成重伤。在送进医院抢救时,由于老板没有及时支付医疗费用,医生只实施简单的伤口清创包扎。7 月 1 日,在工厂员工强烈要求下,老板又将蒋某送到医院治疗,但老板拒交医疗费,蒋某伤势未好就被迫出院。出院后,蒋某再三要求老板承担继续治疗费用,老板为达到赶走蒋某目的,借口送其回家乡医院治疗。最终,由于延误治疗导致蒋某 5 级伤残[1]。

如案例所述,当劳动权益受损时,外来工会通过个人或集体方式,将自己的权益诉求向企业反映,希望获得相应的补偿。然而,由于资本在经济发展中处于强势地位,以及当时尚未完善的法律体系对资本的约束作用甚微,所以,企业利用劳动力为其生产的同时,并不愿意承担相应的责任与成本。而且,外来工的资源获得和维权能力均处于劣势,面对企业的"不负责任",只能默默承受交易过程的损失。在强资本和弱劳工的格局中,外来工单靠自身力量,很难从真正意义上维护他们的合法权益。

1987 年,广东省劳动局成立劳动争议仲裁指导处,负责全省劳动仲裁的协调与监督。1988 年,《广东省国营企业劳动争议处理实施细则》首次规定,国营企业的临时工、季节工、农民轮换工在履行劳动合同发生争议时可向劳动仲裁委员会提出申诉。这些举措均为外来工维权提供了体制内的诉求渠道。1991~1993 年9 月,广东省劳动监察机构对 156 家严重违反劳动法规的企业进行停业整顿,为劳工追回克扣、拖欠工资、押金等共计 3885 万元,在这些劳资纠纷案件处理中受保护的大多数是外来农民工(刘世定等,1995)。

值得注意的是,与选择维权相比,大多数外来工在面对权益受损时,都会选择"沉默"、"多一事不如少一事"和"息事宁人"。或者说,很多外来工根本没有权利意识,甚至面对制度与城市互构的社会性歧视,他们都坦然接受,并认同自己"低人一等"的事实。一方面,强烈的经济诉求和脱贫致富的愿望导致外来工只顾埋头苦干和赚钱养家;另一方面,城乡二元分割的制度性身份使他们从出生时便知晓农村才是最终宿命,不敢奢望能在城市扎根生活。所以,外来工在恶劣的生存状态和权益受损时仍然选择容忍和坚持。

---

① 资料来源:工人日报,1994 年 1 月 30 日

3. 制度法规对外来工的"双重限制"

1958 年，户籍制度将中国居民的户口性质划分成"农业户口"和"非农户口"，严格控制农村人口流向城市的规模，逐步建立起具有身份特征的城乡二元资源分配体系。在城市，国家垄断了社会资源，并以单位为载体将资源分配到个人。个人只要进入单位，在生命历程经历的所有社会风险（包括生、老、病、死）均获得国家福利体系的保护。与此形成鲜明对比的是，在农村，国家为将物价维持在较低水平，对农副产品实行统购统销政策，这导致农民长期生活在贫困的状态，而且，由于社会资源相对匮乏，大量资源被集中在城市，以确保工业化和现代化的顺利进行。所以，农民被排斥于国家福利体系之外，呈现"保障个人化"的趋势与特征。农村的公共福利供给以及农民的劳动力再生产，只能依赖力量薄弱的村集体和自己耕种的土地。这种城乡二元分割状态在改革开放之后并无实质性改变，特别是在公共福利供给方面。据统计资料显示，占全国人口约 20%的城镇居民占有全国财政性福利支出 95%以上的份额；而占全国人口 75%以上的乡村居民的财政性福利支出不足全国福利性支出的 5%（郑功成，2001）。

虽然国家在 1984 年放开了户籍制度的限制，使大量农民进城务工成为可能，但变革仍停留在人口迁徙与流动方面，没有撼动户籍制度背后隐藏的权利资源分配逻辑。因此，农民进城务工只是空间流动的具体表现（即工作场域从农村转变为城市），并未在制度身份层面实现社会流动，从真正意义上完成市民化过程。"职业是工人，身份是农民"的模糊二重身份特征，导致外来工不得不承受拆分型的劳动力再生产模式（沈原，2006）。也就是说，由于受到户籍制度的区隔，外来工的工资仅包括维持自己日常生活的基本费用，城市并不需要承担他们赡养老人、繁衍后代、自我提升等一系列劳动力再生产的成本。所以，他们最终还是回归农村，成为游离于城市生活的过客。即便为城市建设付出了巨大的努力，国家制度对外来工歧视性的身份建构，使其不能与城市居民享受同等的福利，过着往返于城乡之间的"候鸟式"生活。

除此以外，制度结构对外来工的限制还表现在"被边缘化"的法律建设进程中。随着我国从计划经济过渡到市场经济，劳资关系也开始走向市场化道路，特别是在外商投资颇为活跃的广东省。作为改革开放的前沿阵地，广东省积极探索与出台各种规制劳资关系的法律法规：率先试行劳动合同制；采取累积方式筹集养老保险基金，创新社会劳动保险制度；实行用工制度配套改革，消除合同工与正式工之间的待遇差别；率先建立劳动争议仲裁制度，加强劳动保护安全监察，维护企业职工的合法权益，等等。这种敢于先行先试的勇气和开拓创新的精神使广东省一直走在全国的前列。尽管如此，外来工的权益保护并没有纳入政府工作的视野重点，处于法律建设的边缘地带。究其原因，以下三个方面稍见端倪：

其一，大量外来工涌入城市，严重挑战了城市资源环境的承载能力，并对城市社会秩序的稳定带来威胁。一组数据显示，1986 年，深圳市福田区抓获的犯罪分子中，外来流动人员占 76%，这种趋势呈现显著上升，并在 1992 年达到占比为 93% 的顶峰[①]。基于对交通、治安和卫生等城市公共秩序的负面影响，外来工被贴上歧视性标签，被污名化为"盲流"。为控制这种盲目的人口流动、恢复城市原有的秩序，广东省相继实行暂住证制度，通过清退进城务工人员、整顿劳务市场，严格限制从农村和省外招工补充企业的自然减员。从中不难看出，在 1978～1994 年，国家和地方政府对外来工的治理焦点在管制流动人口迁徙，而不是协调他们与资方之间的劳动关系。

其二，广东省出台的若干法律法规主要针对的是国有和集体企业员工，没有覆盖到市场化程度较高的体制外企业，不能适应当时逐渐变化的市场经济环境。事实上，大多数外来工集中在私营企业和外资企业工作，这导致他们的劳动权益无法受到法律制度的保护。而且，一些政策法规对外来工带有明显的歧视性特征，例如，《广东省劳务市场管理规定》指出，广东省用人单位招聘劳动者应遵循先城镇后农村、先省内后省外、以照顾本地人就业为主的招工原则。因此，地方政府在外来工权益保护的缺位以及保护主义的政策立场，严重影响了外来工的生存状态与行为选择。

其三，在 1978～1994 年，中国的劳动法律体系尚处于发展与完善阶段，诸多中央政府和地方政府出台的劳动保障制度均为行政法规。所以，较低的立法层次造成它们对企业的约束力不强、执行效果不佳的尴尬局面。此外，部分行政法规是具有指导意义的纲要性文件，缺乏现实层面的可操作性。例如，《广东省劳动安全卫生条例》是为规范企业用工环境、改善员工劳动条件而颁布的，不过，条例对职业病的概念、鉴定等级和鉴定机构并无清晰的界定，对此，员工无法知晓自己是否患有职业病以及不了解维权渠道，保护自身的合法权益更是无从谈起了。

4. 不受规制的资本扩张与劳工权益

改革开放之初，"招商引资"是广东经济发展的重要手段之一。改革开放以前，中国的对外贸易是由国家垄断经营、统负盈亏，地方基本没有自主权。1979年，广东省希望借对外开放的契机，抓住濒临港澳的地理优势，发展对外经济贸易，积极向中央政府争取优惠政策。其中，"外贸大包干"和"财政大包干"的实施对广东早期的资本积累起到极为关键的作用。两者的核心在于中央"放权让利"的思想，在外贸方面，国家通过下放进出口经营权、外资审批权、允许广东

---

① 资料来源：深圳特区报，1994 年 2 月 22 日

在港澳设立外贸机构等举措，扩大了地方政府自主经营和招商引资的权力；在财政方面，1980～1984 年，广东实行"划分收支，定额上缴，五年不变"的优惠政策使自身拥有更多的财政支配权，激励地方政府积极参与到经济建设中。可见，1978 年以来，地方政府对资本的态度是开放和欢迎的，一方面，招商引资能够带来先进的技术设备，有利于提高生产效率和经济发展；另一方面，招商引资也是区域之间 GDP 竞争以及官员提拔升迁的重要指标，这导致地方政府对吸纳资本的热情持续高涨，并将一切与经济发展相关的事务置于首位。

20 世纪 70 年代末，正值国际产业转移时期，由于对经济发展的需要与渴望，珠江三角洲地区凭借土地优惠政策，以及"无限供给"的劳动力，积极吸纳引进跨国、跨境资本。其中，港台资本充分利用珠江三角洲低廉的生产要素优势，通过提供生产设备、加工原料、加工样品和销售渠道，建立起大批"三来一补"企业。1978 年 9 月 15 日，东莞太平手袋厂作为全国第一家三来一补企业正式投产运营，它在与港商的合作过程中，不断扩大生产规模实现盈利，在短短 3 年内还清了香港出资的机器设备费用，每年还为国家出口创汇 200 多万美元①。从此，外资经济开启了引领广东经济发展的序幕。截至 1994 年，全广东省"三资"企业出口总额为 185.5 亿美元，同比增长 84.6%，占全省出口总额的 39%②。

除外商资本外，20 世纪 80 年代，民营资本在"以经济建设为中心"的战略导向下同样获得了释放。1987 年中国共产党第十三次全国代表大会明确指出"鼓励以公有制为主体的前提下发展多种经济成分，私营经济是公有制经济的必要和有益的补充"。1988 年通过的宪法修正案正式赋予私营经济合法性地位，并将私营经济的引导、发展、监督和管理纳入法律框架内，奠定了民营资本发展的制度基础。1992 年邓小平南方谈话进一步确立了社会主义市场经济的重要地位，为民营经济的发展扫除了障碍。1992～1997 年，广东省个体户数由 3.28 万户增长到 12.03 万户，年增长约为 25%，居全国之首③。

在经济迅速发展的浪潮中，中央与地方政府过分注重资本的吸纳，也削弱了对劳动关系的干预。在国家力量缺位的情况下，资本无约束地迅速扩张，其"趋利避害"的本质导致珠江三角洲逐渐成为劳动者权益的洼地。在早期，大多数珠江三角洲企业是代工生产基地。它们不直接参与技术开发、产品研究和产品销售等核心环节，通过与品牌生产商签订合同，为其生产产品或产品配件。这种 OEM 生产是当时资源配置的合理化方式，使广东经济获得突飞猛进的发展，然而，它同时也导致中国的加工贸易处于国际产业链的低端。微笑曲线（smiling curve）理

① 资料来源：太平手袋厂创造"广东奇迹"，南方杂志，2009 年 9 月（下）
② 资料来源：广东统计年鉴（1995）
③ 资料来源：改革开放 30 年广东民营经济取得迅猛发展，中华人民共和国统计局网站，2008 年 12 月 23 日

论认为，企业利润最丰厚的区域集中在价值链的两端：研发和市场，如果没有研发能力与市场能力，企业只能从事利润较低的代工环节。此外，由于珠江三角洲企业尚处在资本积累的初始阶段，资本实力不足致使企业不可能购置新设备、新技术和新工艺，只能利用珠江三角洲劳动力资源优势，增加工人数量、延长劳动力时间，降低人工成本，来扩充自身的产能和提高经营利润。最终，工人权益（尤其是外来工权益）受损现象普遍存在于珠江三角洲地区。

4.1.2　1995～2007年：转向追求"劳动权利"的行为选择

1. 外来工生存状态的改善

1978～1994年，中国劳动关系的政策调整在于向"市场化"转轨，探索如何在体制内部门引入市场激励机制，打破"铁饭碗"的用工制度，建立与社会主义市场经济相适应的劳资关系。显然，这种改革并没有将根植于"市场经济"的外来工群体考虑在内，使他们在利益格局变动中不断被弱化。特别是在新旧制度交替的过程，企业与外来工之间的劳资关系处于无序的状态，外来工权益受损严重。1995年，随着《中华人民共和国劳动法》的颁布，中国劳动关系的政策制定开始向劳动者倾斜。中央政府基于劳工权益保护的立场，致力于构建有序、符合市场经济发展趋势的劳资关系。在政策导向转变下，外来工的生存状态有了一定程度的提高和改善。

在外出动机方面，调查数据显示，农民外出务工的动机依次为年轻人应该出来闯闯（33.38%）、干农业收入太少（33.24%）、外面的发展机会总比家乡多（29.75%）、家里没有其他收入门路（28.06%）[①]。从中不难发现，外来工的外出动机不再局限于纯粹的经济诉求，而是将外出务工与职业发展联系起来。对发展权利的渴望与追求意味着外来工的诉求动机从一元化走向多元化。这种变化与新生代外来工（"80后"外来工）逐渐进入劳动力市场密切相关。与老一代相比，新生代外来工将"增长见识"视为重要的外出动机，选择进入企业的原因依次为工资高（18.90%）、能学到技术（16.69%）、工作环境好（16.32%）和有发展机会（16.32%）。由于缺乏务农经验和适应城市生活，大多数新生代外来工（73.34%）不认为自己是农民，并表达留在城市生活的意愿。这说明，身份认同的割裂性在新生代外来工身上体现得尤为明显，老一代外来工只是将外出务工看成"短暂的过渡期"，并没有影响他们对身份认同与回归宿命的看法。新生代外来工却希望突破身份障碍，与城市居民享有同等的劳动权利和福利保障。

---

① 本部分的调查资料来源于中山大学社会科学调查中心和中山大学城市社会研究中心联合推动的"学术研究资料库共享计划"。该调查由中山大学社会学与社会工作系蔡禾教授主持，于2006年7～8月对珠三角9个城市农民工进行问卷调查，调查样本量为3974

与第一阶段相似，1995～2007年，外来工就业基本在体制外部门，主要集中在私营企业（40.43%）、港台外资或合资企业（11.80%）和个体户（9.86%），从事的工种为生产工（19.69%）、其他普通工人或后勤服务（19.01%）和技工（13.13%）。随着广东经济的发展，外来工的收入水平也有所增长，人均月收入中位数为1000元，低于2006年广东城镇居民人均可支配收入（16 015元/年）。曾经困扰外来工的拖欠工资现象获得了较好的改善，仅有8.88%的外来工有被拖欠工资的经历。然而，工资没有当月发放仍然普遍存在于珠江三角洲地区，占样本量的52.40%，大多数外来工工资被推迟一两个月发放。在社会保障方面，与第一阶段相比，外来工的参保率有一定程度的提高，但仍然处于较低水平，没有购买社会保险的外来工占样本量的45.69%。其中，企业为外来工购买最多的是工伤保险（38.43%）和医疗保险（30.23%），工伤费用能全部和部分报销的比例分别为37.78%和20.80%。

在劳动合同方面，42.35%的外来工与企业签订了劳动合同，签约率与第一阶段并无太大变化。对于签订合同的外来工来说，合同制定的主导方在企业，缺乏双方协商沟通的机制桥梁。93.42%的外来工签订的合同是企业事先拟好的，仅不到6%的外来工参与过合同的修改环节，自己保管合同原件或副本的比例为53.25%。由于劳工权益被纳入法律框架内，与第一阶段相比，企业较少运用简单、粗暴的违法方式来对待外来工，以降低员工流动的频率。仅有24.27%的外来工进企业时交付押金，不到10%的外来工有被扣押证件的经历。当外来工提出辞职时，企业无条件同意或至少提前一个月告知的比例高达85.84%。因此，在不折损利益的前提下，外来工可以自主选择流动到其他地区、行业、企业或工种。

在劳动时间方面，外来工一周工作时长为60～70小时，也就是说，每天除8小时正常工作时间外，需要加班1～2小时。2006年以来，大多数外来工有加班的经历，占样本量的68.60%，近30%的外来工抱怨自己一直在工作，没有休息的时间与假期。当问及加班是否为自愿时，回答自愿与非自愿的比例各占一半，外来工选择自愿加班的原因为增加收入，不自愿加班的原因是企业规定必须加班，个人没有选择的余地。而且，25.66%外来工表示，他们并没有加班工资。由此可知，珠江三角洲企业仍然通过扩大招工规模、延长劳动时间和压低工人工资来达到扩充产能的目的，维持粗放型的经济增长模式。在劳动条件方面，企业基本废除了对外来工人格具有侮辱性的规章制度，如上班不能喝水，不能上厕所，管理人员可以殴打、关押外来工，可以对他们进行搜身或搜包。不过，恶劣的劳动环境仍有待改善，30.20%的外来工感觉目前的工作环境对身体有危害。

2. 外来工权利意识的觉醒与多元化的抗争方式

与第一阶段相比，外来工面对某领域内的利益受损时，已不再是默默忍受和坐以待毙了，或多或少都会运用不同的方式争取自己应有的利益和权利。1995～2007 年，随着国家法律体系的逐渐完善以及新生代外来工进入劳动力市场，外来工时常利用业余时间增强自身的法律知识。数据结果显示，他们对《劳动法》、《安全生产监督法》和《工伤保险条例》等与自己切身利益相关的政策法规熟悉程度较高，新生代外来工的法律知识储备强于老一代外来工。随着权利意识的提高，权利争议的焦点也从经济诉求转向其他层次的劳动权利保障，包括平等就业、合理工时、社会保障和休息权利等方面。

在行为选择方面，与第一阶段相比，外来工更敢于向企业反映意见，表达自己的劳动权利诉求。其中，由主管向上反映（40.19%）和直接找老板（37.18%）是他们运用得最多的沟通途径。而且，当权益受损时，46.98%的外来工表示愿意参加集体行动来维护自己的权益。与老一代外来工相比，新生代外来工的参与意愿更为强烈，占样本量的 51.9%。在实际维权过程中，12.51%的外来工曾参与过集体行动。因此，在权利意识逐渐觉醒下，部分外来工的诉求表达方式从个人化转向集体化，通过组织合作实现维权目的。

然而，不少外来工仍有顾虑，公开化的投诉与抗争会使自己承担较大的风险，因此，一种具有象征性、偶然性和机会主义色彩的特殊方式得以出现，斯科特将其命名为反抗的日常形式（斯科特，2007）。它主要是指外来工通过偷懒、开小差、假装顺从、装病等消极怠工形式，扰乱生产线的工作秩序，以宣泄自己的不满情绪。事实上，看似日常的行为方式是一种规避风险的实践计谋，外来工甚至利用非正式关系（亲属、老乡）为这种行为作掩护，以应付上级对他们的管理与监督。

在体制维权方面，61.61%的外来工认为，在权益受损的情况下，不会向相关部门投诉。对于求助过政府的群体而言，15.61%的外来工表示，政府相关部门没有受理自己的诉求，40.49%的外来工讲述，相关部门在受理后没有及时跟进、协助他们处理劳资纠纷。将近 60%的外来工不满意相关部门处理的结果。此外，据《中国农民工维权成本调查报告》（2007 年）显示，一个外来工如要完成体制维权的若干环节，至少要支付千元成本和花费一年的时间。所以，体制维权效果不理想，并需消耗巨大的金钱与时间成本，导致很多外来工对此望而却步。

当外来工体制维权受挫时，很容易转向极端化的个体抗争方式，如自杀。学者的统计结果显示，2004～2005 年，网络新闻报道的自杀式讨薪合 82 例，真实自杀率为 41.50%，其中，有 10 例直接导致死亡，其他情形也大多产生致残的严重后果（徐昕，2007）。一方面，这种个体抗争形式体现了外来工对现实的无奈与无助，最终只能突破生命底线，以"死"作为维权的唯一筹码；另一方面，外来工希望借助"极端化"为噱头，吸引社会各界的关注，利用舆论同情获得更多维权资源。

3. 制度与实践分异的劳工权益保护

1995 年正式颁布的《中华人民共和国劳动法》，是我国第一部以维护劳动者合法权益为宗旨，全面规范劳动关系的基本法，并开启中国劳动治理从"行政管理"走向"依法治理"的序幕。2003 年，国务院办公厅《关于做好农民进城务工就业管理和服务工作的通知》承认了农民工对中国现代化和工业化建设的巨大贡献，并首次将其纳入国家发展战略进行考量。该通知提出，坚持"公平对待、合理引导、完善管理、搞好服务"原则，从取消就业限制、解决工资拖欠、改善生产条件、做好职业培训、安排子女入学和加强管理六方面，全面论述如何做好农民工就业管理和服务的各项工作。这意味着国家对农民工的治理理念从"管制"转变为"服务"。2006 年《国务院关于解决农民工问题的若干意见》指出，坚持以人为本，认真解决涉及农民工利益的问题，并增加对社会保障、公共服务和农民工权益保障机制等相关规定。国家对农民工福利保障的重视预示着城乡资源分配利益格局的变革与重构。

与第一阶段相比，"正义"是国家政策制定的核心价值。正如罗尔斯所言，正义有两个原则：一是每个人对与其他人所拥有的最广泛的平等权利，二是资源分配限定在合理的范围内，并向每个符合条件的个体提供开放流动的机会（罗尔斯，1988）。第一个原则着重描述的是权利平等的问题，《国务院关于解决农民工问题的若干意见》将农民工纳入城市公共服务体系，并强调输入地政府要对其进行属地化管理。这体现了国家试图打破城乡二元割据，将权益和利益公平分派到个人的决心与举措。第二个原则解决的是机会均等的问题，《关于做好农民进城务工就业管理和服务工作的通知》所提出的"公平对待"原则，旨在消除对农民进城务工的歧视性规定和体制性障碍，使他们拥有平等的就业机会、培训机会及其子女受教育机会。因此，随着国家政策导向从"效率优先"到"兼顾公平"，个人权利不再成为国家政治经济发展的牺牲品。在以人为本的价值理念下，国家对外来工从"排斥"变为"接纳"，特别是制度层面对个人权利的承认、赋予和让渡，使外来工看到与城市居民享有同等福利待遇的希望。

然而，由于中央、省和地方各级政府的目标、利益和责任并不完全一致，中央和省政府一般着眼于宏观层面的指导性意见，地方各级政府偏重政策的执行层面，需要直面各种资源不足带来的压力，这导致"制定容易执行难、画饼容易分饼难"的尴尬局面。例如，2006 年修订后的《义务教育法》明确规定，流入地政府应为外来务工人员子女提供平等接受教育的条件。不过，由于我国基础教育实行"地方负责、分级管理"的体制，县级政府在实施过程中负有主要责任，其中就包括统筹管理教育管理经费，这导致地方政府需要承担不小的财政压力。例如，自改革开放以来，广州市一直是外来工流入的重要城市。根据全国第五次全国人口普查数据显示，广州市流动人口为 331.3 万人，占全市总人口的 33.3%[①]。进入 2005 年，流动人口的出生数首次超过户籍人口[②]。外来工及其子女数量的增加，使原本义务教育就处于紧缺状态的广州面临更大的考验。虽然广州市政府对保障外来工子女受教育权有明确的规定，但同时也表示"由于各区外来工子弟的数量不一样，各区学位也不一样，门槛的设置权留给各区自己设定"。结果是，政策落到区县教育局后，往往因资源不足而执行无力。可见，地方政府对外来工赋权过程中，一般都会先变革受资源约束小、对本地人利益影响不大的权利。所以，在外来工的生活水平有明显提高的同时，也存在更大的改善空间。

4. 权力与资本合作的劳动治理模式

在 1994～2007 年，珠江三角洲地区逐渐成为"世界工厂"的核心地带，并发展出两种成熟的经济发展模式：东岸模式和西岸模式。东岸模式以东莞为代表，它主要利用毗邻香港的地理优势，通过土地、税收等优惠政策，吸引外来直接投资，以出口为导向，发展面向国际市场的经济贸易形式。西岸模式以顺德、南海为代表，它们积极发展民营企业或乡镇企业，注重发展能力的培育，将力量集中于产品创新研发与品牌建设。截至 2003 年，广东省的外资经济总量达到 5125 亿元，占全省 GDP 总量的 37.6%[③]。2005 年，民营经济发展势头迅猛，实现增加值 8602 亿元，占全省 GDP 比例高达 39.6%[④]。

广东经济的腾飞除了依靠外资与民资的力量外，地方政府的推动也起到重要的作用。"大包干"的分权变革使地方政府拥有更多自主权力，调动了它们发展经济的热情，成为地方政府激励的关键来源。与此同时，"以经济建设为中心"的发展战略也导致地方官员的升迁标准发生变化，由经济绩效取代了原来的政治挂帅（周黎安，2007）。在中国制度的转型与变迁中，经济发展逐渐成为地方政府最为关心的重要话题，各区域之间的 GDP 竞赛也在如火如荼地进行。随着市场化的推进，广东的经济腾飞主要依靠民营经济和外资经济的双翼齐飞。因此，外资与民资同样受到地方政府的青睐，这造成政策的制定与执行更多立足于企业利益来考量，忽视了对劳资关系中劳动者的权益保护。而且，由于资本总是流向成本较低的区域，地方政府掌握的大量经济资源和政策资源（廉价土地、专项资金、税收优惠）恰恰满足了企业生存与发展的基本法则，使资本在本地生根发芽、壮大发展。结果是，地方政府的激励性与资本固有的趋利性因"经

---

① 资料来源：第五次人口普查显示：广州流动人口突破 500 万人，网易新闻中心，2004 年 10 月 3 日

② 资料来源：广州流动人口出生数超过户籍人口出生数，新华网，2006 年 2 月 23 日

③ 资料来源：外商投资对广东经济的快速发展发挥较大作用，新浪财经，2005 年 6 月 20 日

④ 资料来源：民营经济：广东内源外向的重要动力——"十五"广东民营经济发展综合评析，广东统计信息网，2006 年 9 月 14 日

济发展"而结合到一起。

进入 20 世纪 90 年代以后，这种利益契合日益明显，并从经济领域延伸到非经济领域，形成诸多不良的后果。其中一个直接的影响是，劳资关系的主导权掌握在资本与地方政府结合的利益共同体手中，并对外来工的维权道路产生深远的影响。《中华人民共和国劳动法》规定，劳动争议只有在劳动者与用人单位之间建立劳动关系时才能被受理。然而，事实上，企业普遍不和外来工签订劳动合同，也没有发放工资条，这导致外来工无法证明他们与企业之间存在着真实的雇佣关系，从而被阻挡在体制维权的大门之外。地方政府明知部分外来工在现实中无法满足启动体制维权的制度条件，但对这种制度与现实之间的矛盾视而不见，并借此推脱责任。更为严重的是，由于部分外来工进厂是用假名登记的，并获得工厂和劳动部门的默许，然而，当他们申请工伤认定时，地方劳动管理部门却以身份不符为由否定外来工提供的证据，迫使工人去寻找新的证据（郑广怀，2005）。由此可见，本应站在劳动者立场的地方政府，反而成为资本的合作者，损害外来工的合法权益。

4.1.3　2008～2014 年：注重"自我实现"的诉求行为

1. 外来工生存与行为的新动向

1995～2007 年，国家将劳资关系纳入法律体系建设中，使其顺利向市场化转型。中央政府立足于劳动者立场，制定诸多与劳工权益保障相关的法律制度，试图通过规制资本改变"资强劳弱"的格局。2008 年，随着《中华人民共和国劳动合同法》的颁布与实施，这不仅有利于稳定与规范个别化的劳资关系，也为劳动者构建集体力量维权奠定制度性基础（常凯，2013）。因此，外来工的行为选择显现出与前两阶段不同的特征。

在生存状态方面，据统计数据显示[①]，2009 年，珠江三角洲外来工人均月工资为 1667 元，从事行业主要集中在电子信息业、电器机械业和服装业，所在企业多为私营企业、港澳投资或合资企业。在劳动时间方面，外来工每天平均工作 9 小时，每周平均上班 6 天。加班现象仍普遍存在于珠江三角洲各企业内，平均每天加班时间为 3.04 小时。部分外来工（25.61%）表示，加班带有强制性；27.98%的外来工甚至没有加班工资。在《劳动合同法》实施后，劳动合同签订率明显高于前两阶段，超过 6 成企业与外来工签订劳动合同。对于劳动者而言，64.98%的外来工自己保管合同，少部分（35.77%）参与合同内容的协商，对合同表示满意

---

① 本部分的调查数据来源于中山大学社会科学调查中心和中山大学城市社会研究中心联合推动的"学术研究数据库共享计划"。该调查由中山大学社会学与社会工作系刘林平教授主持，于 2009 年对 9 个城市的农民工进行问卷调查，调查样本量为 1766

的外来工比例为 43.64%。在福利保障方面，医疗保险和工伤保险的参保率最高，分别占样本量的 49.51% 和 52.63%，其次为养老保险（35.12%），失业保险和生育保险的购买率最低，两者均不到 20%。能享受到带薪休假、病假工资和产假工资等其他福利的外来工比例约为 30%。在工作环境方面，21.71% 的外来工对劳动条件并不满意，认为工作环境对身体有危害。有强迫劳动和冒险作业的外来工比例下降为小于 5%。总体而言，与前两阶段相比，外来工的生存状态呈现稳步提升的态势，劳动权利保护也获得了很大程度的改善。

尽管如此，根据马斯洛需求理论，人类需求被依次划分为生理需求、安全需求、爱和归属感、尊重需求和自我实现五类，只有低层次需求获得满足后才会转向其他更高层次的需求。由于外来工的生活水平逐步提高，部分劳动权利也获得满足，生存与权利已不再构成外来工的全部追求，维权抗争的内容也转向自我实现的最高层次。为此，自 2008 年以后，外来工的维权行动此起彼伏，达到历史的峰值。据资料显示，近年来，广东省年均处理劳动人事争议案件 30 多万件，约占全国的 1/4①。部分外来工选择政府调解方式维护自己的合法权益。与此同时，各种突破底线的极端个体化抗争，如"开胸验肺""海珠跳桥事件"仍在继续。无论是生存型抗争抑或表演性抗争，外来工都用残害身体的方式述说着自己的不幸。

值得关注的是，与前两阶段相比，集体抗争的数量呈现爆发式的增长态势。《2014 年中国法治发展报告》②指出，2010～2012 年是群体性事件的高发期，每年平均发生 181 件。从地域范围来看，广东群体性事件的发生率为全国之首。在千人到万人群体性事件中，劳资纠纷是诱发抗争的主要原因。相应地，越来越多的外来工通过参与集体抗争来争取自身的利益。其中，比较典型的是 2010 年"南海本田罢工事件"、2014 年"珠海裕元鞋厂千人抗议"、2014 年"广州押运员罢工"、2014 年"广州出租车司机消极怠工"。

通过剖析这些案例，我们不难发现，集体抗争背后蕴含的是外来工崭新的利益诉求与行动选择。从诉求内容来看，以前，外来工维权诉求主要集中在解决拖欠工资、安全保障等劳动权利内容，而以 2010 年"南海本田罢工事件"为开端，外来工的维权诉求发生了本质的变化，"提高薪酬水平、共享利润成果"成为诉求的焦点，也是追求自我实现需求的重要表现。从抗争方式来看，以往的集体抗争重在制造社会影响和情感宣泄，具有明显的突发性、非理性和无序性。现在的集体抗争有明确的利益诉求，以不危害公共秩序为前提条件，力求通过和平的非暴力手段促成事件的圆满解决。部分集体抗争是由若干积极分子领导，维权行动按部就班，工人内部分工明晰，呈现组织化的特征。从抗争性质来看，外来工的

---

① 资料来源：信息时报，2013 年 3 月 26 日
② 资料来源：社科院统计 14 年间群体性事件：广东居首，新华网，2014 年 2 月 25 日

集体维权日益理性化。他们在充分利用现有资源的基础上，积极调动民间维权组织、社会舆论和高校学者等各方面社会力量，并在既定的法律和政策框架内构建抗争策略以争取自己的利益。

2. 经济形势倒逼企业重视劳工权益

自改革开放以来，广东的经济发展持续处于全国前列。然而，为此作出巨大贡献的外来工群体，却没能分享广东经济发展的成果。与城市居民相比，他们的工资水平、福利待遇始终徘徊于较低水平。相比之下，长江三角洲地区外来工的工资待遇、社会保障、劳动环境和劳动时间等方面均明显好于珠江三角洲地区。这导致珠江三角洲地区一线工人和技能型工人流向长江三角洲地区。而且，在国家大力支持西部开发的战略下，中西部地区的经济发展势头迅猛，以往巨大的工资差距呈现出日益趋同的态势。不少外来工基于家庭照料、养育后代的考量，毅然选择回家乡附近的城市工作。珠江三角洲地区的外来工纷纷流走，打破了 20 世纪 90 年代初劳动力无限供给的神话。在当时，珠江三角洲曾经是数百万外省劳工心神向往的淘金地。自 2005 年以后，珠江三角洲流动人口大量流失问题日益凸显，并在 2008 年金融危机后到达顶峰。据报道，2010 年，广州、深圳和东莞等珠江三角洲城市缺工高达 200 万人，部分生产线已处于停工状态，严重影响企业的生产与发展①。

2008 年，发端于美国的金融危机不仅加剧了珠江三角洲地区的缺工率，更为直接的是，以外向经济和加工贸易为特征的珠江三角洲地区成为经济萎缩的重灾区。以代工制造、贴牌生产为特征的产业发展模式使珠江三角洲（特别是珠江三角洲东岸）位于全球价值链的低端，这种趋势自 20 世纪 90 年代初一直持续到金融危机爆发前。由于生产高能耗、产品技术含量低和附加值低，诸多企业的发展道路均以低成本产能扩张来实现，并非依靠核心技术创新和自主品牌建设。结果是，企业只能获得较小的利润空间，长期增长后继乏力。金融危机所造成的欧美市场需求不足堵塞了销售渠道，无疑使企业经营雪上加霜。因此，珠江三角洲企业在经济形势倒逼下，不得不通过产业转型升级以改变现有粗放型的经济增长模式。实现产业转型升级的核心是如何吸纳人才，在这种大环境的变动下，企业开始注重人才建设和人文关怀，致力于改善以往紧张的劳资关系。

在"民工荒"的背景下，为稳定普通工人的流动率和吸纳高技能人才，越来越多的企业立足于劳动者的角度，提高他们的工资待遇和发展机会。在住房方面，考虑到大部分经验丰富、拥有中高级技术职称的外来工已经成家，企业通过在厂区内部或附近修建"夫妻房"，将配偶与孩子接到身边照顾，免除工作的后顾之

---

① 资料来源：中国青年报，2010 年 2 月 22 日

忧。在技能培训方面，如何将外来工武装成高级技工是实现产业转型和企业发展的关键，一方面，企业通过商学结合的方式，与职业技术学校合作开办培训班，使更多外来工能够学习到前沿的理论知识与实际操作技术；另一方面，企业为部分优秀外来工提供继续深造的机会，并承担相应的学费，力图将他们培养成高级管理人才。在日常工作生活中，企业注重构建具有人文关怀的良好环境，通过营造软实力留住劳动工人。建造宽敞明亮的工作车间，做好相应的防护安全措施，改善外来工的作业条件；在厂区内建设公共体育文娱设施，向外来工提供免费食宿，保障与丰富外来工的基本生活；每年春节为外来工购买车票，或统一包车直接送他们回家乡，使他们感受到企业的温暖与情谊。

3. 地方政府构建劳工权益保障体系

2010 年，中央一号文件再次将户籍制度的改革对象扩展到外来工群体，以中小城镇为发展依托，促进符合条件的农业转移人口在城镇落户，并享有与当地城镇居民同等的权益。早在 2008 年，为应对"民工荒"和"孔雀东南飞"的问题，广东省已经颁布《关于做好优秀农民工入户城镇工作的意见》，旨在促进城乡协调发展，将农民工纳入城镇福利体系，消除歧视性差别待遇。在积分入户制度实施之前，外来工想获得城镇户籍的难度很大。例如，深圳市引进技能人才的方式主要通过招调工形式，只有具有高级以上职业资格证书的外来工才有可能获得深圳户口，这对大多数外来工来说几乎是不可能的。如今，在劳动力无限供给时代即将结束，以及区域之间激烈的劳动力资源争夺过程中，地方政府为吸引高级技能人才，重新制定户籍制度的准入条件，政策的受益者直接面向为城市建设作出巨大贡献的外来工群体，通过调整城市居民的资格边界，合理分配城市的公共福利资源。

2010 年 6 月，广东省正式出台《关于开展农民工积分制入户城镇工作指导意见》，运用科学的累计积分方式，提供相应的基本公共服务（外来工子女受教育权）和城市入户名额。积分由基本分、导向分和附加分三部分构成，外来工只要达到85 分即可申请入户。积分制的出台标志着保障外来工合法权益从政策价值取向转向政策操作层面，是地方政府赋权外来工群体、改变歧视性制度身份的实践成果。与入户前相比，外来工能享受的权利数量从 3 项增加为 10 项。权利的种类也从边缘扩展到核心，能够申请当地廉租房或公共租赁房。权利受惠对象不仅局限于个人，还包括随迁的子女，外来工子女能够享受免费义务教育、在居住地参加高考、在居住地参军等权利待遇。这些权利待遇赋予使外来工获得各种满足生命历程需要以及劳动力再生产的消费资源，有利于他们规避现代社会的各种风险。

除了制度性身份的承认外，地方政府也致力于完善其他保护劳动者合法权益的制度与法规。其中，最为引人注目的是 2014 年最新颁布的《广东省企业集体合同条例》。长久以来，"强资本弱劳工"的劳资关系格局导致外来工在维权道路中始终处于弱势地位，单靠个人力量，很难形成与强大资本抗衡的力量。虽然国家一直加强对资本的规制，但也仅能保护外来工的底线权利。所谓底线权利主要是指保证劳动力再生产的基本需要，并使劳动者能够有尊严地生活在社会中，它涵盖的内容包括最低工资水平、购买社会保险、适当的劳动时间与劳动强度、良好的作业环境等方面。近年来，随着外来工生活水平的提高以及权利意识的觉醒，他们的维权诉求也从底线权利转变成利益分享。也就是说，他们希望能够分享企业发展的经济成果，实现工资水平与利润增长挂钩。由于利益分享不涉及违法或违规，是企业内部利益分配问题，这显然超出了国家行政力量能够干预的范围，需要劳资双方通过协商来解决。2014 年 9 月 25 日，广东省十二届人大常委会第 11 次会议通过的《广东省企业集体合同条例》，首次承认"工资集体协商"的合法地位，并赋予劳动者集体谈判的权利。该条例规定，只要半数以上职工提请即可提出集体协商，集体协商内容包括工资增长等利益分享诉求。这不仅为劳动者（包括外来工）维权提供详尽的操作化指引，还对改善劳动者在劳资关系中所处的弱势地位奠定制度保障的基础。

4. 社会力量对劳工维权的培育

除了政府与资本两方力量外，越来越多的社会力量加入劳工维权的行业中。作为共产党领导的群众组织，近年来，总工会将服务焦点转向外来工群体，根据他们的需求导向，尽力帮助他们解决在维权过程中遭遇的困境。此外，在社会空间获得释放的情况下，民间非政府组织（NGO）在劳工维权中发挥着重要的作用。自 1998 年，全国第一家劳工维权组织"打工族文书处理服务部"成立后，珠江三角洲劳工维权组织如雨后春笋般不断建立，如深圳的"春风劳动争议服务部"、广州的"向阳花女工服务中心"、佛山的"南飞雁社会工作服务中心"、东莞的"蓝衣公益服务中心"。特别是在 2008 年之后，随着权利意识的觉醒以及利益诉求的日益多元化，越来越多的外来工在权益受损时会选择维权解决争议，然而，他们对维权的方式与具体步骤均不甚了解，此时，总工会与民间劳工组织对外来工的指引就显得尤为关键。

一方面，在日常生活中，总工会与民间劳工组织通过举办普法讲座以及对最新法律条文的讲解，增强外来工的法律意识，这种观念的灌输使他们在真正遭遇权益损害时懂得如何诉诸法律途径，而不是利用暴力或极端方式解决问题。在外来工有维权诉求时，总工会与民间劳工组织均为他们提供必要的法律援助，告知他们工伤认定、劳动仲裁和集体协商等维权途径、求助的相关部门以及需要准备的若干文书资料。对个别特殊案例，还会聘请专业律师为他们咨询，并帮助他们向法院提起诉讼，维护自己的合法权益。另一方面，外来工背井离乡地来到城市务工，特别是在权益受损时，经常会感到孤立无援。总工会通过活动形式为遭遇相同的外来工搭建了互动的平台，外来工在与他人进行互动沟通时，更能从情感上产生共鸣，缓解消极的情感体验。不少维权成功的外来工作为志愿者，参与到民间劳工组织的日常运作和活动组织中，以亲身的体验向其他工友传授自己的经验之谈，从情感慰藉和行动策略方面帮助外来工摆脱困境。

综上所述，自 1978 年以来，广东省外来工在劳资关系中的行为与需求呈现出不同的阶段性特征。1978～1994 年，在"以经济建设为中心"的战略导向下，政府过分注重对资本的吸纳，弱化了对劳动关系的干预力度。面对不受规制的资本扩张以及政府管理的"缺位"，外来工基于生存需求，甘愿忍受和服从一切不平等现象。在资本主导、民工弱势和政府缺位的格局中，劳资关系并没有出现显性化的紧张和冲突。1995～2007 年，随着国家对劳工权益的关注，外来工的权利意识开始觉醒，他们的需求逐渐转向安全保障，主要的行为表现是通过各种维权方式争取劳动权利。然而，地方政府与中央政府在劳工权益保障上的分异，以及与资本结成的利益共同体，导致外来工的维权行动遭遇困境。2008～2014 年，外来工的需求转向社会承认和个人价值的实现，主要的行为表现为集体行动的抗争转型。经济形势倒逼资本重视劳工权益，地方政府积极构建制度保障体系，社会力量也加入到外来工维权行动的行列中，这使劳资关系成为多方角力的竞技场。

4.2　广东国有企业职工的身份与观念转型

国有企业劳动关系的转型是伴随着国有企业市场化进程发生的。随着改革的深入，国有企业所有者、经营者、从业者等主体之间的关系经历了从计划经济时代的清晰到市场经济改革初期的模糊、市场经济改革进程中的逐渐清晰过程，职工和企业之间的"铁饭碗"所属关系被打破。但直到 2014 年年底，国有企业的资方与劳方之间的关系并没有完成清晰的制度界定。在此过程中，作为劳动力要素所有者的普通职工（国有企业基层职工和中低层管理者），被逐步推入劳动力市场，市场化所带来的"阵痛"也在改变着国有企业普通职工的身份与观念，但国有企业高层管理人员的身份改革仍然处于改革的探索之中。

国企员工的身份和所属关系是国企改革的难点，谁是雇主？谁是雇员？国企改革经历了四个阶段，分别是：1978～1984 年的扩大企业自主权；1984～1993 年的企业所有权与经营权相分离；1993～2003 年的建立现代企业制度；2003～2013 年的国有企业归属国资委、建立出资人制度的改革。37 年的各种改革都离不开劳动关系中主体之间所属关系界定这一根本性问题的讨论。但这个问题一直没有得到彻底解决，直到 2014 年年底，从国家最高决策文件到地方政府的各种实施文件中，还在围绕着国有企业深化改革中的政企分开这一焦点问题展开，其中涉及的复杂问题即是国企高管由政府任命还是经市场选拔，高管的身份界定成为一个关键问题，影响着其激励与约束制度的设计。

4.2.1 国有企业普通职工身份与地位的转型

涉及国企职工切身利益的是普通职工在国有企业的身份和地位的转型。在国有企业劳动关系转型之前的 1978 年，我国实行的是计划经济体制，表现在国有企业劳动关系上，则是"统包统配"的劳动工资制度，职工终身依附于企业，是一种无条件的"终身制"，形成了"铁饭碗"和"大锅饭"制度，职工一旦进入企业，干多干少一个样，不能被企业辞退。这种制度的形成是有历史原因的，新中国成立之际向人民群众作出过许诺，在国有企业中实行包就业、包福利、包终身的劳动制度（冯同庆，2012b），被李琪（2003）称为"放大的一体化模式"。在国企改革的四个阶段中，前三个阶段即完成了普通职工劳动关系转型中的身份界定。

1. 扩大经营自主权以增加职工的收入

第一阶段的国企改革为 1978～1984 年，以扩大企业经营自主权为目标。当时在理论界，马克思主义理论占主导地位，改革的一个焦点问题是商品经济是否符合马克思主义理论。根据《马克思恩格斯选集》（第 1 卷）中有关"雇佣劳动与资本"的理论，雇佣劳动是特指在资本主义制度下无产者把劳动力作为商品出卖给资本家并提供剩余价值的劳动，也称工资劳动，它的前提条件是劳动力必须成为商品，可以自由买卖以及货币必须变成资本（马克思，1995a）。在此基础上，雇佣关系被限定为雇主与雇员在雇佣劳动中所结成的经济关系，以及由此而决定的政治关系。当时所有政府文件、教科书、新闻媒体报道中，没有"雇员""雇主"这样的词汇，甚至在上海辞书出版社出版的辞海中，也没有"雇主"这个词的存在，因为在当时的政治环境中，这种带有"剥削"性质的劳动关系不能存在，雇主当然也不存在。在公有制经济中，在国有企业和集体企业中工作的职工都是国家的"主人"，意味着他们是国有企业的"主人"，言下之意是所有的劳动者都是生产资料的占有者，他们通过劳动创造价值，并享有分享劳动成果的权利，国有企业的职工既是"资方"又是"劳方"。"国有企业"也不是真正意义上的追逐利润的"经济体"，而仅仅是一个生产场所的"单位"，所有人的地位和身份本质上是一致的。可以说，在计划经济体制下，中国人"当家做主"，法律上不存在所谓的"雇主""雇员"，所有人在公有制经济中，地位是平等的，在劳动场所的岗位不同仅仅是"分工不同"而已。

因此，劳动者在计划经济制度下的国有企业工作，可以一辈子不需要考虑失业问题，还可以享受各种各样的福利待遇，如住房、医疗、养老以及子女的教育等。许多情况下，父母退休以后可以由个别子女顶替自己的岗位，职工业余的生活也大多围绕着企业进行。"国有企业"作为单位，就像一个大家长，从衣食住行各个方面与员工联系在一起，从职业生涯的开始到结束，其优势在于劳动者对国有企业有着强烈的归属感和认同感，弊端则是劳动者个人的工作绩效低下，企业没有竞争力。随着非公企业被允许发展，国有企业没有能力与非公企业进行竞争、并成为国家的负担，国有企业不但没有利润和效益，还需要国家花费大量资金维持其运转，因此，1978 年之后对国企改革逐渐成为学术界、企业界、政府关注的焦点问题。

改革的难点之一在于区分谁是所有者、谁是劳动者。对于这个敏感问题，学术界没有直接讨论，而是先讨论剩余价值与剥削。当时广东最有影响力的学术杂志《学术研究》展开了多年针对"剩余价值"的再讨论（卓炯，1980；时培真，1981；曾明，1981；郭占恒，1981；刘承思，1982），其结论是有必要区分剩余劳动与必要劳动；在社会主义的企业中既有剩余劳动，也有剩余价值；只要有商品生产，就有剩余价值；社会主义存在商品生产，当然也就存在剩余价值；剩余劳动与剩余价值不能片面地理解为剥削。

企业界也没有进行谁是雇主、谁是雇员的身份界定改革，而是在学术界讨论之中，开展工业企业扩大经营自主权的试点工作，改革薪酬分配制度，让职工先体会实际的经济利益，从而转变职工的观念。根据《改革开放时期广东经济学会文萃（一）》一书，穆容等学者于 1980 年春夏之交对"广东省工业企业扩大自主权问题"进行了调查。调查发现，扩大企业经营自主权之后，把职工的利益与企业的经营成果结合起来，职工的积极性调动起来了，职工迟到、早退、旷工、打架闹事的现象减少了，出现了关心生产、注意节约、团结协作、以厂为家的风气。例如，佛山红棉丝织厂工人常常提前上班，做好开工之前的准备工作；开饭时轮流去吃饭，人停机不停；机修工主动到车间巡查等。企业的管理也有了转变，例如，广州电筒工业公司研究了国内外电筒生产的水平和消费状况，制定了五年规划，1979 年奖励基金人均 162 元，相当于职工三个月的平均标准工资。

2. 职工与企业签订劳动合同以改变身份

第二阶段的国企改革自 20 世纪 80 年代中后期开始（主要为 1984～1993 年），国有企业改革迈入"两权分离"阶段，改革的深度已经开始涉及企业的产权关系、经营权关系和劳权关系，尤其对后两者更为明显，国有企业职工的身份也在这一阶段开始改革。即在多年改革试点之后，让职工体会到企业经营权扩大改革的好处，然后才开始真正实施经营权与所有权的分离改革，这是改革的第二步。

从 1986 年开始，广东省国有企业新招聘员工都采用合同制。1994 年 9 月，广东省政府发布了《关于企业全面实行劳动合同制的通知》，规定"凡在我省境内的各类企业、个体经济组织与其现有职工（含干部、固定工、合同工、临时工等，以下统称企业职工）和新增职工，均应在平等自愿、协商一致的基础上，以书面形式签订劳动合同，明确劳动关系。""企业享有用人自主权，可根据生产经营需要招收和按照合同规定的条件解聘或者辞退员工。""改革企业工资制度。企业按照效率优先兼顾公平的原则，探索建立体现按劳分配原则的内部自主分配方式。"合同制的推广将过去存在的终身固定劳动关系明确为契约化的合同用工关系，打破了干部、固定工、合同工、临时工的身份界限，为解决国有企业员工不能解聘、工资分配固定化等问题提供了依据。

一方面，在一部分实行经济责任制的企业里，国有企业的经理或者厂长成了企业的法人代表，对企业的盈亏有相当大的责任，从而也扩大了其奖金提留额度和自主分配权。此时，在国有企业尚没有解决人员退出机制的情况下，企业在内部实行人员调配和优化组合，以达到精简搞活固定工制度的目的。另一方面，1986年，为了贯彻实施国务院发布的《国营企业实行劳动合同制暂行规定》，广东省政府发布了《广东省国营企业实行劳动合同制实施细则》，规定"企业从社会上招用工人，统一实行劳动合同制"，正式将合同制工人引入企业，在一定程度上冲击了"固定工"制度。但无论是"优化组合"还是合同工制度，其实都未能从根本上撼动"固定工"制度，因为当时并没有形成开放的劳动力市场，国家也不准在改革过程中裁员，企业冗员的问题依然存在。

但是，随着企业经营权的逐步分离，企业的经营者被赋予了更大的权利，计划经济体制中劳动者和经营者相对平衡的状态逐渐被打破，劳动者开始处于相对弱势的地位。可以说，劳动者在此时出现了诸多的不适应现象，在劳动关系中处于依附于企业的状态。这一阶段劳动者的思想困惑开始集中在"主人翁的失落感"上，这一现象的出现，是传统计划经济下的思想观念同劳动关系现实矛盾相互撞击的必然结果，本质上是劳动者尚未对自身身份实现角色认同，也并未对改革的趋势作出正确的判断（龚基云，2004）。

3. 建立现代企业制度以设立职工退出机制

第三阶段的改革自 1993 年开始，2003 年基本完成，其改革中心围绕着现代企业制度的建立。20 世纪 80 至 90 年代初期的第二阶段改革并未从根本上提升国有企业的效率，国有企业依然面临着严重的亏损。1988 年，国有企业的亏损面是10.9%，1989 年上升至 16%，1990 年为 27.6%，1993 年超过了 30%，1999 年达到 40%。与此同时，国有企业在工业中的比例大幅度下降，由 1990 年的 77.6%下降到 1990 年的 54.6%，到 1995 年更是只有 34%（科斯，2013）。随着对外开放的深入，国有企业以当时的状况是无法与外资企业相互竞争的，更不能够适应日益发展的外向型经济。

　　可以说第一阶段（1978～1984 年）的国企改革是让职工尝到薪酬和奖金分配改革的甜头，第二阶段（1984～1993 年）则对职工与企业所属关系从依附关系到契约关系的身份改革（遗留问题是没有职工的退出机制）。面对国企的低效率、非公有制的竞争压力，国有企业开启了第三阶段（1993～2003 年）的改革，真正涉及职工的退出机制改革。1992 年邓小平南方谈话以后，国有企业的改革开始由政策调整转向制度创新。1993 年 11 月，党的十四届三中全会《关于建立社会主义市场经济体制若干问题的决定》，明确规定了国有企业的改革方向是建立适应社会主义市场经济要求的现代企业制度。国有企业劳动关系的调整也进入了"破三铁"的攻坚阶段，国有企业职工在此过程中深刻经历了下岗、重新认知自己与企业关系的艰难过程。

　　值得一提的是，第三阶段的环境因素。20 世纪 90 年代中后期，由于外向型经济的深入，中国面临加入 WTO 的压力。而当时我国国有企业的现状并未达到加入 WTO 的条件，更不能去应对加入 WTO 后所面对的来自全球市场的竞争压力。因此，劳动关系契约化以后，国家采取了多种手段帮助国有企业减轻负担，通过"过渡性分流"和"主辅分离"，开展多种经营、内部下岗待业、进入托管中心实施再就业、再转向失业登记等过渡性措施，在 20 世纪 90 年代末期，将国有企业职工的劳动关系完全市场化。

　　市场化的过程对国有企业职工观念和行为的影响是深刻的。一方面是正面效应，根据刘元文和高红霞（2002）对广钢股份有限公司、广州市柴油机厂、广州广重企业集团公司的调查，现代企业制度建设促进了三家企业健全各种规章制度，尤其是明确规定了劳动考核的办法和违反劳动纪律处罚形式及程序。由于潜在的淘汰机制在起作用，工人的责任心比转制前似乎更强了，劳动纪律也有好转。三家企业都实行了全员劳动合同制，企业与劳动者建立起规范的劳动关系，不仅在劳动标准、劳动规范方面有章可依，而且在工资收入方面高于全国城镇居民平均收入水平，也比转制之前提高，大部分职工对自己的收入感到满意。

　　其负面的效应也同时出现。由于长期"铁饭碗"制度下形成的思想观念在职工的大脑里根深蒂固，国有企业劳动关系的市场化，伴随着大量的国有企业职工下岗。这些都是下岗职工始料不及的，由此产生诸如不安全感、压力、焦虑、悲观、情绪低落等。这些心理情绪往往也成为国有企业下岗职工再就业观念形成过程中的掣肘。

　　体制变革之初，长期计划经济体制的影响是不可能轻易被消除的，许多下岗职工所秉持的是依赖思想和观望情绪，一些人甚至抱着与企业"共存亡"的观念。宁愿拿很少的生活补助，也不愿意自谋职业或者接受再就业服务中心安排的相对比较艰苦的工作，仍然幻想企业复苏以后，被再招进厂或者组织安排其他"理想"的工作。再者，一些国有企业下岗职工存在轻视非公有制企业或者其他脏、苦、累岗位的现象，不切实际地挑剔，最终难以找到工作。1997 年，广州全市下岗、失业职工总数达 10.2 万人，同一时期在广州市区就业的外来工竟达 68 万人。另据统计，1998 年年末，在广东省全省职业中介机构登记求职的有 64 万人，而用人单位登记职位空缺的有 27 万个，因各自要求不同难以撮合（黄仕琴，1999）。

但是，随着经济的发展，社会的进步和国家社会保障制度的逐渐完善，以及国家对再就业的宣传以及自主创业的扶持，下岗职工的观念也在逐渐发生改变。他们中一部分人变被动依靠为主动出击，充分发掘自身的潜力，在国家政策允许的范围内，利用国家给予的优惠政策选择好自己的职业，逐渐破除了陈旧的观念和对非国有企业的偏见。不难看出，国有企业改制所产生的大量下岗职工安置问题可以说是我国在 20 世纪 90 年代末的一次"惊险跳跃"，国有企业职工观念和行为的转型不是一朝一夕就可以完成的。在劳动关系的市场化过程中，国有企业职工与外来工一样，承受了社会转型、经济变革、企业改制带来的沉重压力。

虽然国企改革取得了很大成绩，但由此带来的、针对普通国企职工的历史遗留问题和理论问题仍然没有得到彻底解答，而且出现了新的问题。从历史遗留问题分析，存在当初下岗职工的补偿不足问题，没有充分考虑老工人对企业和国家作出的历史贡献，由此带来的下岗职工社会保障不足问题依然存在（冯同庆，2012b）。从理论角度分析，劳动者就业权由计划经济体制下的"完全劳动权"转型为市场经济体制下的"限制劳动权"，一些缺乏就业竞争力的中年以上国企职工处于两种权利的"真空"地带，他们的下岗补偿仅仅是补充就业的"原权"，而没有承认这些人有权持续分享以往所创造的已经交给国家和社会的剩余价值后续所创造的财富，因此理论上存在"劳权"转型过程中的权利追索补偿机制和措施（郭庆松，2007）。历史问题没有完全解决，国企又出现了新的劳动关系问题，即涉及编制外用工所产生的新工人与编制内原来职工的地位和待遇不平等问题。无论是历史遗留问题、还是新的用工问题，以及理论问题等，都将出现在深化国企改革进程中，会持续影响国企改革的顺利进行。

4.2.2 国有企业高层管理人员的身份和地位的转型

国有企业普通员工（含基层职工和中基层管理人员）与企业所属劳动关系经过三个阶段的改革，基本上改掉了"异化的、员工是企业的主人翁"思想和制度（宋彬和宋华，2006）。1995 年实行的劳动法，在国有企业实施了全员劳动合同制度。但国有企业的劳动关系仍然有一个最大的难点并没有完成改革，即政府官员担任国企高层管理人员的劳动关系界定，这些高管的身份是公务员，有一定的行政级别，但其工作责任是实现企业的盈利目标（与公务员身份不一致），工作场所也是企业而非政府部门，由组织部任命的这些国企高管仍然占国企经营管理的主导地位。在国企改革的第四阶段，即 2003～2013 年的国企改革中，重点是解决国有企业的盈利能力，但由于"无组织专制"（李琪，2003），增强国企竞争力和盈利能力的目标并没有实现，国有资本运行效率需进一步提高，一些企业市场主体地位尚未真正确立，现代企业制度还不健全，造成这些问题的一个重要原因是高层经理的劳动关系问题没有解决，即经理人员的选拔、考核制度设计依然存在很大的缺陷，导致内部人控制、利益输送、国有资产流失现象突出，一些企业管理混乱，没有真正激励和约束国企高管完成国有资产的保值和增值目标，反而造成严重的腐败结果。

在全球化进程中，要实现中国经济社会转型的"中国梦"目标，做强、做优、做大国有企业，需要深化国企改革。而改革的障碍涉及两个与劳动关系密切相关的问题：第一，国企的雇主是谁？政府与国企之间的关系如何界定以及如何执行这种界定？第二，国企内部，高层经理与普通职工之间的劳动关系是什么？实际上，在国企改革的 37 年，虽然有企业法人制度，但从劳动关系角度仍然没有明确国企雇佣主体与受雇佣主体的关系，即普通职工与经营者之间的身份界定尚不明确（郭庆松，2007），一方面还在宣传"主人翁精神"，另一方面却在强调和实施"契约精神"。

要回答政府与国企高管之间的关系，需要先解决"国企的雇主是谁"的问题，而我国理论界对"谁是国有企业劳动关系中的雇主"问题一直存在争论，陈永忠和陈微波（2011）认为政府是"隐性雇主"角色，因为政府是获得"拥有生产资料所有权的全体劳动者"的授权，成为国有资本的代表。西方的学者认为政府是公共部门的雇主（Bean，1994），言下之意，政府不是营利性质企业的雇主。同样，常凯（2009）界定政府在劳动关系中的角色时，没有提及其雇主的角色界定，认为政府扮演四种角色，分别是"规制者、监督者、损害控制者、调解与仲裁者"。

在西方的工业化进程中，各种所有制企业都曾经或者目前仍存在，他们对雇主的界定有更多的、宽泛的表述。例如，根据李琪（2008）的研究，加拿大安大略省的《就业标准法》中，雇主包括：所有者、业主、经理、行政管理人员、监工、委托管理人，或者委托人对在任何活动、商业、工作、贸易、职业、专业、项目或者事项中就业的人具有控制或者指挥的权利，或者对他们负有直接或者间接责任者。加拿大的《劳动法》则将雇主定义为"任何雇佣一个或者一个以上雇员的人，以及加拿大产业关系委员会认为的可以通过集体谈判规范某人所提供服务的非独立承包商"。而英国的《就业权利法》对雇主的定义非常简单，"雇主是雇用雇员或者工人的人"。美国的《公平劳动标准法》对雇主的界定与英国一样简单，即"雇主是指在雇员的关系中，直接或者间接代表雇主的利益从事活动的人，也包括一个公共机构，但是不包括任何劳工组织或者任何以办公室或代理机构的名义活动的劳工组织"，但在《国家劳工关系法》中，对雇主的界定使用了排除法，将全资政府公司、联邦储备银行排除在雇主身份之外（李琪，2008）。

　　从以上的界定可以看出，在不同体制的国家中，政府在劳动关系中的角色不尽相同，如果按照美国的排除界定，全资的政府公司不具有雇主的身份，也就不适用企业的劳动关系规制了。但研究认为，要界定清楚雇主的定义，可以从字典和宪法中找到依据。按照韦氏新国际大字典的界定，雇主指的是："以工资或薪金雇用人员的企业主（商业经营人或制造业厂商）；雇用人员的企业；为这类企业招雇人员的代理人"（Webster's Third New International Dictionary，1976：743），国资委作为国有资产管理者的角色，其对国有企业的管理实际上是履行雇主的代理人角色。在中国，根据宪法第六条的规定，"中华人民共和国的社会主义经济制度的基础是生产资料的社会主义公有制，即全民所有制和劳动群众集体所有制。社会主义公有制消灭人剥削人的制度，实行各尽所能、按劳分配的原则。"第七条"国有经济，即社会主义全民所有制经济，是国民经济中的主导力量。国家保障国有经济的巩固和发展。"而国资委成立的理由，从党的十大报告中可以反映出，即"改革国有资产管理体制，是深化经济体制改革的重大任务"，"国家要制定法律法规，建立中央政府和地方政府分别代表国家履行出资人职责，享有所有者权益，权利、义务和责任相统一，管资产和管人、管事相结合的国有资产管理体制"，"中央政府和省、市（地）两级地方政府设立国有资产管理机构，继续探索有效的国有资产经营体制和方式"（江泽民，2002）。

　　毫无疑问，国有企业是中国全体公民拥有，政府得到公民的授权，成立具体的政府机构"国有资产监督管理委员会"，履行对国有企业所有权保值、增值的职责，委托企业的高层管理人员执行经营权。虽然从委托-代理的角度分析，国资委本质上也是国有资产的代理人，但其委托人——中华人民共和国全体公民却是虚拟的，从这个角度界定，国资委并不是"隐性雇主"，而是国有企业的实际雇主，这个雇主具有存在感。因此，国资委作为出资人，除了监督国企经营之外，更以国有资产所有者代表的身份对高管人员劳动关系施加影响。

　　但现实的问题是高管人员的选拔与考核机制没有体现出市场经济特征的雇佣关系。在市场经济制度下，企业相互竞争所遵循的机制是价格机制，市场中那只"看不见的手"影响着企业的生存与发展，需要国有企业有竞争力，其高管的选拔和淘汰就要有竞争机制。但高管的选拔和退出依然有很多争议和未解决的问题，他们的身份带有公务员的性质，而且从政府机构到国有企业有直接的路径、也有退回的路径，虽然他们的选拔过程由国资委负责，但任命却是组织部门。即使企业的经营目标没有达成，还可以重新回到政府机关。这种现象存在的原因在于改革不彻底。事实上，在计划经济时代，国有企业管理人员与普通职工的身份就有区别，时至 2014 年，改革仍未彻底完成，与历史原因相关。当时，企业的用工性质有两类：干部与工人。干部由政府的人事和组织部门负责管理，享有更多的利益，而工人由政府的劳动部门负责管理，享受的各种利益相对干部较少。在经济转型过程中，"工人"的管理完成了市场化运作机制的改革，包括社会保险和医疗保险已经基本市场化，但"干部"的管理还带有计划经济时代的色彩，"干部"这一利益集团的劳动关系市场化改革有较大的阻碍，涉及行政级别、社会保险和医疗保险的市场化改革难点。

随着国有企业改革的深入，在广东学术界有关国有企业经理人行为与治理以及选拔与国企绩效之间关系的讨论非常丰富（王珺，1998），但国内实践还没有成熟的经验，反而是新加坡成立于 1974 年的国有企业管理成功模式"淡马锡"进入了中国政府和学者的眼中。淡马锡控股是新加坡政府成立的投资公司，政府直接以控股方式管理 23 家国有企业，新加坡政府的财政部拥有 100% 的股权，它所持有的企业股票市值占到新加坡股市的 47%，营业收入占到国民生产总值的 13%，公司成立 40 年来，年均净资产收益率超过 18%，预计其管理模式是中国国有企业未来改革的一个很好参考。在淡马锡控股公司中，真正做到了政企分离，公司制运营；董事会是最高决策与监督机构，政府并不直接干预淡马锡及其下属公司的具体经营管理活动，而是通过董事会对企业经营实施间接影响；淡马锡控股公司的经理人选择，与政府完全脱钩，所需要的投资与管理团队，可以在国际范围内招募。淡马锡的经营方式，其本质是政府控股，而企业则是完完全全走向市场，也就是说政企分开，高层经理的选拔和退出完全按照市场规律，符合中国国企改革的思路。如果中国的国企真正要模仿淡马锡的模式，还需要在后续的改革中，对高层经理的任命作出改革，解决组织部门对党员干部在国企任职的管理问题。

4.2.3　国有企业薪酬分配制度改革

1. 国有企业薪酬分配改革历史

在国有企业改革过程中，除了企业内部的现代企业制度需要完善之外，还涉及政府与国有企业的管理制度改革，即国有资产管理体制的改革，这必然会涉及政府到企业任职的干部人事制度改革和薪酬改革，建立薪酬激励和约束机制。20世纪 80 年代，国有企业仍由各行业主管部门管理，它们任免直接管理的国有企业领导人、分配国家预算内投资、审批投资项目、下达部分产品生产计划等。也就是说，行业主管部门仍然拥有计划体制下的绝对大部分管理国有企业的权力。企业真正能够拥有的权力就是部分产品或某些产品部分的生产经营自主权。1988年，国务院曾组建国家国有资产管理局，目的是行使对国有企业的资产所有权、监督管理权、投资收益权、资产处置权等职能，但受相关因素制约，它未能履行自己的职能，而更多的是做了一些资产登记管理等工作，于是在 1998 年国务院机构改革时被撤销。

20 世纪 90 年代初期，国企高级管理人员（也称国企领导人员）的工资仍按政府制定的行政官员级别和技术级别进行管理，另外每月有一定数额的奖金。在1988年、1989年、1992年均进行了调资，计入每人的档案工资中，这也是目前计算基本养老金的依据。

1992年改革开放后，开始引入经济责任制。1993年执行劳动部、财政部、国家计委联合下发的《国有企业工资总额同经济效益挂钩规定》（劳部发[1993]161号），国企工资总额与工效挂钩（工资总额同经济效益挂钩）（简称工效挂钩），企业实行工效挂钩办法，必须坚持工资总额增长幅度低于本企业经济效益（依据实现利税计算）增长幅度、职工实际平均工资增长幅度低于本企业劳动生产率（依据净产值计算）增长幅度的原则（俗称"两低于原则"）。提取效益工资的考核指标一般包括：企业承包合同完成情况、国有资产保值增值状况以及质量、消耗、安全等。要把国有资产保值增值作为否定指标，达不到考核要求的不能提取新增效益工资。其他考核指标达不到要求的，要扣减一定比例的新增效益工资。大部分国企开始引入岗位薪点制的工资体系，按照员工级别确定薪点，每一薪点的薪值随企业的经济效益波动。一般主要领导的薪点在1000点，中层干部的薪点在500点左右，一般员工的薪点在200点左右。每一薪点值在2元上下，效益差的国企薪点仅0.5元。

在探索创新国有企业制度的同时，还实施了一项重要的改革举措，即组建和发展企业集团。这就是以某个大型企业为核心，将一些国有企业划归它进行管理，从而形成了由企业来管理企业的层级制法人企业联合体。1987年，国家开始组建企业集团试点，据此发布了《关于大型工业联营企业在国家计划中实行单列的暂行规定》和《关于组建和发展企业集团的几点意见》。此后，国家积极鼓励企业集团的发展，并随之出台了一些相应的政策文件。因此，企业集团迅速发展，1996年，1993家国有企业集团的总资产就占到全部国有企业总资产的1/4。企业集团成为国有企业改革中出现的一种重要企业组织形式，也是国家管理国有企业的重要方式。1998年，适应建立社会主义市场经济体制的要求，国务院机构进行了重大改革，撤销了管理国有企业的各行业主管部门，对每个行业的国有企业捆绑打包，组建了一家或几家企业集团。至此，企业集团成为国有企业的主要组织形式。对企业集团的管理则由相应的党政有关部门各司其职，如党的企业工委负责企业领导人任免，劳动人事部门负责工资和劳动管理，财政部门负责企业财务管理，计划部门负责投资审批，企业监事会负责监督管理，经贸委负责国有企业改革。因此，成立了中央级、省级、市级等各级国有企业集团公司，如中国港湾工程公司是央企，天津航道局、上海航道局、广州航道局从交通部分离出来，归入中国港湾工程公司管理，其领导人员的工资也由上级单位中国港湾工程公司确定（但仍参照原来的公务员工资级别），这时开始引入真正意义上的经济效益挂钩机制，用"双挂"控制广州航道局的工资总额。

　　这时，指令性计划被取消，国有企业完全进入市场，但国有企业却存在着严重的问题。一是竞争能力不强且负担沉重。在双轨制下，很多国有企业将更多的精力放在如何争取来自行业主管部门的投资项目、国家的政策支持上，而不是关注如何提高自身的市场竞争能力。而很多投资项目的资金则主要来自于银行贷款，所以企业背上了沉重的债务负担。有相当数量的国有企业，其负担的银行利息已远超过企业利润。同时，很多企业还拥有大量的富余人员。二是公务员制的企业领导人身份。当时的国有企业领导人仿效公务员进行管理，甚至他们就是公务员身份，享受着相应级别的公务员待遇。把企业经营好了，不会给自己带来更多的利益；把企业经营坏了，因本身的级别待遇，利益不会受到根本损害，甚至不排除到其他岗位任职。这样的企业领导人是很难经营管理好企业的。三是多部门管理的责任缺失。多部门管理下的各司其职，导致对国有企业管理缺乏明确的责任人。结果便是，有些事情，各部门争着管，而有些事情则无人管。

　　由于存在着这些问题，已市场化的国有企业表现出难以适应市场竞争的状况，有相当数量的企业陷入困境。对此，1999 年 9 月，十五届四中全会专门研究国有企业改革发展问题，通过了《关于国有企业改革和发展若干重大问题的决定》，提出用三年左右的时间，使大多数国有大中型亏损企业摆脱困境，力争到 20 世纪末大多数国有大中型企业初步建立现代企业制度。

　　以此为目标，实施了相应的改革措施。一是实施债转股。剥离四大国有商业银行的不良资产给新成立的信达、长城、东方、华融四家资产管理公司，由其负责管理和处置。同时，对这些部分不良资产所在的 580 户企业实施债权转股权，总额为 4050 亿元。二是实施下岗分流，让一些失去竞争能力的企业退出市场。1999 年，在纺织、煤炭、有色、冶金、军工等行业批准兼并破产项目 1718 个，核销银行呆坏账准备金 1261 亿元。为消除冗员，实施员工下岗分流，1998～2002 年，2100 万员工下岗。三是加快企业技术进步，推动结构优化。国家有计划地分批安排 880 个技术改造项目，总投资 2400 亿元，其中银行贷款 1459 亿元，国家给予贴息 195 亿元。四是加强企业内部管理。推广邯钢经验，以成本、资金和质量管理为重点，努力降低采购、销售、管理等费用，提高效益。五是加强企业领导班子建设。加大对企业领导班子培训、考核、调整的力度，使一批优秀的管理人才走向领导岗位。强化经营激励约束，试行年薪制，部分企业还搞了股权激励。这时，国有企业员工工资开始进行内部大调整，领导人员开始实施年薪制，年收入为 10 万～20 万元，与普通员工的收入差距达到 5 倍左右。

　　2003 年 4 月，国务院国资委成立，对中央企业履行出资人职责。此前，中央各有关部门负责管理国有企业的权力全部划归国资委，这改变了国有企业多部门管理时责任不清的问题。同时，20 多年国有企业改革的艰辛探索，对创新国有企业在市场经济中竞争发展的体制与机制提供了有益的借鉴，因此，国有企业新的体制机制应运而生。这时，开始实行经营业绩考核与年薪制。2003 年以前，国有企业领导人是有任期但没有考核的，薪酬比照同级别公务员。2003 年以来，对国有企业领导人实行经营业绩考核并实行年薪制。考核结果作为企业领导人是否留任或晋升的依据，并同时决定他们的薪酬。在这样的制度安排下，任何一个理性的国有企业领导人都会在主观上尽全力来把企业做好。同时，国有企业领导人基本上有较高的素质和管理好企业的能力，因此，搞好国有企业就有了基本保证。这一年开始，国企领导人员薪酬大幅上涨，与普通员工的收入差距逐步拉大，至 2008 年时，领导人员收入是企业在岗员工平均收入的 10 倍以上。例如，至 2013 年，中国交建二级子公司领导人员年薪达到 150 万元，而在岗员工平均年收入约为 10 万元。

2. 国有企业薪酬分配改革存在的争议

国有企业的高管得到国资委的委托，履行企业经营权力，意味着高管在国企内部是雇主身份，与普通员工构成雇佣关系。虽然 2013 年在广州市地铁公司调研时，企业高管和普通员工均表示他们是雇员，即国有企业的高管与普通职工都是受雇佣的对象，但雇佣关系的层次不同，高管的雇主是广州市国资委、普通职工的雇主是广州地铁公司的最高管理层。但在多数国有企业，企业高管与普通职工之间的雇佣关系和谐程度还有不尽如人意的地方。从刘元文和高红霞（2002）对位于广州的广钢股份有限公司、广州市柴油机厂、广州广重企业集团公司的调查数据显示，"一些职工把自己的收入与经理及管理人员的收入进行对比时，感到收入不合理"。这种现象在国有企业普遍存在。

高管人员与普通职工的劳动关系差异最终反映在薪酬报酬的差异上。从劳动法的角度看，虽然所有的职工与企业法人签订劳动合同，包括高层管理人员也与企业法人签订劳动关系，但从薪酬分配制度设计上可以看出差异。普通职工无法分享企业的经营利润，但高管团队整体上可以分享企业的经营成果，高管们每月领取的是其必要劳动成果，到了年底，根据经营绩效，还可以分享其剩余劳动成果。

这里存在一个争议，社会主义国有企业的剩余价值如何分配？学术界一直在讨论这个问题，认为"目前国有企业劳动关系的不均衡状态源于劳动者权益没有完全实现"（信卫平，2002）。劳动者权益（主要指报酬权）的实现，是劳动者作为劳动力要素所有者应得的劳动报酬。随着国有企业现代企业制度的建立，在企业中逐渐形成了投资者、经营者和劳动者等不同的利益主体，投资者和经营者可以分享企业声誉价值的转化结果——利润。在中国现有的法律、国资委对经营者的激励制度设计中都有规定。例如，《公司法》中规定"谁投资、谁所有、谁受益"，在国资委下达的国有企业经营者激励制度中，规定经营者享有年薪制，达成下达的经营目标或者超过经营目标,国企高管可以分享的薪酬以市场水平衡量。但是,国企的情况较为特殊,在国企战略性重组过程中,小企业基本上转制为私营企业,留下的往往是垄断性质的大企业,加上国有企业享有的政策性资源,完成经营目标比较轻松。在这种情况下,高管的"劳权"实现似乎与市场竞争没有太大的关联,加上"内部人控制"的国企治理现状,高管可以享有的各种经济性、非经济性报酬远远高于市场报酬水平,引发了同属于国企职工的高层与普通职工报酬的不公平感,进而影响到国企劳动关系的和谐程度。

为了解决这个矛盾,党的十八大后,深化国企改革措施之一就是实行与社会主义市场经济相适应的企业薪酬分配制度。国务院下发了《关于深化收入分配制度改革的若干意见》(国发〔2013〕6 号文),各央企纷纷制定自己企业的职工收入分配管理指导意见,对各子公司工资总额管理的考核指标规定为:营业收入、利润、EVA 等符合现代企业经济效益的指标。取代了以往的"工效挂钩"工资总额管理方式。同时,2015 年 1 月 1 日执行《中央管理企业主要负责人薪酬制度改革方案》,明确规定央企负责人的薪酬范围、结构等。这个改革过程正在进行,后续的效果需要继续关注。

总之,国有企业劳动关系转型过程经历了 37 年,取得了很大的成就,突出的一个成绩是实现了劳动关系契约制度。但转型没有结束,若要深化国企改革,需要解决两个问题:政府与国企的关系,以及国有企业普通员工的劳动者权益保护问题。

4.3　广东低收入行业小企业员工特征与劳动关系制度保障

鉴于广东的外向型经济特征,制造业是创汇的主力,而制造业中的中小企业基本上是劳动密集型企业,工人的收入较低,工作环境较差。另一个提供了大量低技能劳动者就业岗位的行业是建筑施工企业,由于中国的建筑施工行业的分包体制,导致处于最末端的建筑工人面临最大的风险,工程款拖延支付的风险往往由工人承担,突出表现就是欠薪。私营企业得到发展的第三个行业是传统服务业,虽然广东大力发展服务业,但传统服务业中的中小私营企业仍然属于低收入行业,其大部分从业者都是非技术熟练的员工,因此本节针对低收入行业分析广东中小企业总体的劳动关系现状。

在寇肯等(2008)看来,产业关系制度的探讨离不开一个制度框架,包括管理层、劳工和政府组织的活动可分为三级:最高层级为战略决策制定层级;中间级或职能级为集体谈判或人事政策制定;基层或工作场所级为政策实施并影响工人个体、监督者和工会代表的日常工作。但在低收入行业的中小企业中,劳动关系的制度框架发生了改变。低收入中小企业基本上没有工会(即使有工会,其作用有限），更没有精细的人力资源管理政策。事实上，三级制度应用于低收入行业的中小企业时，应该是这样的：最高层级为政府的宏观经济政策倾向于就业岗位的提供；中间级为健全劳动法律和加强监督；基层或工作场所级为设立体面劳动的劳动基准等。

由于小企业的从业者主要是外来务工人员和当地处于社会底层的市民，政府一方面要制定相关的规章制度规范小企业的经营，另一方面要针对低收入行业小企业就业群体的特点制定相关的规章制度以保障员工的合法权益。成熟市场经济国家政府的做法是从基层或者工作场所入手，设立体面劳动的劳动基准。事实上，为低收入行业小企业的从业者规范体面劳动的劳动基准是改善我国小企业劳资关系的重点和难点，因为在转型期，政府面对的是大量低技能、从农村转移出来的劳动者。一方面，广东省作为改革开放的前沿地区，小企业的发展欣欣向荣，为技术低端的劳动力提供了较多的就业机会；另一方面，从 1980 年开始，广东流动人口数量（包括跨省流入人口的数量）一直居全国首位。截至 2006 年，广东农民工约 1640 万人，其中，2003 年和 2004 年广东农村劳动力转移增幅分别达 25.7% 和 41.2%，同期外省劳动力入粤增幅分别为 15.3% 和 12.0%。因此，在低收入行业小企业劳动关系规制上，广东省在国家宏观政策的基础上出台了各种规章制度，包括最低工资制度加强和规范外来工和当地技能低端就业者用工管理。

从法理上分析，政府所制定的各种规章制度，无论企业规模大小，都必须执行。但事实上，在我国国情下，小企业为了求得市场竞争的生存机会，往往会钻政策的空子。小企业中的员工基本上是外来务工人员，或者是当地城镇居民中处于社会底层的市民，其人力资本储量较低，非技术型员工的期望值较低(Tsai et al.，2007)，其薪酬水平也低；小企业的产品附加值较低，雇主为了降低成本，聘用大量非技术型员工，因此，工资低、劳动强度大、工作的机械性和重复性是小企业劳动者工作的主要特点。按照《劳动法》《劳动合同法》和最低工资规定，法定的日工作时间为 8 小时，各种加班导致的薪酬等都有特殊规定，而低收入小企业雇主通过计件、保底工资等薪酬支付方案变相提高员工的劳动量，提高其劳动标准。因此，在基层的工作场所，雇主通过加大员工的劳动标准，提高其工作量，即支付较低的工资获得更高的利润。显然，政府制定的规章制度必须付诸实施，才有可能达到劳动保障的效果。一方面，政府出台规章制度保护劳动者合法权益，尤其是保护小微企业员工的合法权益；另一方面，小企业在实施这些规章制度的过程中，由于产品附加值低，在经济利益的驱使下，小企业主会降低劳动力成本，甚至会侵犯其员工的合法权益。

4.3.1 低收入行业雇员不签劳动契约的制度分析

在中国经济转轨、工业化进程中，低收入行业企业员工的权益保障问题逐渐引起了社会广泛的关注，时至今日已经成为一个社会热点问题。他们的某些正当权益受到雇主的侵害，主要表现在：所付出的劳动得不到正常的报酬保证、工作环境存在各种安全隐患、由于休息休假权利被侵害而过劳、社会保险没有全面和足额保障等（刘辉和周慧文，2007）。当涉及法律诉讼时往往会发现，员工权益之所以受到各种侵害，最基本的原因之一在于其劳动合同的缺失。据程保平（2006）对我国外来工较为集中的沿海地区所做的建筑施工企业抽样调查结果显示，其中有 42.44%的外来工没有与单位签订合同，而在已经签订合同的员工中，只有18.65%签订了无固定期限合同。正因为劳动合同的缺失，使得低收入行业就业的员工与雇主的劳动关系处于一种法律层面上的无序状态，造成法律赋予农民工的基本权益难以得到保障的局面。

有关雇主与低收入行业小企业员工不签订合同的制度原因，已有一些专家学者展开了研究。杜书云和王海杰（2007）认为利益的异化、组织权力分布失衡、契约不完备和保护弱化是导致员工与雇主博弈过程中处于绝对劣势的主要原因，不签劳动合同反而是技能低端从业者选择保护自己的一种策略。针对农民工，雷佑新和雷红（2005）则是基于其二重性的视角，认为农民工的身份具有亦工亦农的二重性，他们既缺乏工人的行为意识，又不像纯粹农民一样受国家的保护，从而导致在劳动合同签订上处于劣势地位。但这些学者的研究并没有考虑到低收入行业小企业的生存环境和雇佣双方之间的心理契约。因为从低收入行业小企业所处的竞争环境和劳动力市场来分析，这些在小企业就业的员工与雇主有不签订劳动合同的各自需求。本小节从理论上分析这种需求的内涵，以及对低收入行业小企业雇佣关系的影响。

1. 小企业雇主不签订劳动合同的需求

对于小企业的雇主来说，他们不愿与员工个人签订劳动合同，原因在于其对"经济利益最大化"的需求。小企业的雇主面对激烈的市场竞争环境，无法确保订单的连续性，基于对自身经济利益最大化的追求，往往希望以最小的成本来获得最大程度的劳动使用权，因而不签合同，意味着雇主可以灵活掌握使用劳动力的主动权，对于他们的利益追求是一种最佳的选择。其动因主要有两个方面：

第一，签订至少一年期的劳动合同，意味着提高了保障雇员法定劳动条件、劳动报酬、社会保险和福利的经济成本，但可能阻碍了雇主"追求经济利益最大化"的目标实现。若切实执行劳动合同法的要求，企业雇主需要为员工购买社会保险（基本的五险一金），在 2008 年的经营环境中，小企业的人均人工成本一般将增加 500 元/人年以上，这对于小本经营的小企业雇主是一个较重的负担。

第二，由于信息不对称，小企业雇主无法确定雇员的留职意愿，也无法客观评价员工的技能水平，给签订劳动合同带来了较高的交易成本。一旦签订了劳动合同，缴纳了社会保险，如果员工短期内离职，势必给签约和解约带来直接的合同管理成本。因此，小企业的雇主在权衡不与员工签订劳动合同所造成的罚款成本、经济赔偿等成本之后，对比与员工签订劳动合同后所增加的社会保险费用等，若前者小于后者，小企业雇主便有了不签订劳动合同的动机与行动。

2. 小企业员工不签订劳动合同的需求

一般认为，小企业雇员的雇佣谈判议价力量较薄弱，在与雇主的谈判中需要运用法律来保障自身的权益，因此对签订劳动合同有较高的意愿。但在竞争性的低收入行业小企业寻找工作，雇员普遍不愿意与雇主签订书面的劳动合同，主要原因在于：首先，雇员充分了解小企业的经营状况，基本上每一个员工都没有长期留职的意愿，反而担心劳动合约限制了其合理的流动。若雇员与雇主有各种姻亲、乡亲关系，他们也不需要书面的劳动合同来保障各自的权益，对于利益冲突问题的解决途径，内在的各种社会关系优于法律层面的劳动关系。在刘福成（2006）所做的调查中，他发现通过老乡、亲戚、朋友和家庭成员的介绍和推荐，在帮助农民工第一次外出求职获得成功中的作用占到 72.20%，这样一种靠熟人介绍的找工作方式，社会关系已经在某种程度上保护了这些员工的权益。

其次，从经济成本考虑，若严格执行劳动合同法，员工也需要拿出一部分收入购买社会保险，而离职时限于保险制度的不完善，不一定能够即刻回收这些支出所带来的社会保险收入。同时，雇主的短期雇佣、员工的频繁离职都意味着社会保险办理手续十分繁琐，造成多数在小企业就业的员工宁愿放弃签订劳动合约的机会。当然，也有部分员工自身职业技术水平低，行为习惯散漫，达不到用人单位的要求，担心雇主用合同严格管理，所以这部分工人也不愿意签订劳动合同，以"逃避解雇风险"。

最后，小企业员工中外来务工人员的流动性高，客观上造成部分员工不签订劳动合同。根据广东人社厅公布的 2014 年第一季度全省企业用工监测情况分析[①]，制造业小微企业用工流失率偏高。300 人以下的小厂、100 人以下的小微企业，员工流失率均在 15%左右，而大企业在 7%左右。在李萌（2004）的研究中，发现员工无长期定居城市的预期降低了他们签订劳动合同维护自己权益的热情。外来工因为不计划在城市长期定居，自然对周围的关系倾向于短期行为，只考虑工资水平是否有吸引力，而对劳动合同、劳动权利不怎么在乎，甚至有的外来工不愿意为签订劳动合同而交付社保费。

---

① 资料来源：羊城晚报，2014 年 5 月 7 日，A5 版

4.3.2　最低工资制度的规制成效

在 1995 年之前，虽然广东是经济发达的地区，但与其他地方政府一样，基本上没有专门的福利政策保护那些"由国际分工体系形成的、居住在集体宿舍中的农民工"（Pun，2007）。1995 年颁布的最低工资制度提供了最低的保障制度，促使政府从规制的角度保护低收入群体的工资收入。之后，广东政府根据物价变动以及全社会工资上涨水平不断调整最低工资，基本上每年调整最低工资水平。例如广州在 2006 年 7 月 12 日第七次提高了最低工资水平，即从 680 元/月提高到 780 元/月，提高的幅度达到 14.7%，成为全国第二高的最低工资水平。在 2008 年 4 月，进一步提高到 860 元/月，提高了 10%；时隔两年之后的 2010 年 5 月 1 日，提高至 1030 元/月，增幅为 19.8%；2014 年《广东省劳动保障监察条例》新调整的最低工资标准中，广州作为第一类地区，月最低工资标准为 1550 元，小时工资为 15 元。

在低收入行业小企业，以私营企业为主，雇员的谈判力量相对弱小，几乎没有谈判地位。若没有政府的保障，雇员的权益将受到严重的侵蚀。对于中国的国有企业，劳资纠纷可以有两个处理途径：一个是职工代表大会，企业的重大决策需要由职工代表大会通过；另一个是工会，在国家、地方和企业各个层面都设立有工会组织。但是，在小型企业，这两个组织都不存在。外来工只有依靠当地劳动部门的监管，其权益才有可能得到保障。否则的话，私营小型企业员工只能采取非正式的手段处理劳资纠纷。

一般在研究最低工资制度对低收入行业的管制成效时，主要关注三个问题：

第一，最低工资制度是否影响了就业。在古典经济学理论中，劳动力市场通过价格机制达成平衡，而最低工资制度是一个附加的"影响力"，会打破这种平衡，因而对工资结构产生特殊的影响，进而影响到就业岗位（Edwards and Gilman，1999）。而在最基本的新古典劳动经济学模型中，工资被认为是对工人边际产出的回报，在竞争的市场条件下，劳动力价值是一只看不见的手，调节着"劳动力的价格"，预测着劳动力的供求关系。工资增加的幅度高于竞争性市场的出清水平，预示着一系列的负面后果，即公司将解雇员工，用资本代替劳动力，因此造成失业增加。公司进一步的措施是努力减少培训支出、降低福利，或者不改善工作环境，以抵消最低工资制度所带来的成本压力（Hashimoto，1981；Wessels，1980）。

在西方国家，许多实证研究的成果否定了这个新古典模型。最著名的实证研究是美国学者 Card 和 Krueger（1995）针对美国的最低工资管制成效的研究。他们发现各种数据都显示最低工资制度并没有对就业产生负面影响，相反公司设定的工资水平不是简单跟随市场中的那只"看不见的手"，公司往往喜欢运用买方垄断的市场力量打压工资，使之处于真实的市场价格之下，而最低工资制度能把工人的工资提升至接近于真实的市场价格，其结果是减少雇主的利润，而不是减少就业数量。总之，Card 和 Krueger 的研究结论显示：与新古典经济模型相比，雇主自己设定工资水平以平衡雇佣率或解雇率的动态模型似乎是解释执行最低工资可提高就业水平的更成功模型。

与此同时，英国学者的实证研究也证实了执行最低工资制度会增加就业。Manning（1996）对有关公平报酬的分析解释了古典垄断模型之所以认为雇佣率会下降，是因为雇主可以打压工人的报酬率。Machin（1993）等也在对家庭老人护理行业的问卷调查中发现了类似的现象，因为这个行业属于没有工会保护的、低收入的、接近于完全竞争的行业。他们估计员工的收入低于完全竞争市场中劳动力价格的 15%，也就预示着这个行业的员工工资可以提高 15%，而不会对就业有任何影响。这些研究发现有助于解释新古典经济学的供求模型中的异常点，预示着制度的力量在市场中也起着作用（Edwards and Gilman，1999）。

第二个问题是报酬率是否随着最低工资的提高而提高。Undy 等（2002）发现英国的最低工资制度对报酬有显著的成效，尤其是提升低收入群体的收入水平。然而，在激进的市场分割理论观点看来，与最低工资相关的争论都与市场供需之间的关系无关，或者与效率工资无关，而与经济中深层次的力量相关。报酬率随着产品市场的需求变动所带来的对特殊技能需求的变化而变化。Ram（1994）专门研究了亚洲人拥有的小型制衣企业，他发现少数裔劳动力市场是分割的，即使少数裔人群就业率很高，雇主还是抱怨劳动力短缺。经过研究发现，雇主需要的是一些特殊的劳动力，他们想雇佣的是拥有一定少数裔背景的、有工作经验的女性工人，而白人不愿意在这些企业就业。尽管工资较低，但还是可以发现有一些长期在这些小企业工作的核心工人。正如 Edwards 和 Gilman（1999）所总结的，这些核心工人是因为缺少离开这些小企业的机会或者缺乏寻找其他工作的技能。幸运的是，由于社会和文化能力的优势，让这些工人有朋友圈，可以在一些有限的空间中找到工作的机会，而报酬随着职位的变化或季节性需求变化而变动。Ram 等（2003）进一步调查了 18 个少数裔拥有的制衣小企业，这些小企业都是在最低工资制度执行之后存活下来的小企业，研究发现的确在市场竞争的背景中，以及最低工资管制压力下，亚洲人拥有的小型制衣行业缩减了。

第三个关注的问题是在低收入行业，报酬是怎样确定的？Nolan 和 Brown（1983）争论说工资不能单独由市场供求关系来解释，需要研究组织内部的工资决策过程。Arrowsmith 和 Sisson（1999）补充了组织内部工资决策中需要思考的因素，如信息的共享、社会关系网络等。一般低收入行业都有一些小企业，它们在一些特有的市场中竞争，进入的障碍很低，工资也很低（Uzzi，1997）。正如 Edwards 和 Gilman（1999）所说，一个复杂的、动态的、相互镶嵌的经济因素，加上社会和组织因素共同影响着报酬率，对最低工资一起施加影响，很难孤立地研究报酬的确定过程。然而，低收入行业的非正规雇佣关系特征值得关注，现有的制度学派研究成果显示，低收入行业的小企业事实上镶嵌在社会关系网络之中，并受到社会制度各个层面的影响（Edwards et al.，2006）。

在实践中，是否执行最低工资制度的背景却很复杂，除了提高工资水平之外，往往还有其他的动机（Rubery and Edwards，2003）。在 1984 年，中国政府承认了联合国劳工组织的"最低工资条约"，但担心该条约对就业产生影响，一直没有颁布法规执行最低工资。直到 1993 年，才由劳动部签发了最低工资条例（陈远敦等，1994；李明甫，1995；塞风和甄煜炜，1995）。由此引发了争论，争论的焦点与西方社会相似，有些人支持该条例，有些人批评它。根据 Cooke（2005）的归纳，支持者认为中国的经济在转轨阶段，非公经济发展迅速，市场竞争非常激烈，最低工资制度可以发挥正面的作用，即管制雇主的经营行为；保证雇员的权益；通过提高劳动标准改善劳动力的素质；提高企业的管理水平和生产率，以消化劳动力成本的增加。这些支持者相信相对高的最低工资水平从长远来看，可以对经济有利，因为可以促使这些企业提高技术水平、降低对廉价劳动力的需求。然而，也有一些学者反对最低工资的管制，认为对经济的发展有不利影响。最著名的是香港学者张五常（2006），他认为中国经济在向市场经济发展过程中，最低工资制度会使农民工转变成产业工人变得更加困难，导致低工资的就业人群失业率增加。根据张五常的观点，工资不能由管制政策来决定，中国政府应该向香港政府学习，让工资由市场那只看不见的手去调节。

这些争论在发达国家已经有结果了，但在中国处于转轨经济的市场中，还没有实证的研究成果来对这些争论作出一个判断。尤其是中国的市场经济不发达，劳动力供应非常大，工资是否能够完全由市场来决定，还不得而知。王珺和郑筱婷（2006）运用关系限制模型和统计数据，而非小企业和第一手数据，专门比较了广东和浙江的农民工工资，结果是农民工的工资由位于强势地位的雇主和最低工资管制制度共同决定，在工资的决定过程中，雇员的谈判力量太弱，根本没有发言的机会。

4.4 广东企业劳动关系氛围与员工认知的实证研究

4.4.1 实证研究设计与数据收集

寇肯等（2008）在分析美国产业关系转型时，运用三个层次的框架分析产业关系：最高层的长期战略和政策制定、中间层次（或职能层）的集体谈判和人事政策以及最低层次的工作场所和个人/组织关系。根据战略选择理论，工作场所的创新和劳动关系的变化会给中间层次以及战略层面的劳动关系产生压力，促使政府政策制定、企业的集体谈判和人事政策等发生改变。本部分的实证分析聚焦于工作场所的劳动关系分析,将更能清晰地反映产业关系转型在低层次发生的机制。同时,本部分把劳动关系氛围和劳动法律的影响也纳入分析框架,以进一步揭示历史因素、雇主、雇员、政府等各方力量对于工作场所劳动关系的影响。劳动关系氛围反映了雇主和雇员之间相互信任、尊重和合作的程度(Hammer et al.,1991),是对他们之间劳动关系的感受和认知。劳动关系氛围形成后,意味着雇员对于合适行为有了个人的判断,从而影响他们在工作中的态度和行为。因此,结合组织行为学的理论,运用心理契约的视角,把劳动关系氛围、政府规制作为工作场所劳动关系运行的约束条件,构建工作场所企业雇佣策略、雇员心理契约变化的机制。研究框架包含以下几个方面。

1. 雇员心理契约履行

雇员和企业通过签订劳动契约建立劳动关系。在劳动关系存续期间,员工对自身和组织之间需要履行的义务和回报的理解或认知(Morrison and Robinson.,1997;Rousseau,1989)——即雇员对心理契约的认知——影响了员工的态度和行为,从而对工作场所的劳动关系产生影响。即使员工和组织间的雇佣契约(法定契约)非常详尽,也不可能把雇佣关系所有方面的需求写入,而心理契约则可以通过双方约定默认的雇佣条件,减少雇佣关系的不确定性,使员工充分理解和组织间的协议,进而提高员工的工作安全感和组织归属感。同时,心理契约是双向的,既有员工对雇主的期望,也有雇主对雇员的期望,雇主一方心理契约的履行可以合理引导员工的行为,减少组织对员工的监管,因为员工会根据他们从工作可能获得的短期和长期回报来调控自身行为,从而提高自己的责任感并最终为组织目标服务(Shore and Barksdale.,1998)。因此,心理契约是研究工作场所劳动关系重要的理论和研究框架(McDermott et al.,2013;Tsui and Wang,2002)。在我国计划经济时代,员工几乎终身受雇,组织为员工提供全方位的福利待遇,劳动关系比较确定,员工对于企业的义务和责任的认知较为清晰。在经济转型期,经济环境变化快速,企业为了适应这种变化,采用短期的、灵活的雇佣手段,对于员工的承诺也随之变化,承诺的履行更加容易破坏,员工的心理契约违背感更强烈。如果站在心理契约的研究视角,可以发现员工心理契约履行、破裂或违背等动态变化过程。因此,本部分将采用员工心理契约履行作为员工个体层面的运行机制进行分析。

大量的研究一致地表明,雇员对心理契约履行的认知影响了他们的工作表现(Conway,and Coyle-Shapiro.,2012;李敏和黄翠龙,2012)。如果雇员感觉企业没有履行心理契约,就会有不公平感,进而改变工作中的积极态度,如组织承诺减弱并减少积极行为,从而不太愿意努力工作、也不太愿意作出组织公民行为

（Guest.，2004；Zhao et al.，2007），甚至以消极的行为作为回应，如消极怠工、渎职、离职等（De Jong et al.，2009；Johnson and O'Leary-Kelly，2003）。雇主履行心理契约，促进了雇员对于企业信任的建立和加强，对雇员而言，构成双方关系持续的保障，是一种保健因素或激励因素（李敏和黄翠龙，2012）。心理契约的履行满足了雇员对组织特征的主观感知和个体偏好的期望，加入组织前雇员对组织的预期越多，心理契约履行得越好，雇员期望的匹配度越高，就会带来质量越高的雇佣关系，因为期望的达成与否会显著影响员工的工作态度，包括工作投入和表现，进而影响绩效（李敏等，2013）。

由上述分析可以得知，心理契约的履行对雇员的行为和企业的绩效有重要的影响。履行心理契约将更好地激励雇员工作，提高企业绩效。雇员对企业履行心理契约的感知受到个体因素、组织因素和环境因素的影响。从个体角度来看，心理契约存在的主要功能是减少不确定性，提高对环境的可控性和对未来的可预测性。Lord 和 Foti（1986）提出，在组织情境中，人们会形成图式或脚本。图式（脚本）是以往经验和认知构成的知识体系，是雇员分析和理解组织环境并作出合适的反应。换言之，图式就是个体对于组织将会发生什么和自己应该如何行动的信念结构（belief structure）。心理契约的形成和建立受到历史因素的影响，即心理契约感知受到历史心理契约破坏的影响（李敏和黄翠龙，2012）。综合以上的分析，可以得出在个人层次上心理契约作用机制，历史心理契约破坏影响心理契约履行感，从而影响员工的工作卷入和期望匹配值。

2. 雇主的雇佣策略

雇主的雇佣策略是影响员工心理契约的组织层面的因素。雇佣策略指雇主在管理与员工的关系时所指定和运用的总体行动计划和具体制衡政策，雇主需要在两个基本的方面作出决策，"期望员工对组织作出何种水平的贡献，以及雇主将采用何种水平的诱因去促使员工对组织作出何种贡献"（徐淑英等，2002）。雇主期望员工作出包括岗位职责内（完成工作任务、保质保量达到目标等）和岗位外职责（帮助同事、采用新方法改进工作、改善流程等）两个方面的贡献，而提供的回报包括物质回报（工资、奖金、补贴等）和发展性回报（重视意见、考虑其职业发展、授权等）。Tsui 等（1997）提出两个因素高低（或者宽广与狭窄）组合为四种类型，称为员工-组织关系（employee-organization relations，EOR），其基本分类见图 4-1。从交换是否均衡的角度，EOR 模型分为两种均衡的模式——准交易契约模式（在激励和期望贡献两个方面均低的均衡）和相互投入型模式（在激励和期望贡献两个方面均高的均衡），以及两种不均衡的模式——投资不足型（期望贡献高而激励水平低）和过度投资型（期望贡献低而激励水平高）。EOR 模型基于社会交换理论的观点，以"系统均衡"理论而非"均等"地考察雇佣关系，即不仅仅是对一次交换的考察，而是从整体上或者长期的角度考察员工和"整体"组织之间的交换是否均衡（Tsui et al.，1997）。

提供的激励	期望的贡献	
	低/窄	高/广
低/窄	准交易型	投资不足型
高/广	投资过度型	相互投入型

图 4-1　基于激励-贡献结构的雇佣关系的基本分类

资料来源：徐淑英等（2002）

雇佣关系与员工态度和行为有关。对比其他的类型，双向投资型 EOR 提供较为宽广和高水平的激励回报并要求员工作出广泛和高水平的贡献，能够很好地培育员工的工作嵌入度，与更多的积极行为，如较多组织公民行为、高度组织承诺、较低离职率等有关（Hom et al.，2009；Shaw et al.，2009）。最近的研究也发现，双向投资型能促进员工之间的社会网络，建立有利于创新的组织结构（Jia et al.，2014）。从这些研究可以看出，采用合适的 EOR 类型能发挥影响员工行为、创建组织架构的作用。

3. 劳动关系氛围

劳动关系氛围是指成员在工作场所的社会交往中形成的思想、感受、行为的共识，是成员从工会和管理者与劳动关系相关的态度和规范等方面对他们之间关系的共同感受（Dastmalchian et al.，1989），劳动关系氛围由雇主（管理者）、员工等劳动关系行为主体在日常工作经过长时间的互动形成，构成工作场所劳动关系的重要特征。不少研究表明，作为工作场所的劳动关系情境特征，劳动关系氛围对雇员的态度，如组织承诺（Snape and Redman，2012）、绩效（Deery and Iverson，2005）等有影响，营造良好的劳动关系氛围更有利于提高员工工作的积极性。

劳动关系系统的主要功能是为员工的贡献分配报酬以及确定员工的工作条件（Dunlop，1958），因此劳动关系氛围会影响劳动关系分配结果，包括福利待遇、工作条件等（Blyton et al.，1987）。员工的心理契约履行感知反映了员工对雇佣关系分配结果公平程度的感知。并且在劳动关系氛围较好的企业，员工感知到一种支持性的工作环境，因此心理契约破裂感知程度较低（Conway and Briner，2009）。因为当员工认为组织在他们有需要时愿意提供帮助，则更有可能感知到组织履行承诺以及相信组织最终会履行承诺，当组织未履行承诺的时候，员工也更有可能原谅雇主，也不会时刻监督组织是否完全履行自己的心理契约，因此员工对雇主心理契约履行程度的感知比较高（Tekleab et al.，2005）。

4. 依法用工

在经济转型过程中，中国的劳动关系已经初步实现了从以政府为主体的行政控制到以企业为主体的市场调节的转变（常凯，2008）。在强资本弱劳工的现实情况下，雇员的权利受到侵犯，屡屡引发劳动关系冲突，国家的法律干预显得尤为重要。经过三十多年的发展，国家法规逐步完善，逐渐在调整劳动关系中发挥重要的作用。我国的劳动法规在签订劳动合同、工作时间和休息休假、工资、劳动安全卫生、女职工和未成年工特殊保护、职业培训、社会保险和福利等方面对劳动关系进行干预和调整。这些调整有些是可选择范围边界的干预，如最低工资，有些是制定规则，如带薪休假。本部分实证分析将从这几个方面，考察企业依法用工的程度，以反映劳动法规如何影响工作场所的劳动关系。

5. 劳动协调规则

工作场所规则是雇主制定管理劳动关系的规则，是调整工作场所劳动关系重要的组成部分，这些规则来自企业人力资源管理制度，如员工手册、意见表达渠道等。在劳动关系中，这些规则需要有稳定性、前瞻性和一致性，以保护员工和雇主的权力，但是由于技术、产品设计、工作设计等的变化，工作规则会随着时间的推移产生变化。特别是在经济转型期的变革中，变革的规则会威胁到雇员部分权力的实现和一部分人的利益，也会影响雇员对于劳动关系契约履行的感知。被触动利益的雇员会感觉雇主破坏甚至违背当初的承诺。因此，需要平衡规则的灵活性以适应环境和保护员工利益两个方面。研究考察了企业劳资协调的措施和手段，包括通过员工手册规定聘用条款及员工相关信息、依法向管理部门报告、协商机制、员工沟通、公示告知制度等各种协调机制。

6. 运行结果

工作场所劳动关系的运行结果是雇佣双方在制度约束条件下博弈的结果。一个良好运行的劳动关系系统应该兼顾雇佣双方的利益，即注重雇主效率与员工公平和发言权的平衡。因此，劳动关系运行结果的评价应该包含企业绩效、公平感、雇员幸福感三个方面。企业绩效主要考察雇员的个人工作绩效和组织绩效，雇员幸福感的考察包括工作满意度和工作倦怠感。

综合这四个方面的内容，本部分研究建立了工作场所基于雇佣双方互动的实证分析框架，见图 4-2。该框架包括两个考察层次。第一层次是个人层次，个人层次是心理契约变化的过程：劳动关系氛围、历史心理契约破坏影响心理契约履行的感知，心理契约履行的感知影响工作卷入和雇佣期望的满足程度（期望匹配度），然后影响个人工作绩效。第二层次是组织层次，包括雇主的雇佣关系策略以及工作场所规则——依法用工和劳资协调，这些因素会影响雇员心理契约变化过程，进而影响组织绩效。

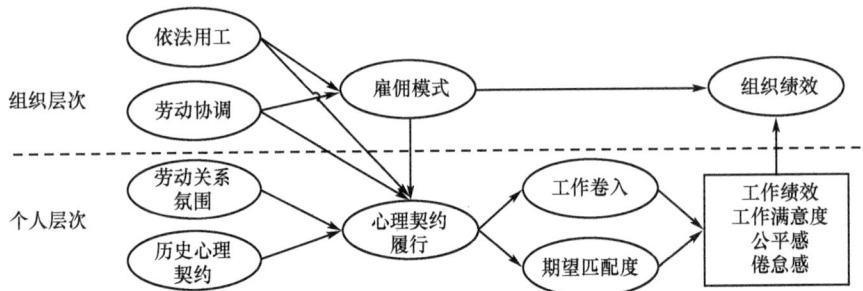

图 4-2　实证研究框架

根据图 4-2 的实证研究框架，采用问卷调查的方式进行数据收集。组织层次的变量包括依法用工情况、劳资协调情况、雇佣模式、组织绩效，由人力资源经理或者负责人填写。个人层次的变量从员工处采集。为了提高回答率，研究者首先联系企业人力资源经理或者相关负责人，并取得他们同意和协助，在他们协助下向员工发放问卷。为了提高质量，除了问卷以外，一封来自研究团队的信同时向被调查者发放，在信中，研究者将研究目的、保密措施、填写说明等问题一一说明，以便被调查者能够很好地理解该研究，并顺利填写问卷。员工填写完问卷以后封装在信封内直接寄回研究者手中。研究共收集 50 家企业 1684 位员工的数据，每家企业员工的调查人数为 5~51 人，平均 33.68 人。

问卷参照国内外劳动关系研究和调研经验编制而成。经理填写的问卷包括组织层次雇佣模式、依法用工、劳动协调、组织绩效几个维度。

（1）"雇佣模式"维度采用贾良定的问题题项（Jia et al.，2014），期望的贡献包括岗位绩效和岗位外绩效，问题如"有效率地工作""在工作中采用新思维和新方法"等，回答者从"很少强调"到"经常强调"五个等级选择。提供的回报包括物质方面和员工发展方面，如"提供有吸引力的旅游机会""认真考虑员工的职业发展"等，回答者从"非常重视"到"非常不重视"五个等级中选择。

（2）"依法用工"维度根据广东省雇主协会在 2011 年颁布的雇主宣言，分别从劳动合同、劳动规章制度、保护女工和未成年人、工资发放、工资调整、带薪休假等方面考察。

（3）"劳动协调"维度根据中国人民大学劳动关系学院的调查内容设计，从员工手册、依法报告、协商机制、员工沟通等各种协调机制编写、印刷和更新员工手册、说明聘用条款及与员工相关的信息等方面进行调查。

（4）"组织绩效"维度的问题题项来自 Reilly（1993），问题表述如"企业在经营管理上不断改进"。

员工填写的问卷参考了中外组织行为学研究的成熟量表。历史心理契约破坏来自 Robinson 和 Wolfe Morrison（2000），心理契约履行参考了李敏等（2013）的研究。公平感从程序公平、交往公平和分配公平三个方面进行衡量。程序公平和交往公平来自 Moorman（1991），如"工作决策的制定没有偏见"和"我的主管会认真考虑我的意见"。分配公平来自 Niehoff 和 Moorman（1993），如"我的工作计划是公平的"。期望匹配度指工作的实际情况和员工进入企业或者选择这份工作时的预期的一致程度，使用的是 Feldman（1976）的量表，问题表述如"这份工作的好处和坏处，和我当初找这份工作的想法一样"。工作满意度来自 Cammann 等（1983），表述如"总体来说，我对目前这份工作满意"。工作绩效来自 Farh 的问卷（李敏和黄翠龙，2012），问题表述如"我对团队的整体工作绩效有重大贡献"。工作卷入来自 Reilly 等（1993），问题表述如"我的工作包含了人生最重要的事情"。

4.4.2　企业层面数据分析

1. 企业特征

50 家企业来自制造业等 11 个行业分类，3 家企业跨行业经营，具体分布见表 4-1 样本行业分布。国企及控股企业共有 21 家，占 42%，外商投资企业共 7 家，港澳台商投资企业共 7 家，民营企业共 11 家，集体企业 1 家，其中 20 家公司是上市公司，样本所有制比例见图 4-3。

表 4-1　样本行业分布

项目	频率	比例/%
农、林、牧、渔	1	2
制造	20	40
电力、气体及水的生产和供应	2	4
建筑	1	2
交通	6	12
批发及零售贸易、餐饮	5	10
金融、保险	2	4
房地产	2	4
社会服务	1	2
教育、文化艺术及广播电影电视	1	2
卫生、体育及社会福利	1	2
其他	5	10
缺失	3	6

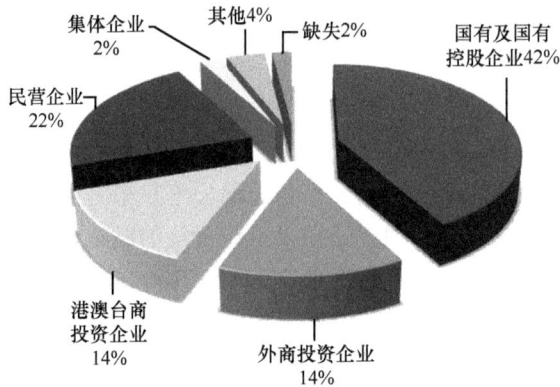

图 4-3　样本所有制类型

2. 描述性统计

各调查项目的均值和标准差见表 4-2。企业期望员工的贡献最高分为 5，均值为 4.2043，对员工贡献的要求达到中上水平，提供的回报均值为 3.7831，略超出一般水平。依法用工得分最高，表明样本所包含的企业比较注重遵守法律规定。

表 4-2　企业层面调查项目均值与标准差

项目	N	均值	标准差
期望的贡献	49	4.2043	0.467 55
提供的回报	49	3.7831	0.626 94
劳资协调	48	4.2792	0.638 8
依法用工	48	4.796	0.297 53
组织绩效	48	3.9236	0.851 2

EOR 包含两个测量项目——期望的贡献和提供的回报，根据徐淑英等（2002）的方法，使用平均值作为两个项目水平高低的划分，从而划分企业的雇佣策略。结果表明，实行双向投资型策略的企业比较多，为 19 家，实行准交易型策略的企业为 17 家，实行不平衡雇佣策略的企业较少，过度投资型和投资不足型分别为 7 家和 6 家，雇佣策略类型见图 4-4。

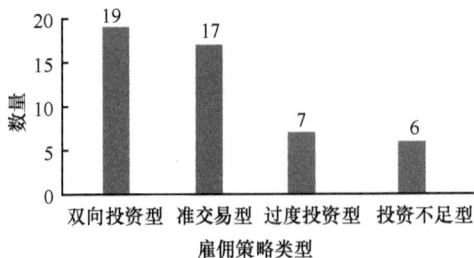

图 4-4　雇佣策略类型

3. 相关分析

通过 Pearson 两两相关分析，结果表明期望的贡献、提供的回报和组织绩效显著相关（$P<0.01$），说明雇佣策略影响组织绩效。劳资协调、依法用工和组织绩效均相关，相关系数为 0.346～0.593，为中度相关，具体结果见表 4-3。

表 4-3　调查项目相关系数表

项目	1	2	3	4
1 期望的贡献				
2 提供的回报	0.590**			
3 劳资协调	0.335*	0.603**		
4 依法用工	0.260	0.340*	0.518**	
5 组织绩效	0.416**	0.593**	0.456**	0.346*

**代表 $P<0.01$（双侧），*代表 $0.01 \leqslant P<0.05$（双侧）

为了进一步分析组织雇佣策略与组织绩效的关系，把雇佣关系的每一种类型都使用哑变量处理，与组织绩效进行相关分析。结果发现，又向投资型策略与组织绩效正相关（$P<0.05$），准交易型与组织绩效负相关（$P<0.05$）。过度投资型和投资不足型策略与组织绩效不相关，具体表 4-4。结果说明又向投资型策略更有利于提高组织绩效，过度投资型与投资不足型策略与组织绩效不相关的原因可能是由于这两个分组的样本量太小，无法判断。

表 4-4　组织绩效与各雇佣策略类型相关系数表

项目	1	2	3	4
1 双向投资型				
2 准交易型	−0.562**			
3 过度投资型	−0.316*	−0.290*		
4 投资不足型	−0.289*	−0.265	−0.149	
5 组织绩效	0.360*	−0.484**	0.108	0.059

**代表 $P<0.01$（双侧），*代表 $0.01 \leqslant P<0.05$（双侧）

4.4.3　员工层面数据分析

1. 员工的人口变量特征

员工的人口变量统计见表 4-5。平均年龄为 27.91 岁，在企业的平均工作年限为 4.81 年。具体分布如表 4-5。员工样本中男性占 50.9%，女性 48.6%，见表 4-5 及图 4-5。学历分布见表 4-5 及图 4-6，人数最多的是本科及以上学历，占 46.9%。

表 4-5　员工人口变量统计

性别	频率	百分比	学历	频率	百分比
男	857	50.9	小学及以下	8	0.5
女	818	48.6	初中	123	7.3
缺失	9	0.5	高中及中专	328	19.5
合计	1684	100.0	大专	406	24.1
项目	均值	标准差	本科及以上	789	46.9
年龄（N=1665）	27.91	5.385	缺失	30	1.8
工作年限（N=1629）	4.81	5.059	合计	1684	100

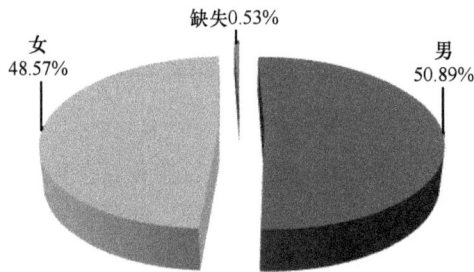

图 4-5　员工样本性别分布

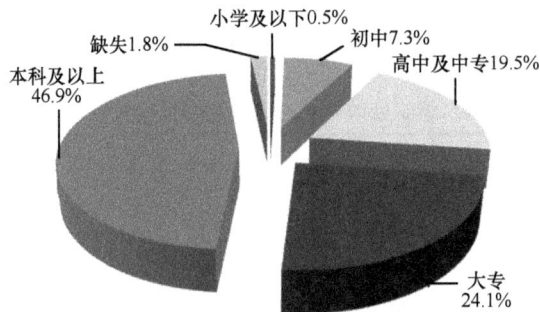

图 4-6　员工样本学历分布

2. 描述性统计分析

在员工层次收集的数据均值与标准差见表 4-6。结果显示，劳动关系氛围均值为 3.6778，超过"一般"水平。历史心理契约破坏均值为 2.8711，为中等偏低程度。心理契约履行略低于"一般"水平，标准差为 0.678 18。期望匹配度、工作卷入和工作绩效均值都超过 3 分，达到"一般"水平之上。

表 4-6　员工层次调查项目的均值和标准差

项目	均值	标准差
劳动关系氛围	3.677 8	0.770 69
历史心理契约破坏	2.871 1	0.640 55
心理契约履行	2.935 9	0.678 18
期望匹配度	3.567 0	0.726 80
工作卷入	3.435 6	0.747 49
工作绩效	3.600 7	0.621 43
公平感	3.540 5	0.730 88
工作满意度	3.661 7	0.822 13
情绪枯竭	2.295 4	0.749 37

注：样本数量 N=1684

3. 相关性分析

通过 Pearson 两两相关分析，结果表明，劳动关系氛围与心理契约履行正相关，相关系数为 0.491（$P<0.01$），劳动关系氛围正向影响心理契约履行。历史心理契约破坏与心理契约履行负相关（$P<0.01$），说明历史心理契约破坏越小，员工感知的企业心理契约履行程度越高。心理契约履行与工作卷入和期望匹配度正相关，相关系数分别为 0.348 和 0.488（$P<0.01$），工作卷入和期望匹配度与工作绩效正相关（$P<0.01$）。

心理契约履行与公平感正相关，相关系数为 0.502（$P<0.01$）。劳动关系氛围与公平感正相关，相关系数为 0.752（$P<0.01$），属于高度相关。

劳动关系氛围与工作满意度正相关（相关系数为 0.587，$P<0.01$），与情绪枯竭负相关（相关系数为 –0.323，$P<0.01$），详见表 4-7。

4.4.4　实证分析结论

1. 企业层次

首先，实证分析表明，企业雇佣政策、劳资协调规则、依法用工与劳动关系运行结果有关，是工作场所劳动关系系统重要的组织部分。雇主的雇佣策略规定了与雇员建立何种回报和贡献的水平，确定了工作场所劳动关系的基调。对员工贡献的期望和提供的回报都与组织绩效正向相关。组织向员工提供的物质回报满足了员工的基本需要，发展性回报，如培训、晋升机会、授权满足了员工对于职业发展、实现自我价值等高级需求，有效地激励员工努力工作，提高组织的绩效。对员工的期望明确了员工努力的途径，同时也赋予员工责任，与激励措施共同作用，提高组织绩效。因此，又向投资型雇佣关系鼓励员工在多方面高水平作出贡

表4-7 员工层次调查项目相关系数表

项目	1	2	3	4	5	6	7	8	9	10	11	12
1. 性别												
2. 年龄	-0.033											
3. 教育程度	-0.008	0.046										
4. 工作年限	-0.020	0.654**	-0.016									
5. 劳动关系氛围	0.047	-0.003	0.016	-0.009								
6. 历史心理契约破坏	-0.058*	-0.083**	-0.064**	-0.068**	-0.244**							
7. 心理契约履行	-0.059*	0.045	0.003	0.079**	0.491**	-0.199**						
8. 工作卷入	-0.025	0.041	-0.013	0.077**	0.348**	-0.149**	0.335**					
9. 期望匹配度	0.031	0.100**	0.046	0.071**	0.488**	-0.299**	0.486**	0.326**				
10. 工作绩效	-0.031	0.068**	0.047	0.106**	0.245**	-0.144**	0.214**	0.515**	0.266**			
11. 公平感	0.029	0.006	0.054*	-0.007	0.752**	-0.250**	0.502**	0.356**	0.576**	0.258**		
12. 工作满意度	0.052*	0.062*	0.042	0.070**	0.587**	-0.224**	0.483**	0.458**	0.563**	0.335**	0.579**	
13. 情绪枯竭	-0.035	-0.059*	0.003	-0.009	-0.323**	0.117**	-0.269**	-0.091**	-0.316**	-0.131**	-0.339**	-0.382**

**代表 $P<0.01$（双侧）

献，同时给予广泛和高水平的激励，实行又向投资型雇佣关系的企业组织绩效最好。实行准交易型的雇佣关系与企业组织绩效负相关，员工和企业之间的关系仅限于类似买卖的关系，企业仅仅承诺有限和低水平的报酬，员工也没有意愿付出更多的努力，在这种类型下，企业组织绩效最低。

其次，劳资协调规则与组织绩效正相关。企业内部劳资协调规则能够预防、协调、解决工作场所中可能出现的劳动关系冲突，把雇佣双方的力量都集中在生产上。通过编写、印刷和更新员工手册，说明聘用条款和员工相关的信息，能够减少员工的疑问和投诉。建立员工表达渠道，并对制定劳动规章制度和决定涉及职工切身利益的重大事项进行公示，有效地保护了员工对相关事务的参与权和发言权。建立良好协商机制，能够及时有效地调节劳动争议。

再次，依法用工与组织绩效正相关。企业遵守法律法规，保护员工劳动关系权力和利益，表明企业重视与员工建立良好的关系，共赢共进，对员工工作表达支持，能激励员工更加努力地投入工作中。

最后，结果还表明，对组织绩效相关系数最高的是组织激励，期望贡献和劳资协调次之，依法用工最低。可以看出，在转型经济下，工作场所的劳动关系运行更多地受到企业内部策略的影响，雇主的意志得到更多的体现。但不可忽视的是，法律法规等外部环境对工作场所的劳动关系运行的影响也是显著的。

2. 个人层次

研究表明劳动关系氛围是员工态度行为的重要影响因素。首先，劳动关系氛围与心理契约履行正相关，劳动关系氛围越好，员工认为雇主履行心理契约程度越高。心理契约履行与期望匹配度和工作卷入正相关。即建立良好的劳动关系氛围传递了雇主将会履行心理契约的信息，这样的心理预期能使员工对工作更加投入以获得预期的回报，也让员工认为工作比较符合预期，为了留住工作更应该努力，工作绩效因此更加高。

其次，心理契约履行与公平感正相关。个人会通过比较自己的投入产出比来感知是否公平，雇主履行了招聘和劳动过程中明示或者暗含的义务，员工感觉付出公平。可以看出，良好劳动关系氛围让员工对雇主是否履约作出肯定的判断，员工认为付出将会得到回报，公平感随之提高。

最后，劳动关系氛围还与员工期望匹配值正相关，期望匹配值越高，员工认为工作越适合自己，员工的满意度越高，工作更加积极，负面情绪比较少，即情绪枯竭程度越低。这些推论表明劳动关系氛围越好，员工的幸福感越高。

综合个人层次的分析，可以看出劳动关系氛围正向影响个人绩效、公平感、幸福感。劳动关系氛围是工作场所劳动关系特征的表现，建立良好的劳动关系氛围能平衡企业、员工之间的利益，达到兼顾效率和公平。

　　劳动关系氛围代表了工作场所劳动关系的特征。综合企业层次和个人层次的分析，可以看出良好劳动关系氛围发出积极的信号，让员工感知到雇主正在或将会履行心理契约，从而影响员工工作积极性，以及他们对于公平感、幸福感的感知。劳动关系氛围应成为分析工作场所劳动关系不可缺少的要素。工作场所劳动关系系统运行结果受到组织策略、心理契约履行、外部环境、劳动关系氛围的影响，这几个要素分别代表了雇主、雇员、运行规则。研究验证和拓展了寇肯所提出的理论模型。

4.5　本　章　小　结

　　在改革开放后的 37 年，劳动关系中劳动者的需求与行为均发生不同程度的变化。对于外来工而言，他们刚开始务工是基于生存需求，甘愿忍受一切不平等。随着国家对劳工权益的关注，外来工的权利意识开始觉醒，他们的需求逐渐转向安全保障，并通过各种维权方式争取劳动权利。近年来，外来工的需求转向社会承认和个人价值的实现，表现为集体行动的抗争转型。对于国有企业职工而言，从计划经济向市场转型的过程，打破了企业与劳动者利益一体化的格局，导致国有企业职工与外来工一样，承受着经济社会转型带来的消极后果，在劳动关系中处于劣势地位。对低收入行业小企业的员工而言，其生存状态仍不容乐观，拖欠工资、工作环境恶劣、没有社会保险等问题至今仍困扰着他们的工作生活。本章最后通过实证数据分析了新生代员工的心理需求和对劳动关系氛围的认知发现，劳动关系氛围正向影响个人绩效、公平感、幸福感。建立良好的劳动关系氛围能平衡企业、员工之间的利益，达到兼顾效率和公平。

第5章　广东企业资方组织与工会的角色和行为

与劳动关系直接博弈的劳资双方密切相关的两个组织是商会（雇主组织）和工会组织，其中商会（雇主组织）代表资方的集体利益，而工会则代表劳方的集体利益。与其他省份的资方组织不同，广东省的雇主组织以及香港商会，对广东的劳动关系规制有很大影响力，而广东省的工会，也从经济特区成立之时，就开始探索其角色转变和为劳方维权的模式。本章首先对广东省的雇主组织和香港商会的作用进行介绍和分析，接着考察广东工会的角色和行为转变，并用三个案例剖析企业工会的不同定位与履行其职责的特点。

5.1　雇主协会的角色与行为

1. 雇主协会的概念和类型

雇主协会是指"由雇主组成，旨在维护雇主利益，并努力调整雇主与雇员以及雇主与工会之间关系的组织"（程延园，2011）。雇主协会和行业协会之间既有区别又有联系。纯粹的行业协会不处理涉及劳动关系的事宜，是由经济利益结成的组织演变而来的，多数欧洲国家称这种组织为"经济"组织。相比之下，大部分雇主协会既关注行业发展，也关注行业内的劳动关系。

雇主协会可以分为地区雇主协会、行业雇主协会以及全国性雇主联合会三种类型（表5-1）。

表 5-1　雇主协会的主要类型

协会类型	构成方式	国外典型实例	国内典型实例
地区雇主协会	按地区进行划分形成的雇主协会组织	英国的西英格兰毛纺织业雇主联合会	广州市企业协会：以广州市企业、企业家为主体成立的、具有法人资格的非营利社会团体
行业雇主协会	按行业进行划分形成的雇主协会组织	英国的化学工业协会：行业下属的会员企业有160家之多	中国电力企业联合会：中国电力行业内组织参加的全国性的、非营利的社会团体法人
全国性雇主联合会	地区联合会基础上按行业进一步划分形成的全国性雇主联合会	德国雇主联合会：由来自于不同地区和行业的雇主协会组成，几乎包含了所有私营产业部门（除钢铁产业协会之外）	中国企业联合会：由企业和企业家作为主体，并邀请领域内专家、学者和相关新闻工作者参与所构成的全国性社团法人组织

2. 制度理论视角下的雇主协会的使命和职能

从制度理论的视角来看，雇主协会的使命是在保护劳动产权的过程中降低交易成本，该使命通过其劳动关系职能和经济政治职能得以实现。

1）雇主协会的使命：在保护劳动产权的过程中降低交易成本

自 18 世纪的工业革命以来，工人阶级的产权意识逐渐发展起来。重商主义学派的威廉·配第最先认识到劳动创造价值，重农主义学派的杜尔哥在《关于财富的形成和分配的考察》（2013）一书中也详细论证了农业生产创造价值的过程。其中最具开创性的思想来源于洛克，他系统性地论证了劳动产权的合法性（李惠斌，2004）。他在《政府论》（1964）一书中指出：劳动创造了产品的价值增值部分，为财产确立了合法性，并指出政府存在的目的即保护财产所有权。其后，凡勃仑在《企业论》（1959）中进一步总结说："自由劳动是财富最初的根源，是所有权的基础。"基于前人的研究，马克思发展并形成了劳动价值理论，并在《资本论》中主张将属于劳动创造的财富分配给劳动者，以保护劳动产权。

如何保护劳动产权？基于新古典经济学的思想，劳动关系的新保守派认为政府不应干预劳资博弈（程延园，2011），因为市场力量会自行调节，以实现劳动力市场的平衡。然而，新保守派忽略了市场缺陷问题，在劳动关系领域，这具体表现为分配的不平等（秦诗立，2001）。沃尔夫在《市场或政府》（1993）一书中指出：市场组织的行为存在外部性，即他们仅考虑己方的利益最大化，而不会顾及其他行为主体的利益，因而增加了交易成本，使得各方利益无法实现帕累托最优。

克服劳动力市场的缺陷可以"通过引入有效的第三方监督管制力量（如政府的监管力量）来实现"（崔校宁，2003）。洛克在《政府论》中也提出政府的职责是保护产权（包括劳动产权）。至此，克服市场缺陷的行为需求和政府的职能不谋而合。然而，政府介入劳动力市场的方式和程度，都需要经过审慎的制度设计。这是因为政府缺乏竞价机制计算成本和效益，过多的政府介入容易导致资源错配和低效率，反而会增加交易成本，产生非市场缺陷（秦诗立，2001）。

综上所述，从制度理论视角来看，政府具有保护劳动产权的责任。如果政府过少地介入劳动力市场中的劳资博弈，市场缺陷会使得劳资博弈的交易成本升高；相反，如果政府过多地介入劳动力市场中的劳资博弈，非市场缺陷也会使得劳资博弈的交易成本升高。"在转型经济中，市场秩序混乱，交易成本高昂，大量存在着市场与政府机制均无法解决的一些问题（如价格协调、涉外仲裁等），需要企业以集体行动方式，创设或参与自主治理组织，建构准公共物品为成员享用"（吴军民，2005）。一个折中的方法是：政府让一些市场组织（即企业）构成的群体性机构代替其行使保护劳动产权的责任，而雇主协会可以在此过程中扮演重要角色。例如，秦诗立和岑丞（2002）就发现"市场经济发达国家的商会，都具有市场组织与非市场组织的双重特征"。

2）雇主协会的职能：劳动关系职能和经济政治职能

雇主协会通过履行其劳动关系职能和经济政治职能实现其"在保护劳动产权的过程中降低交易成本"的使命。

第一，雇主协会在劳动关系领域行使其劳动关系职能，具体活动包括参与劳资谈判、签订劳资协议、解决劳资纠纷以及为雇主企业提供帮助和建议。从历史发展来看，雇主协会是面对日益觉醒的工人阶级而产生的资本家的一种联合形式（张颂豪，1991）。19 世纪以后，随着西方各工业化国家工人力量逐渐壮大，作为与之平衡的力量，雇主协会的作用也开始显现。当时的雇主协会主要采用一些强对抗性的手段与工会进行博弈。进入 20 世纪之后，随着各国劳动关系立法的逐渐规范，雇主协会与工会进行博弈的方式也趋于理性化，然而有一点始终未变，即雇主协会作为平衡劳资双方博弈的力量，行使着其劳动关系职能。

第二，在经济和政治方面，雇主协会可以基于其劳动关系领域的专业知识影响国家政策的制定。例如，在经济活动方面，瑞典的雇主联合会提出："工资增长幅度不能超过劳动生产率的增长幅度以及国际市场价格增长幅度之和"，这对于促进瑞典产业发展和经济增长大有裨益。再例如，在政治活动方面，西方一些国家的雇主协会能代表雇主进行院外活动[①]，通过立法手段保护资本家的利益。

3. 西方雇主协会行使职能的历史实践

欧洲各国的雇主协会具有悠久的历史，其行使职能的历史实践对我国构建和谐劳动关系具有指导意义。

北欧各国多年来一直保持着较和谐的劳动关系，这与深深扎根于北欧民族传统的"平等、妥协、合作"理念密不可分（朱斌，2008）。其中瑞典更是典型代表。1938 年，瑞典全国雇主协会和全国总工会签订了湖巴登协议，标志着瑞典劳资双方开始正式采用和平手段解决劳资纠纷。时至今日，瑞典的雇主和工人的组织化程度都非常高，对比之下，瑞典雇主的组织程度高于企业工人，绝大多数企业都参加了同一个雇主组织——瑞典企业联合会。该组织有 50 个分会，会员包括近 54 万家私营企业，涵盖工商业、运输业及其他服务业等，企业规模既有小作坊，也有大型垄断企业，雇佣超过 150 万的劳动力（闻效仪，2010）。

欧洲的另一个典型代表是德国的行业协会，它是由三大系统组成：第一类是"德国雇主协会"。该协会是德国全国性的雇主组织，综合反映了各行业、各地区的雇主利益。第二类是"德国工业联合会""手工业联合会""交通运输业联

---

① 他们的活动常在议会的走廊或接待处进行，故有院外活动集团、罗比分子或走廊议员之称。因他们可在很大程度上左右议会立法过程和结果，故又被称为议会两院之外的第三院

合会"以及其他专业协会。行业协会的服务职能主要体现在信息、咨询、职业教育三个方面（刘跃斌，1998）。第三类是"工商会"。

在英国，工程雇主联合会在调解劳动关系方面发挥着重要作用。工程雇主联合会代表了 5000 家雇主企业的利益，与造船、工程工会联合会进行谈判，谈判达成的协议为其他下级机构的谈判提供了指导性原则。

4. 广东雇主协会的历史发展

朱英和郑成林（2005）指出："学术界对中国城市行业组织的近代变迁相当重视，但现有成果对广州的情况还缺乏深入研究。"实际上，作为中国改革开放和市场经济的先行者，广东省不仅在产品市场发展方面取得了卓越的成就，而且在要素市场方面同样发展迅速，在劳动关系领域一直走在全国前列。

1980 年，广东省企业联合会（原广东省企业协会）宣告成立，机构章程将其定义为"以本省各类企业单位为主体，吸收其他社会组织以及专家、学者、新闻工作者等参加，自愿结成的、具有法人地位的全省性、综合性、非营利性的社团组织"。1983 年，广东省企业家协会（原广东省厂长经理研究会）宣告成立，这是改革开放后全国首个厂长经理社团组织。广东省企业联合会以及广东省企业家协会（简称广东省企业两会）实行"两个名称，一套办事机构"的运作模式，目前已经发展成为广东省规模最大、功能最强的综合性社团组织。

经过 30 余年的发展，目前，广东省企业两会为广东省雇主企业提供多方位的帮助和服务，具体包括如下四个方面：

第一，提供法制化、体系化的雇主组织服务功能。例如，2002 年 2 月，广东省人民政府批准授权，由广东省企业两会（代表企业方）与广东省人力资源和社会保障厅（代表政府）、广东省总工会（代表工会）组成省级协调劳动关系三方机制，三方机制会议每年召开一次，对制定广东省地方性法规意义重大。2005 年 12 月，广东省第十届人民代表大会常务委员会第二十一次会议审议通过的《广东省企业和企业经营者权益保护条例》，赋予广东省企业两会代表省级雇主组织，依法维护企业和企业经营者合法权益的历史使命。

第二，提供内容涵盖高端培训、咨询服务体系构建等方面的培训。例如，2013 年广东省企业两会在全国企业联合系统，首次建立由三十家律师事务所共计六十名律师组成的广东省企业维权顾问团，为企业提供法律咨询服务。

第三，提供着眼于扩大经济技术合作的国内外交流服务。例如，2008 年 11 月，广东省企业两会联合广东省四十家行业协会和地方雇主组织，共同成立了广东省雇主工作联席会议。联席会议从事雇主工作的议事合作，通过定期和不定期地召开联席会议，及时研究分析广东省企业劳动关系的新情况、新特点，征询广东省企业在劳动关系等方面的意见，共同维护广东省企业合法利益，促进和谐劳动关系的发展。

第四,开展着眼于提升企业核心竞争力的课题研究。例如,2013 年,广东省雇主工作联席会议联合广东省内多家企业发起全国首届"寻找广东好雇主"活动,并在全国首次发布《广东企业履行雇主责任白皮书(2013)》,对指导企业履行雇主责任,提升核心竞争力具有深远的意义。

纵观广东省企业两会的发展历程,其对广东省雇主企业的服务和帮助从纯粹的法律服务功能拓展至现在的培训、咨询、国内外交流以及课题研究等领域,展现了广东省的雇主协会行使其劳动关系职能和经济政治职能的具体实践。

5. 异军突起的力量:香港商会对广东劳动关系规制的影响

"商业会员组织"(英文简称 BMO,中文简称为商会或商会组织)是由商人依法组建、维护员工合法权益,以促进工商业发展为主旨的社会团体法人。商会具有以下三方面特点(叶燕斐和黄琳,2007):第一,它们是非营利组织,主要目标是通过采取集体行动来保护会员的利益;第二,其会员(或当选的代表)通过民主方式决定组织内部事务;第三,其运营经费来源于会费、服务费、赠款和政府补贴。

赵永亮和张捷(2009)曾指出"在市场经济条件下的商会和行业协会,作为介于企业(市场)与政府之间的第三方治理机构发挥着重要的治理功能"。可见,与一般的雇主协会一样,商会也肩负着在保护劳动产权的过程中降低交易成本的使命。具体来说,商会可以游说政府为其提供有利于行业发展的公共产品(如产品保护、税收政策等),也可以向商会会员企业提供俱乐部产品(如人才培训等)。

然而,相较于中国特色社会主义的工会研究,学界对商会的关注度尚显不足,无论是在文献数量还是在质量方面,有关商会的研究成果明显少于工会(表 5-2)。尤其在广东,外国商会的介入对地方治理的影响程度越来越大,有待学界的进一步深入研究(汤蕴懿和胡伟,2006)。

表 5-2 关于工会、商会的文献检索结果 (单位:篇)

统计项目	CSSCI 篇名中含有该名词的文献检索数目	CSSCI 主题中含有该名词的文献检索数目	《管理世界》期刊文献主题中含有该名词的文献检索数目
工会	570	2165	19
商会	443	1001	5

注:文献检索结果来自于 CNKI 数据库,时间截至 2015 年 1 月 9 日

从广东经济的发展来看,香港商会的影响不容忽视,这首先得益于港资企业在珠江三角洲地区的蓬勃发展。香港工业总会研究报告显示,1979~2003 年,广东外商投资企业中,港资企业数量占比 75.25%,港资合同投资总额占比 67.61%,实际投资总额占比 68.34%;到 2007 年,港资企业占珠江三角洲全部外资企业数

量仍高达 72%。

与大陆商会相比，香港商会的发展更为完善、成熟。香港商会源起于体制外，既是香港市场机制完善的产物，也是香港经历殖民政治和特定社会结构的必然结果（吴巧瑜，2011）。香港商会对经济发展的贡献是巨大的，它可通过包括立法会的议会代表和舆论媒体等多种渠道反映企业雇主诉求（陈升东，2014），影响政府政策的制定。在现在香港社会治理的框架中，香港民间商会已成为与政府、企业并存的第三种力量（吴巧瑜，2011）。

值得注意的是，香港商会并没有将自己的影响力局限在香港本土，与港资企业在珠江三角洲经济发展中扮演重要角色一样，香港商会在广东省劳动关系规制的发展过程中，始终发挥着重要作用。例如，2007 年新《劳动合同法》出台时，香港各大商会对该法律草案提出诸多疑问，并最终影响了《劳动合同法》第二稿和第三稿的修改（潘毅和陈航英，2014）。2010 年广东就《广东省企业民主管理条例》三稿征求各方意见，香港商会担心有关工资集体协商和劳动争议处理的部分条款会导致用工成本上升，纷纷表示反对条例，并促使广东省人大常委会决定暂缓审议有关草案。2014 年 3 月，广东省第十二届人大常委会第七次会议审议通过《广东省企业集体合同条例（修订草案稿）》。时隔一个月后，香港六大商会迅速作出反应，联合致函广东省人民政府，就"集体协商"相关条款提出意见。同年 5 月，香港 18 000 家中小厂商联合通过香港媒体表达不满，反对《广东省企业集体合同条例（修订草案稿）》中部分涉及劳工集体谈判权的条款。可见香港商会对一江之隔的广东的劳动关系规制具有较大的影响力，其效果也是有利有弊。

一方面，香港商会介入劳动关系规制有助于降低市场交易成本。由于广东早期的治理模式是"大政府、小市场、弱商会"，这导致广东本土的雇主协会在发展初期无法作为成熟的劳动关系主体介入劳动关系规制，从这个角度来说，香港商会在某种程度上承担了在珠江三角洲与政府、工会进行博弈的任务，对广东省乃至全国的劳动关系规制产生了积极意义。

另一方面，"相对于作为一个提供公共产品的公共组织而言，商会的海外机构更是一个提供内部产品的俱乐部组织"（汤蕴懿和胡伟，2006），香港商会也是如此，有明显为其"俱乐部会员"争取利益的倾向。因此，如何从长远利益出发，将广东省本土的劳动关系主体与香港商会共同纳入劳动关系规制中并且实现共赢，是未来广东省劳动关系规制的现实问题。

5.2 广东工会的角色和行为

广东是中国工人阶级最早产生的地方之一，中华全国总工会就诞生在广州。有记载的广东工人集体行动最早可以追溯到鸦片战争之前，即 1840 年 1 月 5 日，为了配合清政府两广总督林则徐在广东查禁鸦片烟的行动，在广州英商馆工作的职工罢工回家（孔祥鸿，1998）。1851～1861 年，广州出现了我国最早的搬运工人组织——广州打包工人联合会（陈伟光，2005）。民国时期，即 1913 年 1 月成立了广州洋务惠群工会，当时有 355 个会员，之后不同企业、不同行业的工会组织不断成立，工人运动层出不穷（包括香港海员大罢工、省港大罢工），一直到 1922 年 5 月 1 日召开的"第一次全国劳动大会"，中国共产党开始领导广东的工会组织（孔祥鸿，1998）。在 1949 年之前，广东的工会一直在进行阶级斗争。新中国成立之后，这种阶级斗争的意识还在延续，并没有转型，但 1978 年之后，广东工会的角色和行为发生了变化。

回顾 1978～2014 年广东工会的角色和行为之前，需要了解工会具体应该做什么，如何做？实际上，广东的各级工会组织一直在探索这些问题。随着国际环境的变化，这些问题值得理论和实践两个方面的回顾和思考。

5.2.1　广东工会角色的理论分析

1. 西方工会理论有关其角色的研究

在回答工会的角色是什么之前，需要给工会下个定义。对工会研究最著名的学者是韦伯夫妇，他们有关工会的定义是：工会是工资收入者为维持或改善工作条件而建立的永久性组织。在《英国工会运动史》中，韦伯夫妇认为工会主义产生的背景是基于工业革命进程中的劳工运动，而工会的目标包括提高工人的经济地位和社会地位两个方面（冯同庆，2009）。在马克思看来，工人们所结成的联盟（工联）是"作为工人同企业主进行斗争的堡垒"（马克思，1995b），其最初的目标在于维护工资，之后发现在联合的资本面前，维护自己的联盟比维护工资更加重要，"联盟具有政治性质"（马克思，1995b）。

但工会的作用在不同的研究者眼中，一直存在争论。在经济学家看来，工会的垄断性带来了负面效应，进而阻碍工业的进程（Haberler，1959；Machlup，1952；Simons，1948）。工会作为劳动力市场中的垄断组织，以牺牲未加入工会的劳动者利益和经济效率来争取提高工会成员的工资（伊兰伯格和史密斯，1999）。而美国著名的劳动经济研究专家弗里曼和梅多夫（2011）在其合作的《工会是做什么的？》一书中，却认为工会也有正面效应。他们认为：工会作为工人的代表具有两面性，即垄断的一面和代言人/应答人的一面。在垄断性角色中，工会可以提高工人的工资，但其代言人/应答人的角色，则可以提高生产率。

2. 历史上中国工会角色与改革开放后工会角色的冲突

弗里曼和梅多夫（2011）的研究毕竟是基于美国经验而完成的，从历史的角度分析，美国的工会与中国的工会有很大差异，其中一个重要的差异就是"例外性"。理查·伊利是美国劳动关系制度学派的创始人，在其专著《美国劳工运动》中提出，美国的劳工运动目标不是阶级斗争，而是广泛建立劳资双方的合作（冯同庆，2009）。这一点与中国的工会历史截然不同。中国的工会自 1922 年 5 月 1 日在广州召开全国第一次劳动大会开始，其指导思想是马克思的冲突论，一直到 1978 年之前都是以经济性和政治性两重目的而存在的。

1978 年之后，经济目标成为政府改革开放的首要目标，香港地区、新加坡、韩国、台湾地区组成的"亚洲四小龙"外向型经济发展树立了很好的参照系，当时的国际经济环境是经济全球化所带来的更多市场竞争力量。如果继续坚持工会与资本之间的阶级斗争，保持工会的垄断地位，与政府发展经济目标显然有冲突。从理论上分析，如果工会处于完全竞争的市场环境中，工会的一切行为是为了获得比完全竞争条件下更高的工资，那么建立工会的某个企业就不得不支付比其他企业更高的生产成本，最终迫使企业破产，而依附企业存在的工会也没有存在的必要了。在这种情况下，对策是组成行业工会、全国工会，一方面整个行业、整个国家的经济效率比没有工会的时候低，但行业可以生存下来，国家的经济不会受到破坏，美国的工会往往组成行业工会，著名的有汽车行业工会、卡车司机行业工会、港口行业工会等。但是，一旦某个行业融入全球化市场中，这些行业也可能无法生存，美国底特律的汽车行业衰退就是一个例子，其中汽车行业工会垄断性的负面效应是一个关键因素。可以说，工会的垄断力量与其所处的市场竞争有密切关系。在弗里曼和梅多夫（2011）的研究中也有相关理论分析，因为他们发现了工会垄断力量的来源，即当工会组织起来的企业完全主导一个市场，或者企业处于非竞争的市场中，工会的垄断力量才能决定工资的增长，但全球化进程加速（如各种区域性贸易协定等），反映出自由市场主义倾向越来越强烈，工会的垄断性很可能被打破，这个时候工会的代言人/应答人角色就更加重要了。

1978 年之后，中国政府决定引入市场竞争机制，加速融入全球化的世界经济舞台，工会的垄断性角色对于企业的效率可能是一个障碍因素，因此虽然保持广东工会的垄断性，但把垄断性存在的经济目标淡化或者弱化，强化其代言人/应答人角色。仔细分析《广东工人运动大事记》（1998 年）以及《广州市工会志》（2005年）两本书的文献，可以明显看出这种趋势和角色的定位。

《广东工人运动大事记》（1998 年）由广东省总工会编著，书中记录了 1840～1995 年有关广东工人的各种大事；《广州市工会志》（2005 年）由广州工人运动史研究委员会办公室编写，记录了 1840～2000 年有关广州工人运动发生的重要史实。仔细分析两本书的记录，1978～2000 年，广东工会开展的所有工作可归纳为七个方面：

（1）平反与恢复工作，纠正"文化大革命"期间的一些冤假错案。例如，广州造纸厂 120 多名工人被打成"国民党残渣余孽",作为专政对象,1978 年 8 月得到平反,恢复这些老工人的党籍,被剥夺工作权利的老工人恢复工作;1979 年 8 月恢复原广东省总工会主席冯燊的名誉;1979 年 2 月筹备广东省邮电工会小组成立,恢复邮电工会活动,等等。

(2) 提高企业生产效率,包括组织各种劳动竞赛和培训专业技能,表彰劳动模范。

(3) 宣传教育工作,包括思想政治宣传,既宣传党的政策方针和爱国主义思想,也宣传改革开放思想。通过读书会、专题报告、座谈会等形式,提高工会会员的思想认识、专业技能、纪律和法律意识等,同时广东省总工会于 1986 年 1 月成立了法律顾问处,提供法律服务。

(4) 劳动保护和帮助困难职工工作,包括调查和监督企业执行政府颁布的有关工作现场劳动保护和劳动保险条例的情况,提供职工疗养的机会,开展职工互助互济,资助和补助困难职工。

(5) 实施民主管理,恢复和建立企业的职工代表大会,在企业促进民主管理制度的落实,并探索员工持股计划。例如,1986 年 3 月在广州绢麻纺织厂、侨光制药厂、明兴制药厂三家国有企业试行"合股经营,共负盈亏"的股份制,吸收职工参股。

(6) 保护女职工权益,包括女职工的就业、管理职位、生育等权益。

(7) 工会组织的组建工作。在外资企业组建工会。例如,1982 年 1 月深圳市第一家中外合资企业深圳市竹园宾馆工会成立,1983 年 7 月深圳市蛇口工业园区工会成立。1985 年深圳市已建"三资"企业工会 117 家,占应建工会数的 77%,居全省之首。1985 年 5 月中国大酒店工会成立,是广州市中外合资企业第一家工会。说服私营企业雇主允许组建工会。1989 年 11 月何植记靴鞋厂工会成立,是广州市第一家私营企业工会;1993 年 7 月深圳市第一家私营企业——宝安荣华实业有限公司工会成立。2008 年之后,针对农民工的特点,配合人力资源和社会保障等政府部门,出版图书,如广东省总工会出版的《异地务工人员心理援助读本》《工人律师:劳动法律知识问答》《八荣八耻职工读本》等供农民工阅读。

至于保护工人权益、争取工资收入提高的工会垄断性角色履行,在 80 年代小范围进行试点。例如,1985 年 7 月深圳市蛇口陆氏实业(蛇口)有限公司工会制定《劳资协商会议制度试行办法》;1990 年 6 月东莞市政府和东莞市总工会建立联席会议制度;1995 年 5 月松下万宝(广州)空调器/压缩机有限公司建立了由公司协商会和工场(部门)协商会构成的两级协商机制。真正在全省范围展开劳资协商则是在 2007 年前后,按照中央政府提出的"体面劳动"要求,2007 年之后几年开始探索工资集体协商制度的建立。首先广州市总工会与高校联手创办的研究机构——"广州工运研究基地"在广州大学广州发展研究院成立,其次在企业开始推动集体合同制度，要求两个普遍：一是普遍建立工会，二是普遍建立集体合同制度。尤其是 2010 年南海本田罢工、富士康员工自杀事件发生之后，中华全国总工会发出《关于进一步加强企业工会建设充分发挥企业工会作用的紧急通知》，加快了私营企业、外资企业的工会组织建设和劳资协商制度的探索。在 2014 年 9 月，由广东省总工会强力推动，通过了《广东省企业集体合同条例》，标志着其垄断性角色的合法身份确定。

　　总体评价，1978～2014 年，广东工会的工作以代言人/应答人角色为主，一方面组建工会，另一方面帮助企业提高生产效率，做好工会会员与企业合作的思想工作。例如，1995 年 7 月广东省总工会发出在外商投资企业中广泛开展以"职工爱企业、企业爱职工"和评选"爱企业的好职工、爱职工的好经理"为主要内容的"双爱双评"活动的意见。同时辅以劳资协商、劳动者权益保护的角色，这与整个阶段的政府经济目标、底线保护工作现场的劳动者相关。在角色的定位方面，广东工会与企业的关系更强调合作伙伴的性质，其阶级斗争的角色基本上不存在，这一点与美国的工会接近。

5.2.2　广东企业工会角色的具体转变

　　改革开放后，广东省根据经济发展的形势变化，于 1985 年 8 月发布《关于在中外合资、合作和外商独资企业中建立工会组织的通知》，同年 9 月 17 日，全省经济特区和三资企业（中外合资、中外合作、外商独资）工会工作研讨会在汕头市召开，会议总结经济特区和"三资企业"中的工会工作。1988 年 4 月，湛江油脂化工厂是全省第一家签订集体合同的企业。1992 年和 2001 年，国家分别对《工会法》进行了两次修订，以适应经济社会转型中发生的劳动关系争议所需。在这短短的 37 年间，工会规模不断扩大，广东地方工会组织在法律和企业内部地位也越来越重要，工会对自己角色的认识从模糊到逐渐清晰，为员工维权的行为由原来的被动趋向主动，在一些非公企业中可以较为独立地开展工作，并敢于代表工人与雇主进行集体协商和谈判。工会代表工人维权的力量由弱变强，正在发生转变。

1. 十一届三中全会到 20 世纪 80 年代后期工会的角色转变

　　工会在中国的作用一直受到重视。1978 年 10 月，在北京召开的中国工会第九次全国代表大会上，邓小平代表中共中央、国务院向大会致词，他强调了工会组织"必须密切联系群众，使广大工人都感到工会确实是工人自己的组织，是工人信得过的、能替工人说话和办事的组织，是不会对工人说瞎话、拿工人的会费做官当老爷、替少数人谋私利的组织"（邓小平，1994）。在这一阶段，西方国家的劳动关系并不稳定，工会组织的罢工潮此起彼伏。例如，1980 年 7 月，波兰工人掀起了规模巨大的全国性罢工浪潮，在这个信奉天主教的国家中，罢工工人宣称："组织工会的权利是人们固有的，是上帝给的，不是国家给的"（姜琦和张月明，2001）。在罢工的基础上，波兰诞生了团结工会，最终发展成为反对党。受此事件影响，我国相继出现了罢工、怠工、工人游行示威等抗争事件。1980 年10 月 27 日，书记处召开会议强调，应从波兰工人罢工事件中吸取教训，避免波兰罢工事件在中国发生。会议要求"各级工会组织，特别是各级工会领导，必须有改善工会同群众关系的紧迫感"，并指出"脱离群众已成为目前工会组织主要的危险，要敢于正视这个现实"（中华全国总工会办公厅，1982）。

可见，工会脱离群众成为当时党和政府讨论的重要话题之一，中央政府已经深刻认识到这一问题的严重性，因而，一再强调各级工会需要密切联系群众，正如赖若愚（1987）所说的："脱离群众是工会最大的危险"。但是工会如何发挥作用，才能不脱离群众、加强工会与群众的联系，仍然需要进一步思考。从波兰罢工事件中不难看出，工会脱离群众不仅出现在中国，也存在于世界各国中。所以，工会干部要时刻关注国际劳动关系形势，研究经济全球化对国际工人运动的影响，并结合我国劳动关系找出解决对策，使工会能密切联系群众。

对于工会脱离群众的问题，邓小平（1994）曾经作出指示，工会要努力保障工人的福利，在尽可能督促和帮助企业的基础上，努力改善工人的劳动条件、居住条件、饮食条件和卫生条件，在工人中积极开展各种形式的互助活动，做到依法独立自主地开展工作。但无论要做好以上哪一项工作，前提条件是工会组织密切联系群众，为工人的权益奋斗。邓小平从以上几个方面对工会工作提出了具体要求，让工会从群众的切身利益出发，使工会实实在在地为职工谋福利，改善职工劳动条件和生活条件。

1984 年 10 月，中共十二届三中全会通过的《中共中央关于经济体制改革的决定》中强调："在城市经济体制改革中，必须正确解决职工和企业的关系，真正做到职工当家做主"。在经济改革的过程中，工会密切联系群众，积极组织广大职工参与并支持经济体制改革，吸引和团结职工为推动本单位的经济体制改革共同奋斗。随后几年，我国进一步将党、政府和社会政治组织之间的职能划分开来，认识到工会是社会主义国家最重要的、代表工人的政治团体，通过将政府与工会的职能分开，矫正"政府包揽一切"的历史问题，使工会真正实现自身的职能作用。

20 世纪 80 年代初期，受到国家经济和政治改革的影响，广东省的经济发展格局发生了重大变化。在工业发展方面，形成了以国营工业为主体，区街工业和乡镇工业齐头并进的经济发展格局。当时还出现了新的企业发展模式，即乡镇企业，乡镇企业的迅速崛起和私营企业的较快发展使工会工作面临新的挑战。对此，广州市总工会加强了区县工作的调查研究，积极开展职工之家建设活动，总结推广区县工会参与改革、支持改革的经验，打开了工会组织建设的新局面（黄国璇，

2008）。广东省总工会积极主动投入到改善自身建设中，开始融入企业、职工，独立办好各项事务。在这一时期，工会角色已发生了巨大转变，由原来的脱离群众逐渐融入到职工中，相对独立于政府职能，代表职工利益，自主开展工作。

2. 20 世纪 90 年代广东企业工会的角色转变

1994 年我国颁布了《劳动法》，2008 年党和政府强调构建和谐社会，缩小贫富差距，建立工资增长机制，出台和重新修订了《工资集体协商试行办法》《关于进一步推进工资集体协商工作的通知》《关于开展区域性行业性集体协商工作的意见》等文件，22 个省份制定了集体合同的地方性法规，其中广东省于 2014 年 9 月，颁布《广东省企业集体合同条例》，于 2015 年 1 月 1 日正式实施，明确了工会代表工人的权利，意味着在解决劳资集体争议时，集体协商正逐渐取代过去的个体谈判方式，成为工会维护职工合法权益的主要方式。

我国已经制定多个保护职工集体协商的法律条文，然而工会仍面临着诸多难题。鉴于 2010 年南海本田罢工事件中工会的表现，工会应该代表职工进行工资集体协商得到了肯定。但现实是工会的地位和作用发挥面临挑战，对于有工会的企业来说，工会的独立性和有效性遭受质疑，员工遇到劳动争议时，一般不寻求工会的支持。从资方的角度看，大多数外企、私企对工会代表工人进行集体协商持消极抵制态度，反对的理由与经济学界的部分学者一致，认为在工资集体协商中，工会可能会垄断和操控职工工资水平。

为强化工会维护职工合法权益的职能，增强工会集体协商谈判能力，广州市总工会积极探索社会主义商品经济条件下工会发展的新途径，并在工会自身工作方面进行了改革与尝试。广州市总工会的角色实现了四个转变：从领导型工会转变为服务型工会，从指挥型工会转变为指导型工会，从对上负责为主的工会，转变为对下负责为主的工会，从活动事务型工会转变为参政议政型工会（杜美娴和冯鸿禧，2008）。在职工最关注的劳动报酬方面，广州市总工会也迎难而上，为推进工资集体协商工作，2006 年成立了全国首个由专业人士组成的"工会工资集体协商顾问团"，在全市与企业协商职工工资方面发挥着主导作用（谢敬彬，2008）。

除工资集体协商外，工会还在组建企业工会方面取得了一定进展。2006 年 7 月 29 日，名列世界 500 强的沃尔玛公司在福建晋江的分店组建了第一个工会，在随后的 60 天内，国内 30 个城市的 62 家沃尔玛分店纷纷建立工会组织。

随着国家的重视以及经济发展，工会已成为企业不可或缺的部分。对于职工而言，若没有工会，工人可能成为没有组织的"集体行动"成员，在与企业进行集体协商和谈判时，将处于弱势地位。因此，需要立法保护工人加入工会的权利；以及对具体条件进行补充说明。对于企业而言，如果没有工会，管理方需要与员工进行个体化谈判，导致谈判成本高以及资源浪费，这同样不利于企业的发展。

因此，工会对于社会、企业和职工发展都至关重要。

5.2.3　广东企业工会的具体维权行为

工会是工人的代表，其维护工会会员的民主权利和物质利益在经济社会转型过程中曾经处于被动的地位，甚至有一段时间默默无闻。但随着转型的深入，工会的维权职能清晰化了，其行为也得到逐步回归。在 1980 年，全国总工会党组向中央汇报工作时，在其《关于当前工作中若干问题的汇报提纲》中指出："维护职工的民主权利和物质利益是做好工会工作的关键"（杨莹，2009）。

经过中华总工会的努力，1992 年 4 月，第七届全国人民代表大会第五次会议通过了中国历史上第二部《中华人民共和国工会法》，其中设置了专章规定"工会的权利和义务"，具体在第五条规定："工会组织和教育职工依照宪法和法律的规定行使民主权利，发挥国家主人翁的作用，通过各种途径和形式，参与管理国家事务、管理经济和文化事业、管理社会事务；协助人民政府开展工作，维护工人阶级领导的、以工农联盟为基础的人民民主专政的社会主义国家政权。"第六条规定："工会在维护全国人民总体利益的同时，代表和维护职工的合法权益。工会必须密切联系职工，听取和反映职工的意见和要求，关心职工的生活，帮助职工解决困难，全心全意为职工服务。" 可见，工会的主要职责被定义为政治与服务职能，忽视诸如监督权、调查权等职能，失去了维权行为的主动性，导致工会对协调劳动关系的实际作用并不明显。这说明，在这一时期，工会的维权行为还是以被动为主。20 世纪 80 年代以后，中国逐渐进入经济转型时期，该时期强调"以经济发展为中心"，以保障企业效益为重要考量，对职工利益重视不够，甚至以牺牲职工利益换取企业利益。由此不难发现，该时期的三方协商机制，企业占主导地位。

但随着经济体制改革的不断深化，非公企业得到大力发展，但工会在非公企业，尤其是私营企业的维权行为遇到了挑战。在私营企业中，普遍存在工会主席与企业老板是亲戚关系，工会主席往往站在老板的立场上维护企业利益，很少代表职工利益。更为严重的是，一部分新建工会被雇主控制成为"老板工会"，在发生劳资冲突时，工会选择站在雇主一方，损害职工的合法权益。因此，在 20 世纪 90 年代，一直到 21 世纪初，工会并不能帮助工人解决实际问题，被认为是可有可无的组织，并失去了职工的信任。

改革开放后，广东百姓的生活水平不断提高，但仍有部分职工面临生活困难，主要原因在于，一方面，一些企业因经营困难，与职工解除或终止劳动合同，甚至拖欠职工工资、医疗费。另一方面，由于工会维权不力，致使私营企业职工的合法权益受到严重侵害。为改变这种困境，广东省总工会积极采取行动，努力维护职工利益。例如，广州市工会于 1983 年 12 月，成立首个工会维权工作机构：

"广州市总工会法律顾问室"。随后，各区、县级市总工会的维权工作机构也相继成立，促进了工会维权工作的开展，妥善处理了广州第三染织厂钟润房屋产权纠纷案、振业服务公司销售合同纠纷案等。1984～1991 年，共办理各级工会组织和职工群众的经济合同、房产纠纷等案件 73 宗，涉及金额 117 多万元，接待职工群众法律咨询 360 宗，为工会组织和职工群众提供了法律帮助（陈国文，2008）。

1991 年下半年，广州市总工会对四个老城区（越秀、东山、荔湾、海珠）的环卫职工生活状况进行了调查。数据结果表明，广州市（不包括四县）共有环卫职工 12 479 人。其中，临时工有 7244 人，占职工总数的 58.05%，他们基本都工作在一线，是环卫工作中不可缺少的支柱力量（褚兆强等，2008）。维护环卫职工合法权益成为解决其后顾之忧的首要问题，对此，广州市政府对其工资进行了几次上调，并增加了环卫津贴。2008 年，广东首个环卫行业工会——白云区环卫工人工会联合会揭碑成立。可见，在维权方面，广州市总工会表现积极主动，制定了多项规定措施，帮助职工维护合法权益。

进入 21 世纪后，我国工会组织得到了较大发展，维权行为也日趋主动化、科学化。2001 年，全国人大再次修改了《工会法》，修正案草案第二条规定："中华全国总工会及其各级工会组织代表职工的利益，依法维护职工的合法权益"，这确立了维权是工会产生、存在的根本。2003 年，全国总工会十四届三次主席团（扩大）会议提出"组织起来，切实维权"的工会工作方针。2008 年，中国工会十五大提出了"坚持以职工为本，主动依法科学维权"的新时期维权观（李军燕，2010）。2010 年 7 月，基于广东南海本田罢工事件等全国的劳动争议和工会组织现状，全国总工会十五届四次执委会议上，王兆国（2010）明确提出"两个普遍"要求，即"要大力推动企业依法普遍建立工会组织""依法普遍开展工资集体协商"，明确了新形势下工会维权的方式方法和重点内容。

虽然国家在法律上清晰明确了工会职能与角色，但我国基础工会组织的建设较弱，很多中小型企业尚无企业工会组织，已有的企业工会也没有真正代表工人的利益，维权行为缺失。从对工会信任的程度分析，劳动者对工会及其维权职能的认知度和信任度较低，许多工人在与资方发生劳资冲突时，一般不会寻求工会帮助，而是采取其他渠道解决。2005 年 8 月，中国劳动关系学院的许晓军教授等对沿海某省企业工会现状进行问卷调查，数据显示，71.3%的工人对工会的印象是"疏远或一般"，在同管理方发生利益矛盾时 71.9%的工人会寻求工会以外的其他方式解决劳资纠纷（许晓军和李珂，2006）。由此可见，在新型的市场化劳动关系下，各类企业依然存在工会维权作用不大，职工对工会有偏见，职工对工会的认知度和信任度较低等现象。

工会要实现依法科学维权，要求其面对行政抓"参与"，面对职工抓"维护"。参与在前，维护在后；参与是手段，维护是目的，通过参与实现维护。实现主动参与，就是要把维权关口前移，帮助、指导职工与用人单位签订劳动合同，代表职工与企业签订集体合同（薛丁齐，2013）。同时，还要扩大工会规模，积极在企业中组建工会，增加对工会的认知度和信任度，在处理劳动争议案件时，推动劳资双方通过内部协商解决。

近年来，广东省经济发展进入重要转折点，外向型经济高速发展带来一系列问题，包括劳动关系日益尖锐化，劳动争议时有出现。在案件处理中，广东省总工会放下包袱，敢于与企业雇主进行博弈，发挥维权职能。2007 年，广东省劳动监察部门披露了麦当劳、肯德基、必胜客等"洋快餐"企业涉嫌违法用工事件。对此，广东的工会组织立即行动，协助当地政府劳动监察部门调查本地区有关快餐企业是否存在违法用工问题。这次事件中，工会组织主动行动，表示"对侵犯职工权益的行为毫不妥协"，给涉嫌违法用工企业，也给全社会传递了一个强烈的信号：工会是职工合法权益的代表者和维护者。其中，在广州市总工会的积极推动下，建立了涵盖 1700 多家餐饮企业、2 万名从业员工的餐饮行业工会。此外，麦当劳、百胜餐饮若干广州分店也纷纷组建基层工会（黄国璇，2008）。可见，工会维权逐渐从被动转变为主动，其维权职能也得到不断强化。

我国经济社会正处在转型的关键时期，在劳动关系中，工会是一个重要的参与者。尤其是相关法律制度尚未完善，资方为了自己的利益目标，侵犯劳动者权益的事件肯定会时有发生。因此，工会参与到劳动关系中来，是工会维护职工权益的必然要求。目前，工会的工作应该以劳动关系调整为重点，通过加强基层工会的直选以增强工人的代表性，与企业就工资和工作条件等展开平等协商，扩大集体合同签订等多种形式，切实维护职工的法律权利和经济利益。

5.3 三家外商投资企业工会在集体协商中的策略选择

在西方工业化进程中，雇主与雇员之间的利益冲突一直存在，围绕这些冲突展开研究的理论视角既有一元论也有多元论（Edwards，2003），与之相对应的劳资关系管理策略既有工会化也有非工会化的制度安排。其中，在第二次世界大战之后，工资集体协商制度逐渐成为劳动关系处理的主导机制（冯同庆，2010），这既有政府力量的推动，也有工会组织集体行动的推动（Kessler et al，1999）。在中国，随着计划经济体制向社会主义市场经济体制转轨，各种劳动关系不断确立，随之产生了以工资为主要诉求的劳动纠纷。为此，中国劳动和社会保障部于 2000 年 11 月发布了《工资集体协商试行办法》，但该办法并没有引起社会、地方政府和企业的广泛重视，主动进行工资集体协商的企业很少。例如，在 2010 年，全国共有 1300 万家企业，超过 1000 万家中小企业还没有建立工资集体协商制度；即使进行了协商，协商效果也不佳（盛宇明，2010）。直到 2010 年初夏，广东南海本田汽车零部件制造有限公司发生的停工事件引发了全社会的关注，关注的焦点不仅在于该事件对广东汽车产业所造成的 40 亿元人民币的损失，更重要的是，工人停工诉求在于增加工资，并通过工资的集体协商得到了实现。因此，本田事件所呈现的是社会普遍存在的现象与问题，是由制度缺陷而造成的，是此类事件频发带来的社会效应（孙雨婷，2010）。

针对本田罢工所引发的诸多停工事件，专家学者和政府部门有不同的观点。例如，董保华（2010）提出应该在最低工资立法中强调"提水平"与"统范围"两个方面；盛宇明（2010）则认为除了提高最低工资标准之外，还需要进行工资的集体协商；冯同庆（2010）依据工资集体协商的源头和使用条件，直接指出"中国大陆 2010 年春夏劳动社会事件的连续发生，表明建立工资协商制度已经变得十分必要"。在 2011 年，温家宝在十一届全国人大四次会议上所作的《政府工作报告》提到，提高劳动报酬在初次分配中的比例，但该报告并没有直接指出增加最低工资标准或者进行工资集体协商。这表明除了前述的一些措施外，还存在其他可选方案（盛宇明，2010）。因此，研究基于一元论和多元论的理论框架，探索劳资关系的管理模式，认为在集体主义与个人主义相结合的管理模式下，工会除了与资方进行对抗性的协商或者谈判外，还可进行合作。

1. 西方劳资关系管理模式从集体主义到个人主义的发展趋势

从 20 世纪 90 年代开始，西方研究劳资关系的许多学者关注到一个现象：随着企业管理者实施高绩效人力资源管理系统，工会的地位越来越被边缘化（John，1994；Storey and Sisson，1990）。尤其是企业的高管团队，为了适应现代工作现场的变化，与员工代表一起合作，逐渐改变劳资关系的发展轨迹，转向"个人主义"模式或者构建劳资双方个体层面的合作模式（Bacon and Storey，2000）。为此，Storey 和 Bacon（1993）建议在未来研究劳资关系时，必须关注两个因素并存的事实，即集体主义与个人主义相结合的劳资关系管理模式组合。

在劳资关系研究领域，最早关注管理哲学和策略的学者是 Fox（1974），他提出在研究劳资关系时，需要高度重视工作现场管理者和雇员的态度和行为，这些态度和行为建构于其认知、信仰和价值观之中，与组织的本质相关，决定了管理者和雇员在处理劳资关系中的行动，意味着不同管理者和雇员在对待劳资关系的行动中可能有所差异。在 Fox 之后，基于不同理论视角的劳资关系管理框架整合逐渐受到重视。目前，流行的分析框架以一元论视角和多元论视角为基础。其中，一元论认为雇主与雇员的利益一致，双方若产生冲突，必定是由于"误解或者误导"（Crouch，1982）。该观点认为雇主与每一个雇员可以共享目标，调查显示"相当部分的管理者坚信这点，并在 20 世纪 90 年代通过人力资源管理得以体现"（Edwards，2003）。而多元论则坚持劳资双方的利益并不一致，冲突是必然的，管理者应该正视冲突，并寻求管理冲突的方法，集体谈判或者劳资合作都是较好的可选方案，但无论选择哪一种方案，工会都在其中担当协商或合作的重任。

在不同理论视角之下，企业管理者表现出来的管理策略有很大的不同。20 世纪 90 年代之前，在多元论视角中，工会的地位和角色从"集体破坏者"到"集体谈判者"，无论是国家宏观层面的法规还是企业微观层面的管理制度，都把工会视为雇员的集体代表，是参与劳资关系管理的一个重要角色。自 20 世纪 90 年代开始，一元论视角被越来越多的中国企业接受，这些企业改善了人力资源管理体系，体现在员工管理中的"个人主义"发展趋势。例如，越来越多的企业重新设计绩效考核方案，出现了以关键业绩指标分解到员工个体为特征的绩效考核方案。在此基础上企业重新设计薪酬方案，执行基于个人绩效的薪酬体系，并为员工制订个体化的职业发展规划，员工若有诉求可直接与主管沟通，这导致通过工会与雇主进行集体谈判确定的薪酬体系逐渐被抛弃。不可否认，这些人力资源管理实践的确产生了预期的效果（Storey and Bacon，1993）。虽然有学者不同意这个发展趋势，例如 John（1994）就直接指出高绩效人力资源管理系统并没有边缘化工会在集体谈判中的地位，有工会的企业雇员依然获得更多权益保障。研究无意比较"集体主义"和"个人主义"薪酬方案的优劣，也没有证据显示高绩效人力资源管理系统比对抗性、有工会领导的集体谈判系统更有利于保障雇员的权益（Kessler and Purcell，2003），但正如 Storey 和 Bacon（1993）提出的建议，必须正视这些变化趋势。

2. 基于集体主义与个人主义的西方劳资关系管理模式

随着劳资关系的发展，越来越多的西方学者关注雇主、雇员对于一元论与多元论相对应的个人主义与集体主义产业关系管理模式的偏好，关注的焦点在于双方的利益和代表性。在一元论下，员工个人不需要通过工会这个中介机构，直接与雇主的代理人——主管形成雇佣关系；在多元论视角之下，员工加入工会，形成集体的谈判力量，在雇佣双方接受的程序下展开利益谈判。然而，这两种模式不能代表所有的劳资关系管理模式，除此以外，还存在许多组合模式，Purcell 等学者认为集体主义与个人主义的劳资关系管理模式不是相互排斥的（Purcell，1987；Purcell and Sission，1983；Purcell and Ahlstrand，1994），可以把个人主义的劳资关系管理模式视为雇主、经理在工作现场管理雇员的方法，而集体主义的劳资关系管理模式焦点在于雇主如何处理雇员的集体代表性，两个维度是可以结合在一起分析的。

为此，Purcell 和 Ahlstrand（1994）构建了一个两维坐标的矩阵，用于阐述和分析企业管理实践中各种劳资关系管理模式的组合，如图 5-1 所示。

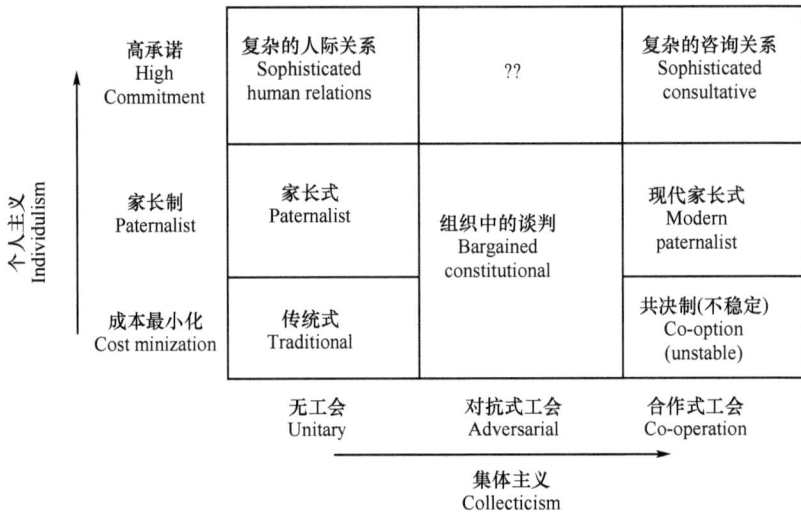

图 5-1　劳资关系的管理模式

资料来源：Purcell and Ahlstrand（1994）

图 5-1 中的每一个坐标轴都有三个选项。从横轴的集体主义维度分析，企业在管理劳资关系时，既可以是无工会的也可以是有工会的，其中工会可选择的两个策略分别是"对抗式"和"合作式"；而从纵轴的个人主义维度分析，企业在管理劳资关系时，可选择低成本策略，也可选择家长制的集权管理策略以及选择高承诺的人力资源管理策略。

在无工会的情况下，沿纵向有三个组合策略，分别是：传统式、家长式以及复杂的人际关系模式。其中"传统式"的管理模式关注低成本策略，企业给付雇员的工资较低、提供较弱的工作保障，企业的管理者非常担心工会所提出增加工资的诉求，因而在行动上反对工会甚至敌视工会，当然也不允许工会的成立。而"家长式"管理模式认为已经做到了关心雇员，让雇员依赖企业，自然工会就没有存在的必要。在"复杂的人际关系"管理模式下，资方迎合每一个员工的需求，努力实现员工的抱负和理想，让员工忠诚于企业，即所谓"高绩效的人力资源管理系统"，管理者同样认为工会没有必要存在。

在对抗式工会的集体主义视角下，当企业管理者追求低工资策略或者采取家长制的管理模式时，工会一定会组织员工团结起来，与资方展开工资的集体谈判，被称为"组织中的谈判"管理模式，这种管理模式在西方国家非常普遍，并有成熟的谈判机制。然而，对抗性的工会与高承诺的组合管理模式不稳定，资方要么排斥工会、要么走向合作式的复杂咨询管理模式，因此图 5-1 中的中间偏上部分显示的是"？？"。

最后，在集体主义维度的工会合作策略下，工会不愿意看到雇员被视为"成本"，因此，管理者与工会合作共同决定有关雇员工资和福利的一些重大决策。例如，鼓励员工参与管理，提出合理化改善建议、重构业务流程等。在家长制下，工会的角色更多的是对经营决策施加影响，不是"谈判者"而是"咨询者"的角色。而合作的工会与高承诺的人力资源管理相结合后，工会与资方被假定为有共同的目标和利益，共同努力实现每一个雇员的需求，工会在企业的经营过程中是一个全方位合作的咨询者。

虽然以上的分类遭到了一些学者的批评，如 Machington 和 Parker（1990）就指出实践中的工会可能有时是对抗性的、有时是合作性的，视情况而定，但 Kessler 等（1999）认为这个矩阵很有价值，帮助我们梳理不同的劳资管理模式，只不过这些维度的变化会受制于每个社会的经济、文化和技术等环境因素的动态影响，结果导致工会和管理者采取策略有所差异。

3. 三家外商投资企业工会策略的案例分析

基于图 5-1 的分析框架，研究选择了三家独资的外商投资企业进行研究。选择外商独资投资企业进行研究的理由在于：

第一，劳资矛盾在中国工业化进程中一直存在，特别是在经济社会转型期，外商独资劳动密集型企业的劳动关系冲突较为突出。例如，2006 年国际金属制品联合会（International Metal Workers Federation，IMWF）对 27 家在华投资的外资企业劳资关系进行了调查，报告显示，五大劳动密集型制造工业的劳资关系存在激烈冲突的隐患，有些企业的工作条件极其恶劣。在 2010 年夏天，"富士康员工自杀事件""南海本田罢工事件"引发了罢工潮，使外商投资企业的劳资关系冲突再次引发全社会的关注。根据广东省有关部门组织的实地调查报告"当前广东省劳资关系的现状及对策建议"（2010 年）结果显示，劳资冲突事件集中发生在外商投资企业中，并呈现出差异化的劳资关系特征。其中，欧美企业的劳动关系明显好于台资、日资和港资企业，这与不同企业的组织文化有关。

第二，在华外商独资企业在外商投资企业中占主体地位。中国于 20 世纪 90 年代中期作为"世界工厂"进入全球经济舞台（Warner，1996）。在所有外商投资企业中，中外合营企业的比例非常少，1986 年曾经达到最高峰，占比为 98.4%（中国统计年鉴，1987），之后数量逐年减少，截至 2008 年，只有 43 万户中外合资企业，仅占外资企业总数的 18.46%，反之，外商独资企业占比高达 81.19%。在这些外商投资企业中，总就业人数为 943 万人（中国统计年鉴，2009）。另据 2007 年《中国外商投资报告》分析，外商在制造业投资的领域主要为通信设备、电子制造业，这些都是劳动密集型的企业。

研究所选的三家外商独资企业分别来自香港地区、日本、比利时，位于南方某开发区，分别代表在华投资的外商独资企业的母国来源地特征。这三家企业的经营效益都很好，工会组织完善对和谐劳资关系的建设发挥着重要的作用。研究采取文献研究与访谈分析相结合的方法，通过查阅三家企业的文献资料，并于2011 年 6~7 月分别对三家企业的工会主席、人力资源经理和员工代表进行访谈。这三家企业的劳资关系管理模式都是工会合作式，对应图 5-1 右边的三个模式，即共决制、现代家长式、复杂的咨询关系。三家企业的基本情况归纳在表 5-1 中。

表 5-1 三家案例企业的基本背景和劳资关系管理模式

背景情况	A 企业	B 企业	C 企业
企业成立时间/年	1991	1995	2005
投资来源地	香港地区	日本	比利时
产品类型	成衣	汽车部件	金属材料
2010 年产值/亿元人民币	23	30	1.026
员工规模/人	8000	6500	550
工会成立时间/年	2002	2008	2007
工会会员人数/人	8000	6500	550
工会小组数/组	5	400	30
劳资关系管理模式	共决制	现代家长式	复杂的咨询式

资料来源：企业访谈资料汇总

三家企业工会的合作性策略具体表现为：

1）A 企业——共决制

A 企业是一个典型的劳动密集型企业，资方的经营策略特征是低成本竞争，其所招聘的员工基本上是外来工，企业为其提供集体宿舍。企业工会与资方在员工关系管理的目标上是一致的，即如何在控制成本的同时，最大限度地满足工人的需求。为此，工会积极为企业资方出谋划策，一方面积极降低成本，另一方面组织工人参与各种企业文化活动。例如，该企业工会每年组织各部门员工选举产生员工代表，每年召开一次大型的员工代表大会，每月召开一次员工代表座谈会，同时还邀请生产、后勤部门的管理人员出席此会议，当面解决员工提出的各种疑问，与员工进行面对面的沟通。员工代表座谈会的召开为员工提供了一个直接与各管理人员交流的机会，充分体现公司倡导的"民主、公开、公平、公正"原则，缩短了员工与公司的距离。同时，工会对每月的职工代表座谈会进行详实的会议记录，将员工们反应的各种情况进行归纳总结，方便后期及时处理若干困扰员工的问题。此外，A 公司还开设 "外来工信箱""总经理信箱""工会信箱""人事部信箱""投诉信箱"等，让员工通过多种形式反映问题，所有的员工来信均获总经理亲自回复。

2）B 企业——现代家长式

B 企业有较健全的劳资沟通模式——定期召开劳资恳商会，工会利用此平台与资方就双方关心的事情进行协商。该企业还有健全的工会组织架构，如按员工10%的比例配置员工代表，以车间为单位设立工会小组，每月按部门召开会员交流会，以便更好地收集员工意见；每年召开两次会员代表大会，讨论劳动关系的重大事项。B 企业的员工同属外来工，90%是年龄在 16～28 岁的年轻女性员工，这部分群体离乡背井在外务工，需要的不仅仅是一个收入稳定的工作岗位，更需要家庭般的温暖和关怀。针对员工的这种需求，B 企业工会发起了"将企业营造为职工之家"的长期规划。

具体措施包括：第一，从硬件着手，建设员工切实需要的设施设备，改变员工以往认为工会只是一个"虚设组织"的印象，让工会成为员工可以看得见、摸得着、用得上的"实体"。在工会成立后的三年内，先后兴建了篮球场、足球场、羽毛球场、网球场、乒乓球和桌球馆等运动场所，而后又根据公司女员工占绝大多数的特点，兴建了手工艺室、图书馆、健身房、瑜伽馆等设施，让员工在业余时间可以在厂区内找到自己喜欢的运动和休闲设施。硬件设施到位后，工会先后组织了篮球、足球、羽毛球、乒乓球、网球、桌球队，以及手工艺协会、礼仪舞蹈队等文娱兴趣小组，让所有硬件设施都能被员工最大限度地利用。第二，切实关心员工的衣食住行，让员工在企业可以享受到家庭般的便利和关爱。在这个方面，工会积极促成公司完成大量工作，如降低员工宿舍居住密度、重新装修宿舍、在厂区人行道覆盖阳光雨棚、响应节能减排将电热水器换装为太阳能热水器等。第三，改善餐厅服务。公司 6500 余名员工来自全国各地，对饭菜口味的要求各不相同，而员工集体食堂根本无法满足每个人的需求。针对此种情况，工会集思广益、大胆创新，改造了两间"自选餐厅"，面向员工提供各类风味的饭菜，由员工自主选择、自由消费，每餐可选择自己喜欢的菜式和口味。同时，公司还为每位员工提供每餐 4 元钱的补贴，员工只花一两元即可饱餐一顿。第四，加强基层员工对工会组织的了解，为员工架设一条高效、透明的诉求反映渠道，在全公司范围内推行"工会小组"管理体制。工会小组以车间生产线为单位水平展开，小组组长由工会委员会直接管理并享受 50 元/月的小组长津贴，负责向员工传达工会的各项政策，向工会提交员工的意见和想法。此外，工会对小组长个人制定了清晰、明确的奖惩制度，对于工作得力的小组长，年底将额外发放 500～3000 元不等的奖金，激励小组长在日常工作中加强对员工的关爱，力争为员工营造一个民主、和谐、积极向上的氛围，促进全体员工的团结和进步。

3）C 企业——复杂咨询式

在 C 企业，公司履行企业社会责任，认为实现"有效益的可持续增长"必须重视公司运营所带来的广泛经济、环境及社会影响。因此，公司严格遵守国家法律法规，强化管理，与员工的劳动合同签订率达 100%，并依法为员工缴交五险一金。

在劳资关系的管理模式中，公司体现的是复杂的咨询模式。一方面，充分满足雇员的个人需求，例如，提供良好的晋升机制，为员工提供各项奖金、节日费、庆贺金、子女教育金等福利，定期组织各种体育活动，如羽毛球、乒乓球、篮球、足球和户外活动，丰富员工的业余生活。另一方面，提高员工综合素质，满足员工的职业发展需求，由公司出资派送员工到国外、国内各兄弟集团公司接受管理技能和专业技能培训，同时还组织员工参加外语培训及其他培训课程，年人均培训小时超过 24 小时。持续改善员工福利待遇和工作生活环境，提供包括员工、及其家属在内的补充商业保险福利。

在工会管理中，充分发挥基层一线员工的自我管理潜力，在每个班组选取代表，参与工会管理工作，行使职工代表权利，对公司出台的相关规定进行审核、建议，保证员工的合法权益，同时为全体会员谋福利，每年对工会年度计划进行公告，让会员参与到工会组织的各种活动中，定期组织员工进行拓展活动、旅游活动，让大家融入工会，融入集体、融入公司，促进企业的稳步、健康、快速发展。工会还定期组织职工学习《工会法》《劳动法》等法律知识，加大企业安全生产、劳动保护等知识的培训，进一步保障职工的合法权益，目标在于增强企业的凝聚力。

虽然《劳动法》第八条规定"劳动者依照法律规定，通过职工大会、职工代表大会或者其他形式，参与民主管理或者就保护劳动者合法权益与用人单位进行平等协商"是集体协商的法律依据，但法律条文并没有具体规定是对抗性还是合作性协商。三家企业工会在劳资管理模式中，均采取合作式策略，资方管理也偏好于积极配合工会的工作，无论在资金、权限还是场地提供等方面。结合图 5-1 的理论框架，通过分析三家企业的文档资料和访谈数据，得出以下三个结论：

第一，在与资方相处的决策偏好中，三家企业工会倾向于选择合作形式与企业进行集体协商。三家企业的工会主席不约而同地强调沟通的重要性，能够说服资方支持工会的共同特征是：①让资方确信，若支持工会工作，合理提高工资、支付加班费、改善福利待遇等，工会将帮助资方说服工人加班以保证订单的完成数量和交货期；②工会将协助资方激励工人，并通过改善激励措施提高生产效率。③工会主席的个人素质均非常高，既能与资方沟通，理解资方的经营目标，又能与工人沟通，在工人中的威信很高。

第二，资方的支持和理解有助于构建和谐劳资关系。三家企业的人力资源经理专业素质均较高，不仅积极执行法律的相关规定，还能主动研究当地的工资水平与经济发展水平，不需要工会介入，主动收集员工有关薪酬的意见，形成加薪方案之后说服企业决策者同意加薪，并与工会保持合作，组织员工开展各种活动。

第三，员工与资方愿意共同分享经营风险。例如，当 B 公司遇到经营困难时，员工主动配合公司的减薪和休假制度，减少工作时间，当公司的订单增加时，也能配合公司加班需求；在 A 公司，员工在旺季时可以牺牲休息时间加班，淡季时同意减薪。与对抗性工会模式的员工角色相比，三家企业的劳资关系管理模式最为突出的特点是，员工愿意与资方共同承担风险，薪酬增减空间较大。

西方诸多国家的劳资关系管理采取以对抗性为主的模式。在中国经济社会转轨时期，由于企业劳资关系受到社会、经济和技术等情景因素的影响，需要根据具体情景分析企业工会的运作模式及其对构建和谐劳资关系的成效，若一味要求工会采用对抗性管理模式，可能会适得其反。

5.4　本 章 小 结

本章从资方和劳方的组织代表——雇主组织和工会出发，分析它们在广东经济发展和企业运作中的地位和作用。从中不难发现，广东省雇主组织在改善劳动关系方面的确做了很多工作，其中，领先于全国的成就是在国内第一个发布"雇主责任宣言"，并于 2013 年、2014 年发布广东企业履行雇主责任白皮书，向社会宣传雇主责任的履行情况，希望逐渐改变雇主在构建和谐劳动关系中的整体意识。当然，香港企业在广东的投资占比为全国之首，自然香港商会对广东企业劳动关系规制的关注度也最高，香港商会充分运用自身影响力，致力于改善变迁中的劳动关系。从工会角色和作用来看，广东省总工会和地方工会（包括广州市总工会、深圳市总工会）都在为工会转型作出积极贡献，特别是在政治空间中，为工人维权发挥重要作用，其行为也在全国领先一步。

第6章 广东企业劳动关系转型中政府的
角色和行为

"对于政府，一般有广义和狭义两种理解。……在政府与劳动关系的基本理论中，狭义的政府是指劳动行政部门的行政职能，而广义的政府则包括立法与司法"（常凯，2005）。本章从广义的角度，即政府的行政职能、立法与司法等，理解广东政府规制劳动关系的角色和行为，分析1978~2014年，其对劳动关系的动态治理。

6.1 从制度经济学视角分析政府角色和行为

有关政府在劳动关系中的角色和行为驱动，不同的学派有不同的观点。马克思主义学派中的"结构主义"认为，国家的功能与资本家的利益一致是因结构所需，即经济基础决定上层建筑，为了满足经济发展、解决就业所需，必须稳定资本主义经济体制，因而需要首先鼓励私人利润、完成原始资本积累，表现在政策上就是优先考虑企业的利益，忽视劳动者的需求（常凯，2005）。这个观点强调政府在经济发展中的经济性行政职能，为了提供充分的就业机会，政府更倾向于在履行其职能过程中思考经济发展的市场经济规律，从而偏袒资本、以优先提供资本盈利的机会来保证就业岗位的提供。

另一个有关政府角色的学派是国家学派，其基本假定是国家作为代表公共利益的政治组织，所制定的劳动关系政策应该达到经济成长、充分就业、经济与社会安全、物价稳定、工业和平、产业民主等目标，这个学派的观点与波兰尼（2013）对国家、市场与社会三者之间关系的分析一致。国家不仅仅代表资本的利益，还需要考虑社会整体的利益，其职能目标是多元的，因此国家不会仅仅考虑资本的利益，而会综合平衡各种利益，达成国家整体的发展。

要理解以上不同学派的争论焦点，需要解决一个根本问题，即为什么需要政府？这个问题涉及政府存在的目的。回答这个问题的权威学者是英国的哲学家约翰·洛克（John Locke）。洛克（2007）在其专著《政府论》中认为政府的主要目的是保护财产，这里的"政府"是指国家机关，"财产"是指私有财产，而"自身和自身行动或劳动的所有者，本身就还具有财产的基本基础"（洛克，2007）。虽然洛克在《政府论》中重点驳斥政府是君权神授学说，但康芒斯在其制度经济学中把洛克有关劳动的观念视为重要组成部分，即"劳动不仅是体力劳动和理性劳动，不仅是一个生产的观念，它还是自由和所有权的观念"（康芒斯，2009）。在洛克看来，劳动权利是劳动者所拥有的随心所欲地利用自己的身体做事情的自然权利，其他人则有义务听凭他这样做，劳动者可以从自然和社会的供给中取得自己生活必需品的所有权。洛克所说的劳动有两层含义：第一，劳动是自由的劳动；第二，劳动者有权分享自己的劳动果实。因此，基于康芒斯和洛克有关劳动、私有财产的价值理论和政府理论的核心，既然政府存在的目的是保护财产，而劳动和劳动所得也是财产之一，那么政府的角色当然应包括对劳动者的自由劳动权利和分享劳动果实权利的保护。

进一步分析，洛克所阐述的劳动自由属于劳动权利，而获取和分享劳动果实的权利属于劳动者权益（即劳权）（workers rights）。劳动权利与劳权有差别，在1995 年中国政府白皮书《中国人权事业的进展》一书中，两者是分别阐述的（常凯，2009），但两者都是自然的、理性的，属于人权的范畴，这两者均需保护。如何保障这两种与劳动相关的权利？这涉及政府的行为——发展经济以及劳动过程中的规制。

1. 发展经济以保护劳动权利

劳动权利意味着劳动者有自由选择劳动的权利，其保护的前提是经济发展规模和速度以及所提供的就业岗位。如果社会的经济发展水平低下，很少的就业机会，满足不了劳动者的就业需求，根本谈不上劳动者能"自由"就业。因此，无论是马克思主义学派的"结构主义"观点还是国家学派的政府角色的履行，都需要有充分的经济基础、提供大量的就业机会，才能使劳动者享有自由地选择劳动的机会。

新中国成立之后，由于人口政策的一度失误，我国的人口在短短 30 年间迅速增长。根据中国统计年鉴的数据，从全国人口增长分析，1949 年我国总人口为 54 167 万人，劳动力为 18 082 万人（占总人口的 33.38%）；1978 年我国总人口为 9 6259 万人，劳动力为 40 152 万人（占总人口的 41.71%）；到 2014 年年末，我国总人口为 13 6782 万人，劳动力为 77 253 万人（占总人口的 56.48%），分别比 1949 年增长了 1.5 倍、3.3 倍，比 1978 年增长了 0.42 倍、0.92 倍，详见表 6-1所示，"造成我国劳动力大量过剩"（于立和姜春海，2003）。其中 1978 年的全国城镇就业人口占劳动人口的比例为 23.69%，2014 年则为 50.88%，1978～2014年，劳动人口的增长与城镇就业人口的增长都快于总人口的增长，由此可以看出政府解决就业问题的压力之大。

相比广东，1949 年总人口为 2782.72 万人，劳动力为 1001.36 万人（占总人口的 35.98%）；1978 年广东总人口为 5064.15 万人，劳动力为 2275.95 万人（占总人口的 44.94%);2014 年广东总人口为 10 724 万人,劳动力为 6183.23 万人(占总人口的 57.66%),分别比 1949 年增长了 2.85 倍、5.17 倍,比 1978 年增长了 1.11 倍、1.72 倍;其中 1978 年城镇就业人口占劳动人口比例为 22.7%,2014 年为 69%～70%。从劳动人口占总人口的比例看,1949 年、1978 年、2014 年三个时间点,广东的劳动人口占总人口比例均高于全国的比例,并且 2014 年的数据与 1949 年、1978 年的数据之比,也高于全国水平,这显示出广东省的劳动人口就业压力高于全国的水平,详见表 6-1 所示。另外,从城镇就业人口占劳动人口的比例来看,1978 年的广东显然是以农业为主,但经过 37 年的改革开放,广东城镇吸收就业的人口占总人口比例则高于全国的水平。

表 6-1　1949 年、1978 年、2014 年广东与全国的人口数据之比　　　　(单位:万人)

年份	总人口		劳动力			
	全国	广东	全国		广东	
			总数	占比/%	总数	占比/%
1949	54 167	2 782.72	18 082	33.38	1 001.36	35.98
1978	96 259	5 064.15	40 152	41.71	2 275.95	44.94
2014	136 782	10 724	77 253	56.48	6 183.23	57.66
2014 比 1949 增长倍数	1.5	2.85	3.3		5.17	
2014 比 1978 增长倍数	0.42	1.11	0.92		1.72	

资料来源:中国统计年鉴(1979,2015)

从表 6-1 所示的数据,可以理解 1978～2014 年广东经济社会转型过程中,政府面临的就业压力之大,几乎在每年的春节之后,政府的头等大事是帮助蜂拥而至的农民工就业;而到了高校毕业生毕业的时节,又要解决来大学生就业难问题。在这种情景下,政府唯有大力发展经济,鼓励外商投资和民营经济的发展,才能缓和就业压力。从人口压力和发展经济的角度分析,政府在市场经济发展中的作用其实是履行其对劳动自由权利的保护。

2. 制定劳动法规并履行其国家机构动态治理的角色

劳动者应该享有自由劳动的权利,但"自由"不能理解为"随心所欲",其本质含义可以用穆勒(2009)的《论自由》中所提出的"群己权界"去解释,"一民之所谓,不必即损他人之权利也"。因劳动关系涉及资本与劳动之间的关系,要保护劳动者的劳动自由,必然会涉及资方与劳方的关系界定,但现实却是资方的议价能力可以凭借其资金资本的稀缺性而具有优势,在大多数行业、大多数企业中往往形成资强劳弱的局面(除了稀缺的顶级人才外),这种情况下政府的作用就显得举足轻重了,为了劳资双方和谐合作,需要政府进行全面的劳动关系制度规制。政府规制的重要性可以从制度理论中找到依据,1993 年获诺贝尔经济学奖的道格拉斯·诺斯教授在其获奖理论中明确指出，虽然技术性和资本性因素对经济增长有贡献，制度因素却是决定性因素（诺斯，1994）。促进经济发展，必然需要劳动者的参与和工作投入，而劳动关系是否和谐会影响到劳动者的劳动自由和工作投入的程度，制度因素是对自由的最好保护。

在诺斯教授专著《经济史中的结构与变迁》中，"结构"一词是指制度框架，"变迁"一词是指制度创立、变更以及随着时间变化而被打破的方式（诺斯，1994）。这里的"制度"明确为"一系列被制定出来的规则、服从程序和道德、伦理的行为规范"（诺斯，1994），他提出的理论体系中包括三个部分：产权理论、国家理论以及意识形态理论，这三个部分抽象出三个变量：对经济活动产生动力的产权、界定实施产权的单位（国家）、决定个人观点转化为行为的道德和伦理的信仰体系（意识形态），构成了制度变迁理论的三个基石，共同作用于经济发展的结果变量。

回顾广东经济社会转型的过程，以上三个变量一一体现在劳动关系转型中政府作为国家机构对劳动关系治理的行为之中。首先是对劳动产权的界定和保护。广东省1983年最先在深圳特区实行劳动合同制度的改革，明确了资方有自由招聘的权利，而劳动者也有自由选择雇主的权利。当时政府的改革重点在于探索对劳资双方的权利和利益进行规制，尤其是外部投资者，强烈期望所投资的企业能进行"铁饭碗"劳动制度的改革，替换成劳资双方之间的契约关系。同时，广东政府积极构建劳动力市场，营造劳动自由选择的氛围和机制，以及探索员工持股、技术入股的产权改革，自新中国成立之后第一次实施对劳动产权的保护。经由经济特区实施的企业用工和用人制度的改革，不仅推动了全国性的、涉及劳动法律的各种法规的颁布，如1995年1月1日开始正式实施《劳动法》、2014年9月颁布的《广东省企业集体合同条例》等，而且建立了一种常态化、市场化的用人机制，为后续的国有企业用人制度改革、公务员招聘和退休制度改革奠定了基础。常凯（2004）在其专著《劳权论》中就指出劳权即是基于法律规定的权利，政府有责任制定法律以保护劳动者在履行劳动义务的同时所享有的与劳动有关的社会权利。从广东的改革试点，一直到《劳动法》《劳动合同法》的颁布执行，以及广东地方性法规的颁布执行，可以看出政府对劳动产权的保护行为。从本章第三节的政府角色和行为的具体分析中，也可以看出政府一直在履行其对劳动产权的保护义务。

其次，雇佣关系的目标包括效率、公平与发言权，实现这些目标的方法在于企业制度和政府制度的建设。作为产权保护的国家机构，广东政府一直在动态治理劳动关系，平衡效率与公平的矛盾，同时根据外部环境的变化，给予雇佣双方发言的机会，如立法之前与雇主、工会、工人代表座谈，立法保障双方协商以签订集体合同。诺斯教授处理产权问题的独到之处在于结合了国家理论，他认为国家并不是"中立"的，需要最终对造成经济的增长、衰退或停滞的产权结构的效率负责（诺斯，1994）。但是，政府如何有效？在很多国家，普遍存在政府失灵，表现在政府政策偏袒、执行不力、伦理失范等，结果是百姓的生活和工作受到影响。这是因为政府具备的资源有限，需要实施的政策太多，任何政府都无法一次性解决所有问题，要设定优先秩序，逐一解决。而适宜的政策和优先顺序随着国家本身的变化而变化，"在不确定和变化的环境中，当前成就无法确保未来生存"（梁文松和曾玉凤，2010）。在经济社会转型初期，物质基础设施和法制是关键，在物质丰富之后，人们的需求会提升，要求体面的劳动，得到资方的尊重，并分享企业的经营成果。外部环境的复杂性和劳动者需求的变化，颠覆了那些认为政府是静态的或者政府的成功取决于单个决策的观点。相反，政府面临的是动态变化的挑战，交织着各种决策需要，动态治理就成为政府的治理模式。回顾广东37年中的经济社会转型历史，每一个涉及劳动关系治理的改革政策和法规颁布和实施，都面临不同的经济、社会环境，甚至出现没有预测到的环境变化，广东政府能够听取各方意见，评估经济和社会指标以及劳动关系冲突个案，作出适当的政策和监管力度的调整。例如，2004年，针对建筑行业农民工被欠薪的情况，广州市、广东省政府开始有针对性地出台各种文件，要求建筑承包商交纳工资保证金，用于支持欠薪。时至2014年，虽然还存在建筑行业农民工被欠薪的事件，但在广东省，这种情况已经大大减少。

最后，制度变迁、动态治理的基础在于社会的支持，即意识形态的转型。诺斯教授所界定的"意识形态"，是一种行为方式（诺斯，1994）。即通过提供给人们一种世界观而使行为决策更为经济，其中交织着人们对有关公平的道德伦理评判，使经济成功的意识形态必须是灵活的，只有这样才能更好地解决"搭便车"的问题（诺斯，1994）。从意识形态的转型分析，广东政府也一直在引领着社会各界对劳动关系界定以及劳动关系冲突的理性评价。1978年广东经济学会最早举行了以发展商品经济为主题的学术年会，由广东经济学会的专家教授卓炯、张元元、曾牧野等带领，由此启动了有关"商品经济""劳动价值与剩余价值""所有制、所有权""国家资本主义与社会主义""利用外资与经济增长"等概念和问题的社会大讨论。1980年下半年，广东经济学会与《南方日报》理论部联合，围绕广东如何扬长避短、加快发展以及经济调查提出的一些理论问题和实践问题，在《南方日报》上展开持续数月的深入讨论，给整个广东社会的观念和认识带来震动（曾牧野，1997）。20世纪90年代后期，为了使国有企业的改革顺利进行，广东的学术界和媒体又开展了"重建个人所有制""股份制改革与员工持股"等理论研究（曾牧野，1997），扭转人们对公有制经济的片面理解，阐明市场经济在社会主义初级阶段的客观性，从而建立与经济发展相适应的意识形态。进入21世纪之后，尤其是2004年出现"民工荒"之后，广东的媒体开始报道"血汗工厂"，不仅政府加强劳动监督，还鼓励从舆论和社会氛围入手改变雇主与市民对劳动关系冲突的认识。尤其是 2010 年发生的"南海本田罢工事件""富士康员工自杀事件"，从媒体的报道和评价分析，政府始终保持着公开、公正的态度，对劳动者权益的保护等社会观念转变起着积极引导作用。2013 年广东首次发布《广东企业履行雇主责任白皮书》，从政府行为的角度提出最佳雇主的评选，倡导广东的雇主们履行社会责任，不仅发展企业、遵守劳动法规，而且关爱员工。

应该说，政府在劳动关系中的角色和行为，既包括狭义的、制定劳动法规保护劳动自由权利的实现，也包括广义的、保障充分就业的对劳动自由权利的保护。尤其在中国经济社会转型期，要真正落实劳动自由权利，政府需要做的还不仅仅是劳动法规的制定，还需要提供劳动自由权利实现的经济环境、社会环境和政治环境。这两种保护相互促进、相互完善。当百姓面临温饱问题时，政府的第一要务在于发展经济，但不能对劳动者的权益保护置之不理。当温饱问题解决之后，政府的工作重心需要转移到可持续发展与和谐社会的建设之中，这时需要提升第二种保护的力度。1978～1994 年，广东政府工作的中心在于促进外资和民营经济的发展，同时改革国有企业的经营机制，提高其生产率；1995～2007 年，开始把市场经济的建设与劳动关系的规制相互结合，但以经济建设为主；2008～2014 年，完善各种劳动关系的规制，同时探索经济转型升级的路径。37 年的发展历史可以说明，政府的作用和行为为动态治理，符合洛克与康芒斯所作出的政府角色理论诠释。

但必须承认的是，劳动者权益保护还有很大的提升空间。随着经济社会转型的深入，各种劳动关系冲突不断发生，其原因还是在于政府对劳动者权益保护不均衡，不仅在不同所有制企业的保护有差异，而且在同一所有制企业内部不同层次员工的保护也不均衡，可以说这些不均衡源自于劳动者权益没有完全实现（信卫平，2002）。综合评价广东政府的角色和作用，马克思主义学派中的"结构主义"理论更能解释改革开放以来，最初 26 年广东政府的政策和行为，而国家学派的理论可以解释 2004 年之后开始出现的"民工荒"以及 2008 年实施劳动合同法之后的广东政府角色与行为。但需要强调的是，在广东企业劳动关系转型中，政府的角色也在转型，这个过程中还存在一些需要重新认识的问题，如政府是应该坚持以往的偏袒资方还是转变为维护劳方权益，或者应该定位在中间协调的位置，先让劳资双方进行博弈和协商，不轻易把劳资关系转变成劳政关系。

6.2 制度创新与政府角色的转型

长久以来，主流经济学将经济问题置于"理性主义"的研究框架下，以完全理性、完全信息和最大化为分析的前提假设。因此，市场一直都被视为资源有效配置的最佳方式。然而，1937 年，科斯在其经典著作《企业的性质》中指出，企业产生的原因在于，通过管理协调比市场机制更有利于降低交易成本。也就是说，企业与市场同样是协调生产、配置资源可供选择的重要组织方式。科斯运用"交易成本"理论解释企业性质的思路，使经济学者开始注意到制度对经济发展与经济行为的影响，并开了制度经济学的先河。此外，主流经济学分析框架的提出是基于西方社会发展的社会事实，对于解释无摩擦交易、信息不完备、产权模糊等不发达国家的发展轨迹尤显不足（林毅夫，1991）。这也导致经济学家倾向于跳出原有的"理性主义"框架，转而寻求其他解释力更强的新变量。以中国为例，自改革开放以来，中国经济的迅速腾飞举世瞩目。高速的经济增长离不开生产要素、结构变动、外部环境等多因素的共同作用，但更为重要的贡献来自于制度变革引起的资源重新配置（王小鲁，2000）。中共十一届三中全会以后，广东作为改革开放的排头兵，在全国先行一步，以开阔的眼界和开放的心态，探索各种社会经济发展的创新性制度；在推动对外贸易、农村改革、企业改革和非公有制经济发展等方面形成一系列可复制推广的制度经验，为加速中国经济的转型发展，增创制度优势奠定了坚实的基础。可见，在市场要素不甚完备的情况下，制度改革与创新是影响经济发展的关键环节。

根据变迁动力的差异，制度变迁与创新可划分成诱致性制度变迁和强制性制度变迁两种形式（林毅夫，1991）。前者是指现行制度安排的变更或替代，或新制度安排的创造，是由个人或一群人在响应获利机会时自发倡导、组织和实行的。然而，由于制度变迁需要花费巨大的成本，且它作为公共产品可能产生"搭便车"的问题，结果是，制度变迁普通发起者会因无法获得预期收益而放弃推动制度的变迁。相比较而言，由政府命令和法律引入实行为动力主体是解决制度变迁的有效途径。政府需要维持自身的合法性统治地位，必将制定一套规则减少交易成本，以最大限度地保证社会全体成员的权利来减少社会矛盾的发生。值得注意的是，当我们将国家治理者视为推动制度变迁的重要力量时，不能忽视治理者内部异质性的问题，不同层级的治理者有着差异化的利益目标和职能权限。1978 年以后，中央政府的放权让利和财税制度改革，使地方政府成为兼有政治与经济特性的组织。地方政府在经济发展过程中的权限不断扩充，有效动员物力、财力的能力持续增加，甚至直接参与到地方的经济建设。这种"既当运动员，又当裁判员"的特性导致它与中央政府的政策目标和利益诉求逐渐产生分歧，并影响着政策制定与实际执行的过程。所以，立足于中央政府与地方政府关系的角度，来考察中国劳动关系制度变迁过程，凸显不同层级政府在制度变迁中的角色与作用就变得尤为重要。

自改革开放以来，中央政府与地方政府的委托代理关系日益显现。委托代理关系是指主体根据一种明示或隐含的契约，指定雇佣行为者为其服务，同时授予后者一定的决策权利，并根据后者提供的服务支付相应的报酬。

委托代理关系的形成需要满足以下两个条件：

一是两个主体在约束条件下，追求效用最大化。如果说，改革开放之前，中央与地方关系的主要特征为中央的高度集权，中央政府掌握着社会资源的绝对分配权力，对地方政府拥有强制性的指挥决策权，地方政府仅为实现中央政府意志的延伸机构，基本无独立决策的能力与机会。改革开放之后，中央政府一系列"放权、分权"的举措，重新划清了中央政府与地方政府的职责范围，地方政府被赋予一定的自主性，对辖区内的经济发展事务拥有主导决策权，中央的职责则回归到把握政策导向和监督政策实施上。随着地方政府逐渐变成"谋利型政权经营者"（杨善华和苏红，2002），中央与地方政府在追求效用最大化时，就会出现利益冲突与融合并存的格局。

二是面临不确定的风险，两个主体掌握的信息是非对称性的。由于中央政府了解地方信息需要花费巨大成本，信息来源主要依靠地方政府自我报告的形式（江依妮和曾明，2010）。然而，在20世纪80年代以来，在"以经济建设为中心"的战略方针指导下，地方官员的选拔升迁与地方经济绩效紧密相连，结果导致地方政府为最大限度追逐自身利益，出现"信息操纵、信息隐瞒、短期投机"等违法违规行为。例如，在扶贫专项资金的申请中，部分地方政府虚报自己的业务能力和资金筹措能力，隐瞒真实情况，以获得国家扶贫资金的支持。因此，利益冲突与信息不对称所导致的委托人与代理人之间的博弈，将影响中央政府与地方政府在转型中国制度变迁过程中的角色与作用。

1978年，党中央在十一届三中全会上首次提出"以经济发展为中心"的政策方针，吹响了中国制度改革和转型发展的新号角。在这一阶段，中央政府的主要目标可具体分解为两个：一是延续现有的政治体制，保持政权的稳定性；二是在经济层面进行体制改革，探索发展市场经济的新道路。然而，这种创新的改革模式是前所未有的，并无可借鉴的经验。由于中央政府缺乏制度创新的知识，所以，只能依赖地方政府的尝试、积累和总结。在没有明确路径的情况下，中央一方面希望地方政府经过不断试错，通过试点与探索呈现绩效，最后形成新的制度安排；另一方面又可将风险控制在一个相对较小的范围内，有利于降低创新变革带来的风险。考虑到广东毗邻港澳，华侨众多，有发展对外经济的便利条件，是中国的南大门，对外开放的重要窗口，能为全国的经济体制改革提供宝贵的实践经验①。中央政府决定将广东作为改革创新的试验田，希望广东通过"摸着石头过河"的试错过程，探索出一条适合中国经济发展的新道路。

作为谋利型政权经营者，广东省政府可以从承担的改革任务中获得双重收益，

---

① 资料来源：广东地方志编委会，广东省志政治纪要，广州：广东人民出版社，2004年

包括优惠政策带来的额外收益、体制优势带来的制度优势（杨瑞龙，1998）。例如，深圳成为试点特区后，制定多种税收优惠政策，吸引外商投资设厂。在深投资建厂能享受每年所得税为 15% 的优惠，个别技术领先或在深时间较长的企业还能享受两年免征三年减半的优惠。因此，由于新形势引发诸多因素的变量，打破原有制度的均衡状态，新出现的获利机会致使广东政府产生制度创新的意愿和动机。在不违背党中央和中央政府的路线方针的前提下，时任广东省委书记任仲夷提出，针对实际情况可采取"变通"的方法，按照有利于生产发展的方向理解政策文件的规定，甚至可通过"试点"呈现的绩效来突破现有的政策规定[①]。这为各地市级政府的制度创新提供了合法性基础，降低了它们在制度变革过程中承担的政治风险。可见，中央政府的授权、广东省政府的默许以及地方政府兼有政治与经济的特质，导致广东省聚焦于市场化转轨，在劳动关系领域致力于探索与社会主义市场经济相适应的劳动关系制度。

　　在用工制度方面，1982 年，广东省出台《广东省经济特区企业劳动工资管理暂行规定》，率先在深圳特区试行劳动合同制，并于 1983 年在广东省内企业新招工人中普遍推行劳动合同制。截至 1986 年年底，全省已有合同制工人 52 万人[②]。1984 年，广东省相继颁布《关于在城镇集体经济组织中建立退休制度统筹退休基金的报告》和《广东省全民所有制单位退休基金统筹试行办法》，拉开建立劳动保险制度的序幕，探索职工退休基金实行社会统筹的新路径，对合同制职工采取积累方式筹集保险基金，改变以往固定工"现支现付"的办法，构建与劳动合同制相配套的社会劳动保险制度。在工资福利改革方面，自 1980 年起，广东省在 8 家企业实行"以税代利、自负盈亏"的试点，规定凡本年度与上年度的上缴税利有所增长，允许给予 30% 的职工考核晋级[③]。1985 年以后，广东省继续在 24 家企业实行工资总额与上缴税利挂钩的试点。截至 1986 年年底，试点企业上缴税利为 12 864 万元，计提工资 3847 万元，比核定基数各增长 11.64% 和 6.84%[④]。广东省一系列劳动关系领域的创新举措，与当时扩权让利、政企分开的经济改革制度相配套，扩大了企业招工的自主权，提高了职工的收入与福利，并逐步建立起与社会主义市场经济相适应的劳动保险制度，为构建市场化的劳动契约关系奠定了良好的基础。

　　综上所述，1978～1994 年，中央政府与地方政府的主要目标均为大力发展经济，在劳动关系领域内，表现为构建契约化的劳动关系。因为中央政府制度创新的成本较大，一旦将未经试验的经验制度化，容易产生失败的风险。所以，中央

---

① 资料来源：广东地方志编委会，广东省志政治纪要，广州：广东人民出版社，2004 年
② 资料来源：广东年鉴编纂委员会，广东年鉴 1987，广州：广东人民出版社，1987 年
③ 资料来源：广东年鉴编纂委员会，广东年鉴 1987，广州：广东人民出版社，1987 年
④ 资料来源：广东年鉴编纂委员会，广东年鉴 1987，广州：广东人民出版社，1987 年

政府一般将制度创新交由地方政府来实现。对地方政府而言,大力发展经济有利于地方政府自身的发展及官员的升迁,他们也拥有较强的创新动机与创新动力完成中央政府交付的任务。虽然中央和地方之间存在信息的非对称性,并导致代理人"弄虚作假"欺瞒委托人或不按照既定程序办事,但只要在不挑战中央权威的情况下以及有实际经济政绩的情况下,中央政府允许地方政府保持相应的灵活性,默许非正式制度的存在,容忍代理人危机的发生。同时,为了控制不确定性带来的风险,防止地方政府的"肆意妄为",中央政府集中控制地方政府官员的人事管理监督考核权以及重大项目的行政审批权,保证委托人自身的利益。可以说,当利益没有冲突,即使信息不对称,代理问题也不存在,或对制度变迁的影响不大(刘有贵和蒋年云,2006)。在这一阶段,中央政府与地方政府的利益目标高度相容,地方政府被赋予适当的创新主导权,与中央政府共同对制度创新出谋划策,处于良性的博弈过程,共同促进劳动关系的制度变迁。

　　1995 年,随着《中华人民共和国劳动法》的颁布,中央政府开始立足于劳动者权益,制定一系列有利于构建有序、符合市场经济发展趋势的劳资关系政策,并将焦点集中于劳动关系的规制方面。2004 年,温家宝在十届全国人大二次会议上所作的《政府工作报告》明确提出"以人为本、执政为民"的新发展观和政绩观,这不仅凸显了政府的社会管理和公共服务职能,也标志着中国政府的发展目标从单纯追求经济增长转向社会全面、协调、可持续的发展。因此,1995～2007年,中央政府的主要目标发生了"质"的变化,即在保持政治稳定的情况下,协调经济增长与社会福利供给之间的关系。然而,对于地方政府而言,情况却大不相同。长期以来,片面强调以经济发展为中心的发展战略,导致地方政府忽视了民众在社会领域的基本权利,将社会政策视为经济政策的从属部分(周黎安,2007)。虽然中央已经逐渐意识到这种执政理念有失偏颇,开始关注经济发展与社会福利供给之间的平衡,但区域 GDP 竞争、地方官员晋升锦标赛及短暂的任职期限,仍然促使地方政府更加强调经济发展,热衷于追求经济政绩工程,自然减少对劳工权益、公共服务等短期无法显现政绩的民生领域的关注。例如,早在 1999年,广东省为加强流动人口的劳动就业管理,保障流动人口的合法权益,率先出台了《广东省流动人口劳动就业管理条例》。根据 2005 年农民工调查数据显示,珠江三角洲外来工的月平均工资仅为 926 元,并遭受"限定吃饭时间"等贬斥人权的不公正待遇,未签订正式合同的样本比例高达 52%(万向东等,2006)。显然,珠江三角洲普遍存在农民工权益受损的情况,农民工劳权保障实施状况并不理想。

　　相较于第一阶段,由于中央政府与地方政府的利益冲突逐渐凸显,导致地方政府有可能利用中央政府的资源决策权来为自己谋求利益,于是便产生代理人问题。根据委托代理理论,代理人问题产生的根源在于,代理人实现委托人利益的努力程度是不可观察的，这意味着代理人的努力程度不被包含于契约关系中，如出现违约情况，除了代理人以外，其他人无法知晓代理人的违约行为是有意的还是无意的，结果代理人便可利用这种信息优势实现自身利益的最大化。具体而言，代理人问题又划分成逆向选择和道德风险两种形式，逆向选择源于事前的信息不对称，道德风险源于事后的信息不对称。一般情况下，地方政府在劳动关系领域产生的代理人问题集中在道德风险方面，表现为政策制定与政策实践之间的悖论。在中国情景下，社会运作的特殊性在于往往不是依照正规、标准的规则章程，而是有另一套微妙、非正式的运行机制，即"变通机制"（应星，2006）。其微妙之处表现在表面遵循的规则与试图实现的目标是高度一致的，但通过变通机制之后实现的结果却与原来南辕北辙。研究以"农民工体制维权"为例，揭示地方政府如何运用变通的手段，导致政策与政策实践出现悖论。

根据《职业病诊断与鉴定管理办法》，申请职业病诊断时需要申请人出示职业健康监护档案复印件、职业健康检查结果和工作场所历年职业病危害因素检查、评价资料等。可以说，证明企业与农民工之间的雇佣关系是启动维权的第一步。然而，企业为维持年轻、廉价和新鲜的劳动力队伍，同时农民工也经常处于"哪里有活往哪里走"的境地，因此，不签订劳动合同现象普遍存在于珠江三角洲地区。所以，对于没有签订劳动合同的农民工而言，能否顺利获取证明资料完全取决于用人单位的态度，而此时劳资双方成为利益诉求的对立方，企业又怎么会心甘情愿地开具不利于自己利益的证明？事实上，珠江三角洲地方政府也注意到农民工维权的现实困境，但对于这种情况往往采取漠视的态度，并利用这些无法解决的矛盾刁难维权的农民工，将责任完全推给劳资双方。地方政府的不作为、不重视、不反馈往往导致部分劳动关系法律法规没有及时顺应时代而修订，在现实层面造成无法实践的问题。更为严重的是，根据《职业病防治法》规定，职业病的诊断要由当地依法承担职业病诊断的医疗机构进行，其他综合类医院无权鉴定。某些地方的职防所与企业串通一气，通过专家身份和专业权威的掩护，故意隐瞒农民工患有职业病的真实状况，捏造阻挡农民工维权的事实依据。

综上所述，1995～2007 年，中央政府与地方政府的主要目标出现了分歧。中央政府实现了发展观念的转变，从制度设计层面更加关注社会民生的建设（包括劳工权益的保障）。与此同时，地方政府仍然聚焦于地区的经济发展建设，并将经济发展与劳工权益保护视为两个相互对立的方面。结果产生了委托代理理论常见的"代理人问题"，地方政府在劳动政策的实践层面通过"不作为"甚至是偷换证据，以达到表面上维护制度的合法性，暗地里却剥夺劳动者的合法权益的目的，从而对制度变迁的实施层面造成一定程度的负面影响。

2008 年，《中华人民共和国劳动合同法》正式颁布与实施，这意味着中央政府政策焦点逐步走向集体劳动关系的制度建设。2010 年 7 月，王兆国在中华全国总工会十五届四次执委会上提出"两个普遍":一是依法推动企业普遍建设工会组织,二是依法推动企业普遍开展工资集体协商。"两个普遍"的提出为集体劳动关系的制度建设进一步指明了发展方向,其主要目标在于提高工会的组建质量,建立健全企业工会的制度建设,激活工会保护劳工权益的活力;积极推动企业职工工资协商的共决机制,不断提高工资集体协商的水平。与第二阶段相比,地方政府的政策目标发生了变化,不再以单纯追求地区经济发展为政策导向。具体原因可从以下三个方面初见端倪。一方面,自 2005 年以后,随着西部经济的崛起和金融危机的到来,珠江三角洲流动人口流失现象日益明显。2010 年 2 月,据广东省人力资源与社会保障厅称,当前广东的缺工人数已达到 90 万人,其中,广州缺工 15 万人,深圳缺工 20 万人,东莞缺工 20 万人[1]。另一方面,2008 年,金融危机对一直以外向经济和加工贸易为核心的经济发展模式带来前所未有的冲击,在经济形势倒逼的情况下,广东省不得不通过转型升级改变现有的经济增长模式,同时也更加关注人才建设和劳工权益的保护。此外,《2014 年中国法治发展报告》[2]显示,2010~2012 年,广东省的群体性事件的发生率居全国之首,劳资纠纷成为诱发集体抗争的主要原因。以 2010 年"南海本田罢工事件"为开端,越来越多的劳动者的利益诉求从"底线权益"转变为"增长型利益"。因此,随着民工荒、金融危机和群体性事件暴涨等危机的来临,地方政府开始意识到保障劳工权益的重要性,着手平衡经济发展与劳工权益的关系。

在外部形势的影响下,地方政府的政策目标逐渐与中央政府契合。广东政府针对实际遭遇的问题,在农民工权益保护和集体谈判等诸多方面进行了制度层面的创新与变革,为推动全国劳动政策的变迁提供了宝贵的经验。2010 年 1 月,中山市率先启动《流动人口积分制管理办法》,使外来务工人员通过"积分"的高低角逐上千个子女接受义务教育的指标。2010 年 6 月,广东省正式出台《关于开展农民工积分制入户城镇工作指导意见》,将学历、技能、社保、纳税、参加公益活动等作为入户指标并赋予一定分值,希望通过"积分制"解决农民工融入城市的问题。截至 2010 年年底,广东省已有 10.36 万农民工通过积分制入户城镇[3]。尽管有学者质疑,积分制实际上是构筑另一道"篱笆",选拔有利于城市发展的"优秀农民工",其象征意义大于实际价值。不过,在户籍制度仍未打破的当时来说,农民工依靠积分入户城镇,确实是一个有益的尝试与突破。2014 年 9 月,《广东省企业集体合同条例》经广东省十二届人大常委会第 11 次会议通过,并于 2015 年正式颁布实施。该条例的最大亮点是增加了工资集体协商制度以及工资增长的

---

① 资料来源:周皓,2010 年珠三角用工荒调查,社会观察,2010 年第 4 期
② 资料来源:社科院统计 14 年间群体性事件:广东居首,新华网,2014 年 2 月 25 日
③ 资料来源:全省 10.36 万农民工积分入户,南方日报,2010 年 11 月 30 日

协商要求。随着劳动者生活水平的提高及权利意识的觉醒，对于工作在体制外的劳动者而言，实现自身工资水平与企业利润相挂钩是他们的迫切愿望。在《广东省企业集体合同条例》出台之前，由于劳动者的这一愿望涉及的是企业内部的利益分配问题，超过了行政力量的干预范围，一直未能获得妥善的解决。该条例的颁布与实施无疑为劳工权益保障、实现劳动者利益诉求增加了重要的制度砝码。

从 2008 年至今，地方政府的执政理念与政策目标开始立足于"平衡"的立场，致力于构筑促进社会全方位共同发展的政策体系。显然，这种目标转向又与中央政府坚持的政策目标高度相符，所以，相较于第二阶段，地方政府更加愿意落实和执行中央政府的政策制度，并能基于地区发展实情创新劳动关系的相关制度，在一定程度上缓解了阳奉阴违和表里不一等代理人问题。不过，值得注意的是，虽然目前地方政府已甚少直接参与和干涉市场经济活动，回归掌控全局的职责功能，但兼有经济与政治功能的特性仍然导致其将地区经济置于优先发展的地位。若地方政府关注劳工权益的目标转向仅为受到外部严峻经济形势的影响，而非真正意识到经济发展与保护劳动者权利之间的可相互助益，那么，劳动政策与经济政策的从属关系将无实质性改变。地方政府一时的权宜之计还是会作用于今后央地之间的利益分歧，并对劳动关系制度变迁的发展方向产生深远的影响。

6.3 广东政府在劳动关系中工作重心的转型实践

6.3.1 从经济发展为中心转型为劳动关系的和谐规制

邓小平同志在 1992 年南方谈话中提出"发展才是硬道理"，这既是一个非常深刻的命题，也是一个非常现实的选择，揭示了改革开放 37 年之中政府工作重心的基本定位，与中国在 20 世纪最后 20 年所处的社会主义初级阶段的生产力水平、社会保障水平相吻合。"但在不确定和变化的环境中，当前成就无法确保未来生存"（梁文松和曾玉凤，2010）。即使最初的原则、政策和实践是正确的，取得了巨大的成就，但劳动关系的静态治理最终也会导致停滞、甚至衰退的局面。尤其是在经济全球化日益加剧、技术进步高速发展的时代，资本在全球追逐利益，劳动关系的动态治理是企业成功的关键，同样也是政府有效规制的关键。

员工与企业的劳动关系和谐发展需要双赢，特别是随着市场化的深入，为保证各种生产要素自由流动，更需要政府通过调整收入分配制度与转变经济发展方式，有效规制劳资冲突，缩小贫富差距，构建和谐的劳动关系。通过回顾广东省经济发展过程中的各种经济制度，可以看出，自 1978 年以来，广东省政府前期将焦点置于"以经济建设为中心"，促进经济快速发展，这导致劳动关系的规制服务于经济发展的中心任务。1995 年《劳动法》实施后，各种劳动纠纷仍不断涌现，因此，广东省政府开始调整工作重心，尤其是 2004 年出现民工荒之后，加强了劳动者权益保障工作，鼓励企业与劳动者双赢，分享经济发展的成果。2008 年《劳动合同法》后，政府更加强调以建设幸福广东为目标，构建和谐的劳动关系。

1. 1978～2003 年，政府在劳动法规设定中注重以经济建设为中心

广东的改革开放历程，是逐渐从优先资本发展转向重视劳动者权利，从促进经济发展转向深化劳动关系规制的过程。在改革开放初期，劳动制度建设更多的是以如何促进经济发展为考量的基点，其思路是将劳动关系逐步市场化和制度化。例如，自 1981～1994 年，广东省人大常委会、人民政府共同制定颁发了地方性劳动法规、规章和制度达 40 件。其中 1988～1994 年，平均每年出台 5 件，涉及劳动领域的各个方面。在这个阶段的劳动立法主要有以下特点：

第一，确立了以发展市场经济为导向的指导思想。1988 年 7 月，广东省政府在全国率先颁布了《广东省劳务市场管理规定》，引进了劳务市场的概念；1989 年 3 月，又制定了《广东省社会劳务介绍机构管理办法》，规范、推进全省劳动力市场的培育和健康发展，满足了企业对劳动力市场的需求。为了满足市场经济对劳动力素质的要求，1990 年广东省政府制定了《广东省工人技术业务培训管理方法》和《广东省工人技术考核方法》。这些地方性法规的制定，有效地促进了劳动力的自由流动，并保障了市场经济发展目标的实施。

第二，自 1994 年起，针对非公企业特别是外商投资企业的劳动者权益侵害事件，广东省开始逐步重视劳动者权益保护的立法。1994 年 1 月，广东省人大常委会制定了《广东省企业职工劳动权益保障规定》，这是我国第一部保障企业职工劳动权益的地方性法规，该法规对与职工劳动权益密切相关的六个方面作出明确具体的规定，包括劳动合同、劳动报酬、劳动时间、劳动保护、休息休假和劳动保险，保障了企业员工在劳动过程中的安全与健康。1980～1994 年，广东省制定出台的劳动法规和规章中，与社会稳定有直接关系的劳动就业、社会保险、劳动权益和劳动争议的法规和规章就有 21 项，占出台总数的一半以上（许荣东，1994）。

但不可否认的是，虽然广东省各地政府一直重视职工合法权益的保障工作，不断完善各种规章制度，并且对拖欠工资等行为开展专项执行，但广东各地仍普遍存在劳动保障监察机构不健全，职工合法权益不断被侵犯的现象（翟云玉，2004）。在这段时期，政府对劳动关系规制的执行处于缺位状态，其外部环境是国企改制中大量职工下岗、大量农村劳动力进城务工，劳动力呈现供过于求的状态，劳动力市场处于买方市场，资本相对于劳动者是稀缺资源，显现强势地位。同时，由于政府需要资本发展当地的经济，导致其与资本的议价能力相对较弱，在政策制定与执行中往往偏向资方。虽然从法规条文上看，政府所制定的劳动法规一定程度上保护了劳动者的部分权益，但在操作层面上，政府则更偏向于能够促使经

济更快发展的资方。

2. 2004 年至今，频发的劳资冲突促使政府注重和谐劳动关系的构建

2004 年至今，政府开始逐步干预劳动关系的冲突，尤其注重收入初次分配与再分配的制度安排，这是因为中国的经济发展和劳动力市场供需发生了变化。2004～2008 年的"用工荒"恰恰说明了劳动力供给由过剩转为相对短缺，加上劳动者维权意识提升，劳资关系矛盾日益突出，严重影响到社会的稳定，这些因素均促使广东省政府开始注重劳资关系调整。

中国经济经过近三十年的快速发展，内部积累的各项矛盾没得到及时化解，劳资关系纠纷不断增长就是其中的重要表现，并导致广东省总是处于劳动关系冲突的风口浪尖。2010 年 5 月发生的广东南海本田罢工事件是一个转折点，提醒政府要开始注重构建和谐的劳资关系。

与此同时，中央政府也开始注重科学发展观，提倡以人为本，不再单纯的以 GDP 为中心，仅仅追求经济目标。党的十七大报告中提出"提高居民收入占国民收入的比例，提高劳动报酬占初次分配的比例"（胡锦涛，2007）。党的十八大报告提出"实现发展成果由人民共享，努力实现居民收入增长和经济发展同步、劳动报酬增长和劳动生产率提高同步，提高居民收入在国民收入分配中的比例，提高劳动报酬在初次分配中的比例。初次分配和再分配都要兼顾效率和公平，再分配更加注重公平。完善劳动、资本、技术、管理等要素按贡献参与分配的初次分配机制，加快健全以税收、社会保障、转移支付为主要手段的再分配调节机制"（胡锦涛，2012）。政府通过立法构建公平竞争的劳动力市场，消除就业准入障碍、歧视与垄断，保持劳动者收入稳定增长。2006 年《国务院关于解决农民工问题的若干意见》，2007 年《就业促进法》、《劳动争议调解仲裁法》、《中华人民共和国刑法》（2011 年修正）第二百七十六条等法律出台；与此同时，政府应用最低工资制度杠杆效应，对低收入行业的劳动者进行保护。

广东省政府在理论和政策方面都将劳动关系和谐提升到了新的高度，并作为政府重要工作目标之一。2005 年，在《中共广东省委广东省人民政府关于构建和谐广东的若干意见》中明确指出要"完善劳动争议调处制度，努力促进劳动关系和谐"，包括依法维护劳动者合法权益、推动集体劳动合同制度和集体谈判协商制度、建立合理的劳动争议调处体制和完善劳动关系协商机制、加大劳动保障监察执法力度以及开展创建和谐工厂、和谐工业园区活动等具体措施。

自 2011 年起，为提高居民收入在国民收入分配中的比例，提高劳动报酬在初次分配中的比例、优化国民收入分配结构，广东省提出居民收入倍增计划等措施，并且把"加快转型升级,建设幸福广东"作为"十二五"发展的核心和主攻方向，要"不断创造社会财富和公平分配社会财富，让人民群众共享发展成果，过上好

日子，增强幸福感"（汪洋，2011）。

2012 年 8 月广东省委和省政府发布了《中共广东省委 广东省人民政府关于构建和谐劳动关系的意见》，凸显对广东企业构建和谐劳动关系的高度重视。在《意见》中明确健全完善构建和谐劳动关系的十大制度和机制，包括企业工资分配制度、企业用工制度、劳动合同制度、集体协商和集体合同制度、社会保障制度、企业民主管理制度、劳动安全卫生制度、劳动争议调解仲裁制度、协调劳动关系三方机制、劳动关系预警机制。而且，与时俱进，强调职工工资与企业效益同步增长，强调将和谐劳动关系纳入政绩考核之中。由此可以看出，广东省政府开始将构建和谐的劳动关系纳入地区经济社会发展规划目标中，注重科学发展以及提高劳动力的生活质量。

近年来，广东省政府不断加强劳动安全与劳动保护监督监察的力度。在落实劳动者各项待遇中，尤其是在落实外来工工资待遇方面，广东省政府给予了极大的关注和支持。在广东，每年春节前都是南下广东的外来工讨薪回家过年的日子，极易发生群体性纠纷事件。在政府的领导下，各部门单位大力协助协调：劳动部门强力介入协商解决，政府专项资金支持使外来工获得暂时性的回家费用，法院等司法部门启动绿色通道，为外来工讨薪提供法律支持。除此之外，各级政府还大力培养高技能的技工人才，逐步在广东省构建就业前培训、创业培训、在职培训和再就业培训的职业培训网络体系（何家骐，2013）。

其中，广州和深圳作为两个外来务工人员聚集的城市，分别在就业服务、工资保证、法律援助等方面采取颇具特色的政策措施，致力于改善农民工的工作生活状况。具体情况如表 6-2 所示。

表 6-2　广州、深圳针对农民工的服务措施和政策

项目	广州	深圳
外来工就业服务	措施：定期为农民工开展"春风行动"从 2007 年 3 月初开始，广州市劳动力市场服务中心每逢周三、周六、周日定期举办广州市"春风行动 2007"农村劳动力进城务工专场招聘会	措施：为农民工开展"免费招聘会" 2009 年在全市范围内举办 278 场免费招聘会，同时开展诚信劳动力市场活动，为外来工创造良好的求职环境
外来工工资保证	措施：广州坚持"金秋行动"追讨欠薪 成果：广州市从 2006 年 9 月底开始开展"金秋活动"，3 个月为 1 万多人追回了 2800 万欠薪，广州市建委与市劳动保障局形成了联动机制，对于在建工程拖欠农民工工资问题百分百受理	措施：多管齐下打击企业欠薪行为，启动行政与司法联动机制，开展"飓风行动"、"零欠薪行动"、"雷霆行动"和"利剑行动" 深圳市劳动和社会保障局推出工资支付网络化管理、对企业工资支付情况的实施分类管理、成立全市劳动保障监察监控指挥中心等 成果：自 2006 以来，龙岗区劳动部门采取上述措施，为 137 230 名劳务工人追回所欠工资 1.53 亿元

续表

项目	广州	深圳
外来工健康与医疗	措施：不断完善健全农民工医疗保险体系 2008 年出台了外来工医保政策，将外来务工人员纳入了医保范围	措施：探索农民工"健康促进"模式 2007~2010 年深圳市 10 部门联合举行"农民工健康促进行动"建立完善行动工作网络；加强农民工的健康教育工作，提高农民工自我保护技能
外来工法律援助	措施：为农民工维权开辟"绿色通道" 广州市总工会于 2006 年成立进城务工人员权益咨询服务部，2007 年广州市司法局为解决农民工困难，聘请律师推出"惠民 30 条"，将 2008 年定为"广州市农民工法律援助年" 成果：截至 2009 年，广州市法律援助处为超过 18 000 名外来务工人员提供法律援助	措施：为农民工编制维权"保护网" 成立劳务工信息处理办公室；设置各级信访前置调解组；设立劳动争议联调室；设立街道仲裁派出庭；开发工资支付监控信息系统，有效预防企业欠薪行为；设立欠薪应急专项资金
外来工技能培训	措施：设立培训学校 从 2006 年起，广州市创建建筑工地农民工业余学校，初步建立了 203 所农民工学校 成果："网格化管理"、"自创教材"、"免费培训教师"和"平安卡上岗制度"这些广州农民工学校建设的宝贵经验成为全国农民工培训的样板	措施：全方位提升农民工的素质和技能 深圳市将农民工技能培训工作纳入社会经济发展规划，政府高度重视农民工的技能提升培训，2006 年深圳市政府制定了《深圳市劳务工技能提升培训行动计划》，出台了《关于进一步加强技能人才队伍建设的实施意见》确立了政府主导的技能人才培养投资模式，运用职业培训补贴和技能人才津贴等措施，动员企业、职业院校和培训机构等各方大力开展农民工培训
外来工文化生活	措施：整合城市文化资源，探索"农民工文化广场"模式 成果：2006 年 4 月启动广州市首个"农民工文化广场"，定期为农民工提供卡拉 OK 自娱自乐活动、粤曲欣赏晚会等各种体育娱乐活动	措施：全面推进"农民工文化服务工程" 成果：2007 年开展图书、讲座、展览、培训等文化服务活动近 1000 场次"打工文学""关爱活动"等与外来务工人员的活动也彰显深圳对他们的关怀

资料来源：阳大胜，刘范一（2009）

通过上述分析，可以看出，广东省各级政府将建设和谐劳动关系纳入建设幸福广东的目标之中，开始针对广东省外来务工人员数量庞大、外资企业特别是港资企业多、涉外劳动关系复杂等特点实施适用广东的措施，以员工、企业、政府共赢为目标，提高员工的工作生活品质，共创幸福广东。

6.3.2 从试点到制度的初步完善

自十一届三中全会明确改革开放政策与实施之后，伴随着经济体制的改革与发展，劳动关系作为一个社会热点问题，引起了人们的高度关注，如何有效引导劳动关系的构建显得尤为重要（李亮山和李雁，2013）。作为劳方与资方之间第三方的政府，在这个过程中占有重要的位置，并起着关键的作用。从广东省乃至全国，政府主导的各项改革都是一个渐进性的过程。以企业退休金为例，2004年，企业退休人员退休金为人均647元，与公务员、事业单位退休人员退休金相差5～8倍；2014年，企业退休人员退休金增加到人均2000多元，与公务员、事业单位人员退休金差距缩小到2～3倍。从2015年1月1日起，国家再将企业退休人员基本养老金提高10%，预计近8000万名退休人员受益，与公务员、事业单位退休人员的退休金差距进一步缩小[①]。

　　作为构建和谐劳动关系的主体之一，政府对劳动关系的规制一直备受瞩目。这种规制是政府行使国家主权的具体表现，它涉及政府的目标、体制、权力、决策等一系列问题（商红日，2001），是在维护劳资双方权益的基础上，由劳动行政部门采用直接或间接的手段，重点在于保护劳动者的合法权益，构建和发展和谐稳定的劳动关系（李亮山，2012）。这里主要强调的是政府作为"规制者"的角色（常凯，2005），具体而言，政府规制通过塑造两大环境影响劳动关系：一是法律和制度环境，即规范雇佣关系双方行为的法律和其他力量的机制，特别是指与劳动相关的法制健全水平、法律普及程度以及法律执行情况；二是政策环境，即政府的各种政策方针，主要包括货币政策、财政政策、收入分配政策、产业政策、就业政策、教育和培训政策等（龚基云，2004）。

　　纵观我国改革37年的劳动关系发展，政府对劳动关系的规制大体可分为3个阶段：1978～1994年是市场经济发育的试点阶段；1995～2007年是社会主义市场经济发展的初步完善阶段；2008～2014年是和谐社会建设的持续发展阶段。类似于西方市场经济国家的产业关系政策，中国政府的规制主要从劳动用工制度、工资制度以及社会保障制度三大方面规范劳动关系、保护劳动者权益。

1. 市场经济发育的试点阶段

　　1978年至1994年是我国劳动关系转变的第一个阶段。十一届三中全会刚一结束，中国政府便启动了一系列改革措施，把重心集中在中国社会主义经济体制中最为薄弱的领域——国营企业（科斯，2013）。与此同时，个体经营和私营企业也有了一定程度的发展。

　　1）劳动用工制度的试点改革

　　在1978年，劳动就业制度还相当单一，无法解决最为突出的城镇待业青年就业问题。1980年，广东在全国先行一步，深圳特区制定了《特区企业实行合同制用工的试行办法》，开始试点执行劳动合同制度（王河，1983）。1983年在全省铺开，全民所有制单位和县以上集体所有制单位从社会新招员工，除个别特殊工

种经省批准招收外，一律实行劳动合同制（李其应，2002）。

2）工资制度的试点改革

在计划经济体制下，国家长期实行平均工资制度和"八级工资制"，限制了广大劳动者的生产积极性，阻碍了生产力的发展，因此，工资制度改革迫在眉睫。1978 年 9 月，中共中央发布《关于做好改革工资制度调查研究工作的通知》，决定成立全国工资改革委员会，把工资改革提上议事日程。1979 年 7 月，中央批准广东、福建两省的对外经济活动可在现有劳动工资计划管理体制上实行特殊政策、灵活措施，一方面，允许外商投资企业在计划外自行安排工资，不受国家指令性工资计划限制；另一方面，分期分批调整职工工资，分别于 1977 年、1978 年、1979 年、1983 年、1985 年在企业进行了五次工资调整，使广东职工工资水平从1978 年的 629 元增加到 1985 年的 1348 元，增长了 114.3%（陈斯毅，2009）。1983 年，工资制度开始推行"工效挂钩"或"浮动工资"，将职工工资同企业的经济效益、个人劳动成果相结合，开始依照"按劳分配，多劳多得"的原则分配社会财富。

以党的十二届三中全会为标志，我国经济体制改革开始进入以企业改革为中心的新阶段，广东企业工资改革迈出了实质性的步伐。1985 年 1 月 5 日，国务院发布《关于国营企业工资改革问题的通知》，广东省政府同月予以转发，同年 3月，广东省政府批转省劳动局《关于改革劳动工资管理体制的意见》，决定下放管理权限，实行分级管理，采取企业新增工资总额与经济效益挂钩的办法；11 月，广东省政府颁布《国营企业内部工资改革实施方案》，要求全省国营企业全面实行工资套改。在此基础上，广东省于 1988 年率先取消指令性劳动工资计划。1989年，珠海市在国内率先通过立法为企业规定了最低工资标准（林原，2007），1992年，深圳试点最低工资制度（韩兆洲和安宁宁，2007），取得了较好的效果。此外，绝大多数试点企业在实行工效挂钩控制工资总额的前提下，采取岗位技能工资以及计件、承包、浮动工资等多种形式，建立企业工资分配约束机制，把职工个人工资收入与其劳动贡献挂钩。到 1992 年，广东全省有 150 多家国有工业企业实行了岗位技能工资试点（盛培德，1993）。

3）社会保障制度的试点改革

从 1984 年开始，国家养老保险费用的社会统筹开始在部分地区试行，但总的来说，从 1978 年到 1985 年仍然维持过去的社会保障模式，即单位保障制（李亮山，2012）。为使企业能轻装上阵，参与市场竞争，国家应从企业肩头把这一重担接过，迫切需要建立独立于企业之外的社会化保障制度（王延中，2004）。

1986～1992 年是社会保障制度改革的试点探索时期（刘钧，2007）。1986年，国家"七五"计划首次提出社会保障概念，但仍采用"社会管理与单位管理相结合"的方法。随后，国务院先后颁发的《国营企业实行劳动合同制度暂行规定》(1986)、《国营企业职工待业保险暂行规定》(1986)、《关于企业职工养老保险制度改革的决定》(1991)等重要法规性文件均为国企改革奠定了制度性基础。1986 年开始的社会保险改革试点也主要集中在国有企业。就广东而言,深圳市作为改革开放的试验区,在社会保障地方性立法方面取得了显著成效(郭正林,1994)。1983 年 11 月 18 日,深圳市颁布了《深圳市实行社会劳动保险暂行规定》,1985 年 7 月 5 日,颁布了《深圳市全民所有制单位退休基金统筹试行办法》,1987 年 1 月 5 日,颁布《深圳市临时工社会劳动保险试行办法》,1987 年 11 月,颁布了《深圳市区(县)以上集体所有制单位退休基金统筹试行办法》,1990 年 4 月,颁布了《深圳经济特区工伤保险暂行规定》,1992 年 5 月,颁布《社会保险暂行规定》,等等。中山市也于 1991 年 9 月制定了《企业职工待业保险暂行规定》,根据相关要求,广东其他县市也出台了有关本地区社会保障的规定和办法,这在一定程度上促进了广东社会保障立法工作的开展。

2. 社会主义市场经济发展的初步完善阶段

1992 年,以邓小平同志南方谈话为标志,中国的经济体制改革进入全面快速推进时期。同年 6 月 9 日,江泽民同志在中央党校省部级干部研讨班上第一次提出了"社会主义市场经济"的概念,为市场经济理念走向成熟做了理论的准备(史新川,2010)。随后,党的十四大决定在中国经济发展中引入市场机制,劳动用工制度、工资制度以及社会保险制度的改革由"企业综合配套改革"转变为"区域性综合配套改革",并取得了突破性的进展。

1)劳动用工制度的初步完善

随着经济体制的深化改革,企业的富余人员越来越多。如何解决好这部分人员的安置问题,关系到企业三项制度改革的成败,关系到企业的稳定和发展。1993 年 12 月 21 日,劳动部发布的《关于建立社会主义市场经济体制时期劳动体制改革总体设想》提出,将国有企业的富余人员从企业的生产过程中分离出来,作为劳动制度改革的主要内容。此后,劳动部的主要领导也提出,要允许企业按照劳动合同解雇、辞退富余人员,交给社会;对濒临破产处于法定整顿期间或者生产经营发生严重困难的企业,应允许其裁减人员(董志凯,1999)。1994 年 7 月 5 日,中共八届全国人大常委会第八次会议通过了《中华人民共和国劳动法》,对企业裁员作出相关规定。同年 11 月 14 日,劳动部颁布了《企业经济性裁减人员规定》,具体规定了企业裁减人员的程序。1997 年 1 月,国务院在国有企业职工再就业工资会议上提出,要在坚持企业改组、改造、改制和加强企业管理的同时,坚持走减员增效、下岗分流、规范破产、鼓励兼并的路子。

在劳动合同用工模式方面,1994 年 8 月,劳动部发布《关于全面实行劳动合同制的通知》,要求到 1996 年年底,除个别地区和少数特殊企业外,应在全国范围内实行劳动合同制度。自1995年全面实施《劳动法》起，广东省各类企业与劳动者在平等协商基础上，劳动合同签订率达97%以上（陈斯毅，1999）。随着市场经济的深入发展，广东省陆续制定并颁布了《广东省劳务市场管理规定》《广东省社会劳务介绍机构管理办法》《广东省劳动合同管理规定》等一系列规范劳动力市场主体及中介机构行为的规章制度，在一定程度上维护了劳资双方的合法权益。

2）工资制度的初步完善

自1992年，劳动部发布《关于进行岗位技能工资试点工作的通知》后，大部分企业完全打破了计划经济时期制定的等级工资制度，建立岗位技能工资制度。1994年《中华人民共和国劳动法》颁布后，以法律形式确立了国家宏观调控、劳动关系的双方当事人自主决定工资的机制。

根据中共十四大确立的"市场机制决定、企业自主分配、职工民主参与、政府监督调控"的企业工资改革目标与管理模式，广东企业工资体制开始进入全面改革、接轨的新阶段（陈斯毅，2009）。一方面，广东积极探索创建最低工资保障制度，致力于建立工资基金手册管理制度，以防止工资总额过快增长；另一方面，广东积极探索制定劳动力市场工资价位和工资指导线制度，开始实行企业工资集体协商制度等。

3）社会保障制度的初步完善

社会保障制度在市场经济福利国家运行多年，对发达国家经济发展的稳定、健康、和谐起到积极的作用（张富强等，2006）。1993年11月14日，中共十四届三中全会通过了《中共中央关于建立社会主义市场经济体制若干问题的决定》，对社会保障改革提出了要求与原则，社会保障社会化自此成为改革的主要目标。随后，国务院颁布的《农村五保供养工作条例》（1994），国家体改委、财政部、劳动部、卫生部联合发布的《关于职工医疗制度改革的试点意见》（1994），国务院发布的《关于深化城镇住房制度改革的决定》（1994），劳动部、民政部等颁布的一系列有关社会保险、最低工资保障、福利彩票管理等方面的行政性法规，以及国务院颁布的《关于深化企业职工养老保险制度改革的通知》（1995）、《关于建立统一的企业职工基本养老保险制度的决定》（1997）、《关于在全国建立城市居民最低生活保障制度的通知》（1997）、《关于卫生改革与发展的决定》（1997）等，初步完善了社会主义市场经济阶段的社会保障制度，促使企业劳动关系的外部环境逐步走向市场化、社会化、法制化。

在社会保险体制改革方面，广东省在全国率先组建了省、市、县三级事业性质社会保险管理机构，并建立起社会统筹与个人账户相结合的养老保险模式。同时，企业离退休人员的养老金实现百分之百社会化发放；在社会福利体制改革方面，广东省逐步实现了从单家独户办社会福利事业转向发动社会力量办社会福利事业,构建了社会福利事业投资主体多元化、管理形式多样化、服务内容系列化、服务对象公众化的社会福利发展体系;在社会救济体制改革方面,广东各市已普遍建立城乡居民最低生活保障线制度,并率先将最低生活保障范围覆盖到农村(吴向红,2001)。

3. 和谐社会建设的持续发展阶段

2004年9月19日,中国共产党第十六届中央委员会第四次全体会议通过《中共中央关于加强党的执政能力建设的决定》,指出了构建"社会主义和谐社会"的完整理念。而和谐社会关系的一个重要组成部分就是和谐劳动关系。因此,2006年10月,党的十六届六中全会通过《关于构建社会主义和谐社会若干重大问题的决定》,首次明确提出"发展和谐劳动关系"。2010年10月,党的十七届五中全会进一步强调"构建和谐劳动关系"的重要性。2011年年初,中央举办了省部级主要领导干部社会管理及其创新专题研讨班,把构建和谐劳动关系作为加强和创新社会管理的重要内容(吕国泉,2011)。

在劳动用工和工资制度方面,2007年6月29日,十届全国人大常委会第二十八次会议通过了《中华人民共和国劳动合同法》;8月30日,第二十九次会议通过了《中华人民共和国就业促进法》;12月29日,第三十一次会议通过了《中华人民共和国劳动争议调解仲裁法》。同时,国务院以及劳动和社会保障部等部委还颁布了一系列调整劳动关系的行政规章。根据劳动部1994年12月颁布的《工资支付暂行规定》,广东省结合体制转轨的现实,于2005年由广东省人大常委会批准颁布了《广东省工资支付条例》,从工资支付内容、形式、监督检查、法律责任等方面对工资支付进行了全面的规定,增强了政府对企业工资分配的调控和干预。

这一阶段,我国的社会保障制度改革在以民生为重大社会建设的改革理念下取得了显著的成就(唐钧,2008)。2002年,中共中央、国务院发布《关于进一步加强农村卫生工作的决定》,要求建立以大病统筹为主的新型农村合作医疗制度,并于2003年开始启动试点。2003年,国务院颁布了《工伤保险条例》,为发展工伤保险制度确立了基本的法律框架。2006年,党的十六届六中全会通过的《中共中央关于构建社会主义和谐社会若干重大问题的决定》,提出到2020年基本建立覆盖城乡居民的社会保障体系,并将此作为构建社会主义和谐社会的重要目标。2007年,党的十七大要求"加快建立覆盖城乡居民的社会保障体系,保障人民的基本生活",由此,我国社会保障制度进入了以公共服务均等化为主线的全面覆盖、加快发展的新阶段。

2014年颁布的《广东省集体合同条例》,标志着劳动规制系统的要素基本完备,后续的挑战在于如何维护规制的执行力问题。而今,随着"80后""90后"外来工群体的出现,劳动关系的主体发生了变化,政府只有明晰当前劳动关系现状,通过疏通的方式而不是压制,并采取更为多样化的应对措施,才能将矛盾控制在合理的范围内,不至于使矛盾升级转化成为其他社会矛盾(李亮山,2013)。此外,社会保障根植于经济、产业和就业,"新常态"下的经济、产业、就业较以往发生的改变,必将对社会保障事业的发展产生重要的影响,机遇与挑战并存(杨怀印和赵清莹,2015)。因此,在遵循"先立规矩,后改善成效"的思路基础上,政府下一步工作重心应考虑劳动法规的执行成效问题。

6.3.3 政府角色从"运动员"转变为"裁判员"

政府在劳动关系三方机制中是一个居中协调和规制的角色,其对劳动关系的作用主要体现在两个方面:一是对劳动法规的制定,通过立法规制企业劳动关系,构建整个社会的和谐劳动关系氛围;二是监察劳动法规的执行,并在集体劳动协商中居中协调。

由于企业劳动关系中,劳方是被雇佣的对象,缺乏企业的所有权地位,在劳资双方博弈中往往处于劣势地位,政府有必要居中协调和规制,其目标在于平衡劳动关系双方因经济等方面的优劣造成的地位差异,避免资方一方作为强势群体和劳方一方作为弱势群体之间的利益严重失衡,从企业层面进行规制和防范冲突的激烈爆发(叶进和曹陇华,2006)。

在传统的计划经济体制和改革开放的前期,政府既是行政管理者和经济活动的调控者,又是公有制企业的资产所有者与经营者,此时政府采用行政手段规制劳动关系,被称为"运动员"。具体表现在企业劳动关系的管理和调整部门为劳动部门和人事部门两个部门,其中劳动部门管理企业的体力劳动者(即"工人"编制),人事部门管理企业的脑力劳动者(即"干部"编制)。在这个过程中,政府的劳动、人事部门拥有所有的人事用工权力,一旦企业与职工的劳动人事关系建立,没有政府的行政命令,企业无权接触这种劳动关系。在这个阶段,政府不需要担心劳动关系会出现不和谐的情况。

随着经济社会转型的发展,不同所有制企业并存、企业的自主经营权也增强,政府规制劳动关系的行为也开始表现出由行政命令向市场要求的法制化、规范化转变。在市场经济运行环境中,法制化、规范化是政府对企业劳动关系规制的基本要求。因为政府、资方和劳方构成了基本的三方关系,政府处于劳资双方的中间,在规制劳动关系中,需要以法律为准则,明确三方各自相应的权利和义务,政府通过劳动合同制度、集体协商制度、劳动争议处理制度、劳动仲裁、监察制度等规范调整劳动关系。可以说,在市场经济体制下,政府不直接参与企业劳动关系的建立和维持,而主要通过宏观调控、法治建设、执法监察等手段保护市场机制的正常运行,通过提供公共产品和社会保障服务弥补市场机制的缺陷。即政府所起的作用是通过提供制度和规则,把劳资双方的行为限定在法律和制度的框架内（龚基云，2004）。

在广东省，当地政府为了建立和谐劳动关系，在执行劳动法规和全省宏观调控各方面做了大量工作。《劳动法》《劳动合同法》《劳动争议调解仲裁法》等劳动法规是整个国家层面的法规，广东省政府的主要任务是执行国家层面的各种劳动法规。除了 1980 年在深圳、珠海、汕头经济特区制定和实施劳动合同的相关地方法规之外，广东省在最低工资制度方面走在前列，1994 年就开始在全省颁布最低工资标准，截至 2014 年，已经调整了 12 次之多，最近几年基本上每年都调整一次。

在民主管理和集体合同立法方面，广东省政府也是走在全国的前列，并把自己的角色定位在"裁判员"，典型例子就是集体合同条例的立法。经济社会转型发展到 2005 年时，中国的经济形势处于稳定发展阶段，通货膨胀率较低，GDP增长 10%以上。而广东的经济发展又走在全国之首，GDP 在全国排名第一，当年的生产总值和居民储蓄存款余额均突破 2 万亿元，源于广东的财政总收入达 4400亿元，外贸进出口额超过 4000 亿美元，生产总值比上年增长 12.4%。为了响应当年中央有关劳动关系的两个战略部署，即解决劳动立法问题以及设立工资正常增长机制以缩小日益分化的社会收入差距，广东省开启了企业民主管理的地方立法。但从民主管理条例，一直到集体合同条例的立法，历时 7 年才完成，过程非常艰辛。具体的经过如下：

2008 年 7 月，广东省人大常委会第一次对《广东省企业民主管理条例（草案）》进行审议。

2008 年 9 月，广东省人大常委会第二次对《广东省企业民主管理条例（草案）》进行审议。

2008 年 10 月 14 日，由于金融危机，全球排名第三、中国最大的东莞合俊玩具厂突然倒闭，近 7000 名工人失业，中止了条例审议。

2008 年 10 月，广东省人大中止《广东省企业民主管理条例》审议。

2010 年 7 月，当广东省人大常委会第三次对《广东省企业民主管理条例》审议时，遭到了香港商会等资方的抵制。反对的理由在于：担心微薄的利润，会因为工人工资的不断上涨而降低；条例规定的民主管理制度，赋予了职工干涉企业正常经营管理的权利，会影响企业的经营自主权；草案规定监事会应当包括股东代表和适当比例的公司职工代表，其中，职工代表的比例不得低于 1/3，具体比例由公司章程规定，而当时的《公司法》第四条规定了：公司股东依法享有资产收益、参与重大决策和选择管理者等权利，这意味着股东没有义务与员工进行资产收益分享的协商/谈判。

2010 年 8 月，下发《广东省企业工资集体协商指引》的通知。

2011 年 1 月，《广东省企业民主管理条例（征求意见稿）》草案三稿开始面向社会征求修改意见。拟首建工资集体协商制度，1/5 以上职工提出可协商。

2011 年 12 月，广州市人大颁布《广州市劳动关系三方协商规定》，推进集体协商和集体合同制度在本行政区域实施。

2013 年 10 月，发布《广东省企业集体合同（修订草案稿）》，征求社会意见。

2014 年 3 月，《广东省企业集体合同条例（修订草案）》正式提交省人大常委会会议审议。

2014 年 4 月，香港六大商会致函香港特首和十三个相关政府部门，对于《广东省企业集体合同（修订草案稿）》的出台提出反对意见。反对的理由与反对民主管理条例基本一致，补充的反对理由是"会令员工陷入对增加收入的盲目追求中，导致企业内部产生新的收入分配矛盾"。

2014 年 9 月，广东省人大通过《广东省企业集体合同条例》。条例明确了劳资之间的利益之争和权利之争，都可以进行集体协商；工资可以增加，也可以减少；工资增加幅度要考虑企业劳动生产率水平和企业盈利。

从广东省人大通过的集体合同条例第四章"争议处理"的第 31 条到第 38 条的内容看出，政府已经把解决集体劳动争议的权限交给了资方和劳方，只有在资方与劳方之间的协商无法继续进行下去之时，先是地方工会组织介入，最后才是政府介入，即政府居于"裁判员"的地位。

在最低工资制度以及集体合同条例的执行过程中，政府参与劳动关系的规制之中还有一个重要的角色，即维持劳动关系"三方机制"的运作。广东省三方机制在 2002 年 4 月正式建立，全称为劳动关系协调三方会议制度。经过市场经济改革，非公有制经济蓬勃发展，代表国有企业的企业家协会无法全面代表雇主组织，2010 年，中央 16 号文件明确规定"工商联参与协调劳动关系三方会议"。2011 年年底，广东省在三方机制的基础上，吸纳工商联加入协调劳动关系会议中，加强了非公有制企业的代表性，形成三方四家的工作格局。2012 年，广东省重新对协调劳动关系三方会议制度进行了审议修改，对三方会议制度的组织结构、人员构成、职能范围和协商内容进行较为详细的规定（石晓天，2014）。然而，值得注意的是，三方机制对政府政策过程的影响大多发生在政策方案制订与执行阶段，更多体现了三方机制的参谋咨询、政策动员和政策执行的作用，政策触发能力有限。政府在劳动关系其他两方主体还未成熟时，可引导劳动关系及劳动政策的发展方向；当工会和企业代表组织具有足够的协商谈判能力时，政府在三方机制中应该回归协调者和中间者角色，创造有利于劳资双方协商的政治经济环境，维护好协商谈判秩序。

事实上，在经济社会转型过程中，政府一直在主导着劳动关系制度的建立和发展。从广东政府的角色和行为分析，其根据不同阶段政治、经济、社会发展的具体情况，优先解决阻碍经济发展的劳动关系制度，当具备一定的经济基础之后，就开始完善整个劳动关系的制度，并加强执法监督功能。发展到今天，随着集体劳动争议的变化，政府开始意识到角色需要转变，需要在利益之争中首先让位，由资方和劳方自主协商解决劳动争议，当争议在双方之间无法妥协时，政府就需要出面居中协调，可以说这是一个从参与到居中的转变过程。

需要指出的是，现有政府规制中有部分政策和法规不能适应经济社会转型过程中劳动关系转型的需求，主要存在两个问题：

第一，"一调一裁两审"的实施成效。例如，除部分小额劳动报酬纠纷外，大多数劳动争议采取"一调一裁两审"制度，根据劳动法第 79 条和企业劳动争议处理条例的规定，"一调一裁两审"是劳动争议的处理流程，其初衷在于通过企业的调解，把劳动关系争议实现在企业层面解决。但这种规定已经不能适应新的需求，因为多数劳动者是外来工，属于弱势群体，流动性大、知识水平偏低，对诉讼的心理、经济承受力也差，经过"一调一裁两审"的流程至少需要 11 个月的时间，如发生延期的情形最长可能要 30 个月，与普通民事案件相比，大大增加了劳动者的诉讼成本。要解决这个难题，需要在企业层次尽可能解决和处理。虽然劳动法第 80 条规定："在用人单位内，可以设立劳动争议调解委员会。劳动争议调解委员会由职工代表、用人单位代表和工会代表组成。劳动争议调解委员会主任由工会代表担任。劳动争议经调解达成协议的，当事人应当履行。"但在实施中遇到的挑战是工会的代表性问题，员工不信任工会，多数企业的调解委员会名存实亡，在一些非公有制企业甚至未设立调解组织，因此，劳动仲裁和法律诉讼成为劳动争议案件处理的唯一合法途径。

第二，企业在并购过程中是否需要征询员工的意见，目前的政府规制并没有涉及。例如，IBM 长城国际系统（深圳）有限公司（简称深圳 IBM）位于广东省深圳市，有员工约 1000 人。2014 年 2 月 27 日，联想集团宣布收购 IBM 的 X86 服务器硬件及相关服务维护业务，交易完成后，深圳 IBM 成为联想集团的全资子公司。2014 年 3 月 3 日，深圳 IBM 公布了"X86 业务范围的员工安置方案"（简称安置方案），在这个安置方案中，资方给员工两个选择：一是与公司协商解除劳动合同，并获得 N+1 的经济补偿金（其中，N 为工龄，1 为一个月的工资），如果员工在 3 月 7 日前签署离职协议，可另外获得 6000 元的"提前离职赔偿补助"；二是留在公司就职，资方承诺，在收购完成后，"员工的工资福利及劳动条件将与现有水平保持一致"。

资方的安置方案引发员工不满，他们认为，这个方案没有充分征询员工意见，并称这个方案没有公司的公章和负责人的签名，其有效性值得质疑。部分员工认为，这是资方的一种变相裁员手段，而且，对公司被收购后能否保持现有工资福利水平表示怀疑。在 3 月 3 日资方宣布安置方案后，近千名一线生产工人举行集体停工，在公司办公楼前聚集抗议。

对企业并购是否应征询员工意见一事，目前尚无明确的法律规定，2002 年国家经济贸易委员会、财政部、工商行政管理总局和外汇管理局联合发布了《利用外资改组国有企业暂行规定》（第 42 号令），规定提出外资进入国有企业的几点要求：一是要"征求被改组企业职工代表大会的意见"；二是"改组和被改组企业应当制定妥善安置职工的方案，并应当经职工代表大会审议通过"。然而，在 2009 年商务部发布《关于外国投资者并购境内企业的规定》（第 6 号令）中，已经看不到上述规定，仅将"职工安置方案"作为投资者应向审批机关报送的一个文件。《公司法》中也没有规定职工对公司合并、分立事宜有知情权。2012 年，全国总工会发布的《企业民主管理规定》指出，职工代表大会可"审议通过企业合并、分立、改制、解散、破产实施方案中职工的裁减、分流和安置方案"，但仅限于国有和国有控股企业。之后为贯彻落实《国务院关于促进企业兼并重组的意见》，广东省政府于 2012 年发布《广东省人民政府办公厅关于促进企业兼并重组的实施意见》，其中第 12 条规定 "做好职工安置工作。积极稳妥做好兼并重组企业职工生活保障、劳动关系处理、就业技能培训、再就业扶持、社会保险关系接续和转移、遗留问题处理等工作，认真贯彻落实人力资源社会保障部《关于做好淘汰落后产能和兼并重组企业职工安置工作的意见》，切实保障职工权益"，但这个"意见"没有提出企业需要与员工协商。劳动者的权益，一部分是法律规定的，还有一部分则需通过劳资双方协商才能达成，随着广东产业转型升级，越来越多企业在购并过程中出现侵害劳动者权益的现象，政府通过完善法律法规，为劳资双方的沟通和协商提供一个平台。

6.4　本章小结

广东政府在处理劳动关系三方关系中，初期偏向经济发展目标以积累资本，之后开始重视劳动者的权益。具体的行为表现为从"运动员"转变为"裁判员"的过程，从劳动关系主体转变为劳动关系的协调者。从广东省企业劳动争议的特点来看，争议的焦点多集中在工资支付，政府制定了《广东省工资支付条例》，并针对经济社会转型期，可能日益增多的企业破产、搬迁、减产等现象，出台了《广东省企业集体合同条例》，在预防机制层面着手规制。但必须承认的是，虽然政府有较健全的劳动法律、行政法规、地方性法规等，但随着转型的深入，现有的部分法规已无法适应新的变化，且实施成效有待提高。因此，针对集体劳动争议的新特点，政府在处理劳动关系的立场和手段等，都需要进行相应的改革与调整，即纠正"错位点"、补上"缺位点"、退出"越位点"，履行好依法规制调整劳动关系、提高劳资自治能力、引导社会力量参与和谐劳动关系构建等职能。

结　论

　　回顾西方工业化进程与中国的改革开放，都有一个共同的话题：在转型过程中如何处理国家、社会与市场的关系。哈耶克最著名的书《通向奴役之路》中描述了市场经济的优越性，认为政府不该干预自由市场，应该让市场机制不受限制地工作（王绍光，2012）。但卡尔·波兰尼却认为自我调剂的市场（包括劳动力市场）、不受政府干预的市场是一种乌托邦，而这种乌托邦非常危险、必然是灾难性的，因此需要国家为保护人与自然进行干预，尤其需要把劳动从市场中间抽离出来，把劳动非商品化（波兰尼，2013）。

　　从经济史、人类史的发展过程分析，经济是嵌入在社会关系、伦理关系之中的，而劳动关系又是社会关系的重要组成部分，经济社会转型表现为经济和社会系统全面的、结构性的调整与转化（阎志刚，1996）。"从工业革命的发展历程分析，尽管工人的财务状况比以前更好，但对于个人幸福与公众幸福的最大伤害是市场制度摧毁了工人的社会环境、社群关系等以往包含在经济活动中的人与人之间的关系"（波兰尼，2013），广东的经济社会转型也出现了类似的转变。"处于转型期的中国社会，面临着诸多安全隐患……一种理解是把社会安全等同于社会保障体系的建立"（郑杭生和洪大用，2004），和谐劳动关系的构建，加强了社会保障体系的稳定系数。正如郑杭生等（2005）强调的："社会稳定与社会发展源于社会结构的稳定、协调和整合，而社会矛盾与社会冲突则源于不同社会群体的利益矛盾和冲突"。劳动关系中劳方与资方两个利益相关的主体之间，的确存在不同的利益矛盾，要构建其和谐关系，需要从关系结构入手，即建立劳资双方之间博弈的制度框架。在1978～2014年的37年中，广东省经济与社会转型与全国的经济、社会步骤有所区别，即先行一步，因此其劳动关系转型特征、转型的环境因素与劳动关系规制的制度框架、转型时期劳动关系三方五主体间的运作模式等方面都具有特色。回顾37年的转型历史，得到下面三个结论。

　　第一，任何有关劳动关系冲突的焦点和协调策略，都离不开经济、社会、政治、技术等关键因素的影响。

　　中国的劳动关系转型，是伴随着经济社会转型而进行的。由计划经济向市场经济的经济体制转型，以及社会结构、文化价值的发展变迁，均导致劳动关系的模式发生根本性转变。广东，作为改革开放的前沿阵地，积极探索各种与转型相关的制度创新和改革措施，区别于全国其他区域，广东企业的劳动关系转型有着自身环境因素的特殊性，正是这些环境因素，影响着广东改革开放以来政府的战略发展目标，以及劳动关系各主体之间博弈的制度建构。

（1）在经济环境方面。在1978～1994年，广东充分利用得天独厚的地理优势，积极发展外向型经济，取得了令世界惊叹的成就。该阶段政府的工作重点为"以经济发展为中心"，调整经济结构，实现向市场化转型；相应地，劳动关系领域的任务集中在建立劳动力市场。

具体而言，广东劳动关系的特征主要表现在以下四个方面：首先，劳动关系探索转向契约化。1980年，深圳率先颁布了《特区企业实行合同制用工的试行办法》，劳动关系试行合同制模式。1983年，在广东省范围铺开，并开始覆盖到体制内企业。这意味着传统"终身制"的劳动关系逐渐转向"契约化"形式，即企业自主用人、劳动者自由择业的协议关系。其次，劳动关系三方利益的分化。在"单位制"下，国家控制着企业的经营活动，并以企业为载体，将被其垄断的资源分发给劳动者，使劳动者在经济、政治和领导层面形成个人依附（魏昂德，1996）。可见，国家、企业和劳动者的利益是共同的。改革开放之后，国家鼓励外资和私营经济的发展，并对国有企业、劳动用工、工资薪酬和社会保障进行了一系列市场化改革。结果是，国家退出若干企业经营领域，转变为规制角色；在市场经济体制逐渐确立的同时，劳资双方利益，特别对于外资企业和私营企业，正走向分化，甚至是对立。再次，劳动争议处理依赖行政手段。自1978年以来，虽然广东先行一步，制定和出台了若干劳动争议处理的地方性法规、措施和方法，但由于立法层次低（当时在国家层面没有一部劳动法典）以及"经济先行"的发展思路，执行效果并不理想。该阶段劳动争议处理仍依赖行政手段，通过政府直接介入、调解和仲裁的形式解决劳资冲突。最后，形成"强资本、弱劳工"的关系格局。当时，广东经济的高速发展是基于廉价的劳动力红利，经济制度先行、劳动制度滞后，导致形成"强资本、弱劳工"的关系格局。工会，作为代表工人利益的社会团体，因独立性和政治性问题，难以帮助劳动者争取合法权益，进一步固化了这种劳动关系格局。

随着社会主义市场经济的确立，以1995年颁布《中华人民共和国劳动法》为标志，如何规制劳动关系、保护劳动者的合法权益成为政策调整的新焦点。然而，在改革开放全面铺开之际，广东的发展优势逐渐弱化。为培育新优势，广东加强国际经济合作，加速市场国际化，实施外向带动发展战略。在保持经济迅猛发展的同时，由于过分依赖外资和民资力量，资方在劳资关系以及与政府议价过程中均占有强势地位，加上国有企业和集体企业改制，冗员下岗等问题，结果导致劳动冲突日益严重，法律对劳动关系的规制差强人意。2004年以后，刘易斯拐点的逐步逼近，打破了劳动力无限供给的神话，影响着以外向型经济为主导的广东经济发展；2008年金融危机所带来的企业运营成本上升、利润空间压缩以及国际市场需求萎缩等后果更是倒逼广东企业进行产业转型升级。经济环境的内忧外患，造成当年颁布的《中华人民共和国劳动合同法》的执行遭遇极大挑战，也致使广东外向型企业重新反思以往带有剥削特质的劳资关系。自此，构建和谐劳动关系成为政府和企业共同的发展需求。

2008年之后，中央政府和广东政府立足于劳动者立场，制定诸多与劳工权益保障相关的法律制度，试图通过规制资本改变"资强劳弱"的关系格局。在此阶段，广东企业劳动关系各主体间的博弈呈现公开化、常态化的局面。首先，企业劳动关系出现了集体化转型。《劳动合同法》的颁布实施，标志着中国劳动关系的个别调整在法律建构上已经初步完成，同时也开启了劳动关系集体调整的新起点（常凯，2013）。可见，2008～2014年，中国的劳动关系正迈向集体化转型。随着法律框架的日益完善，劳动者改变不对等劳动关系的期望不断增强，诸多学者研究数据显示，全国和广东的基层工会的组建率以及集体合同的签订率均大幅上升，这反映了劳动者已初具组织化、集体化的力量，能以崭新、对等的姿态与资方进行协商和谈判，争取自己的诉求权利。其次，劳动者维权诉求多元化。如果说，之前劳动争议的诉求主要集中在权利诉求，即保证劳动力再生产的基础需要以及经各国长期实践形成的法律权利，涵盖最低工资标准、适当的劳动时间和劳动强度、良好的劳动环境、各种社会保险等内容，那么，以2010年"南海本田罢工事件"为标志，劳动者的诉求由底线权利转变为利益分享，实现工资水平与企业利润增长相挂钩。而且，该事件所产生的社会影响效应，导致企业劳动者争取利益诉求的抗争数量持续上升，劳动争议呈现"权利诉求"与"利益诉求"并存的格局。2014年修订《广东省企业集体合同条例》新增工资集体协商制度，为劳资双方的博弈建立了制度框架。

（2）社会环境方面。社会环境是人类社会长期发展的历史过程，既包括社会结构的变迁，也包括社会价值观念、行为、风俗、习惯等内容。仔细回顾广东自1978年至2014年的37年社会转型，同样也可以看到广东社会的民主、平等和公民意识，在全国先行一步，其行动证明了岭南人的社会转型与其经济发展之间的关系，相辅相成。这种先行一步的社会转型，已经影响到了整个社会公民、劳动者、资方对于劳动关系冲突的态度、行动和解决方式，劳动者更懂得自身权益的维护、百姓更接受法治的社会管理模式、资方更重视企业社会责任的履行、政府更懂得在劳方与资方之间进行平衡。

与劳动关系最为密切的是价值观念、城乡结构和组织结构。在价值观念方面，伴随着市场经济的发展，广东逐渐适应经济全球化的市场经济规则，社会观念同样受到巨大的影响。首先，岭南文化独特的重商性和平民性共筑广东人实用、求变、开放和创新的可贵精神。其次，改革开放以来，进驻的外资企业不仅为广东带来先进的技术和设备，也带来了新的发展理念和管理服务意识。这些因素决定广东始终走在全国领先水平，积极探索各领域的改革措施，其中就包括劳动关系领域。在经济高速发展以及法律不断健全的情况下，公民意识逐渐显现。例如，2003 年的孙志刚事件，引发社会对流动人口权利的重视与反思。近年来，不管是外来工还是本地劳动者，他们的权利和公民意识均大幅提高，应对劳动争议与纠纷的态度日趋从容，方式也日渐理性，对合作型劳资关系的构建起到重要的影响。

在城乡结构方面，长期以来，"重工轻农""农业支持工业"的发展战略导致大量经济发展资源、社会福利供给集中在城市，形成城乡二元结构。这种结构固化成具有中国特色的户籍制度，决定着人们的流动迁徙与资源分配。1984 年，中央一号文件首次明确提出，务工、经商和办服务业的农民可自理口粮到集镇落户，这意味着国家在制度层面对人口流动的限制有所松动。因此，大批外来工南下广东开始打工生涯。然而，由于隐藏在户籍制度的城乡资源分配格局并未撼动，外来工不得不承受企业、城市居民的歧视及不公正待遇，过着游走于城乡之间的"候鸟式"生活。2003 年，国务院办公厅发布的《关于做好农民进城务工就业管理和服务工作的通知》首次承认，外来工对中国现代化和工业化作出巨大贡献，致力于改善外来工就业和服务等各项工作。2008 年，为应对"民工荒"和"孔雀东南飞"等问题，广东率先颁布《关于做好优秀农民工入户城镇工作的意见》，将外来工纳入城镇福利体系内，促进外来工与当地城市居民享有同等权利。这一创举成为户籍制度改革，打破城乡二元格局的有益尝试，也是构建和谐劳资关系的制度基础。

在组织结构方面，自改革开放以来，中国政府的行政控制范围和控制力度逐渐减弱，这使得独立于国家的社会力量得以释放，并在中国的公共领域有了生根发芽的机会。广东在社会组织的发展中更是走在全国前列。例如，2012 年，广东率先降低社会组织登记门槛，社会组织可直接向民政部门申请成立。因此，这些举措为雇主联盟的成立与发展提供了诸多便利条件。例如，香港商会，作为港资企业的雇主联盟，通过向中央政府和广东政府反映诉求与意见，影响着广东劳动关系的发展走向。工会，作为代表劳动者利益的社会团体，也在改革转型中不断调整自身的角色和定位，角色由模糊到清晰，维权行为由被动到主动，积极在劳动关系领域内发挥自身的功能与作用。

（3）在政治环境方面。1978 年，党的十一届三中全会确立"以经济建设为中心"的工作重点。广东积极响应号召，通过分析自身实际情况，向中央提出"办出口加工区"的设想，以及争取"外贸大包干"和"财政大包干"的优惠政策，积极推动经济发展。然而，改革开放之初，受到旧观念和旧体制的束缚，党内对于广东探索市场取向的经济改革仍有不少质疑。1984 年，邓小平亲临深圳和珠海经济特区，充分肯定和支持特区取得的发展成果，为广东经济发展的先行先试扫除了障碍。随后，广东坚定将"经济"视为发展的主导目标，出台了一系列"放权让利""鼓励非公有制经济发展"的改革措施，形成了其他领域从属于经济领域的发展格局。因此，在劳动领域内，广东政府的政策聚焦较少涉及劳动关系的规制，当发生劳动争议和纷争时，偏向资方利益的"经济优先"立场表露无遗，劳动者权利受损普遍存在于珠江三角洲地区。20世纪90年代以来，各种劳动制度进入全面改革阶段，衍生出大批弱势劳动者，其中，以国有企业下岗工人和农民工为主体。他们由于没能从改革转型过程中获益，往往采取激烈的方式进行抗争。中央及广东政府在"稳定压倒一切"的战略思想下，将此类型事件定性为危害社会秩序的群体性事件，对其进行管制与打压，最终形成刚性维稳的结构（于建嵘，2009）。然而，这种"只堵不疏"的做法导致劳动者维权诉求无处申诉，反而导致抗争事件不断涌现。直到2010年"南海本田罢工事件"的发生，工人们提出工资增长诉求，并通过与企业进行集体谈判与协商，成功解决劳资双方存在的争议。这一事件令广东政府看到解决劳动争议的另一条路径，并于2014年修订了《广东省企业集体合同条例》，为劳资双方搭建沟通协商平台提供了制度性保障，积极推动合作型劳资关系的构建。

第二，劳资双方的博弈是一个议价能力较量的过程。

劳资三方五主体在博弈中动态调整各自的目标和策略，保持相互关系的和谐状况。如果劳资双方中的任何一方过于强调自己的利益，都会破坏平衡关系。

自改革开放以来的37年间，在不同的发展阶段，广东呈现出特定的经济环境、政治环境和社会环境，促使企业劳动关系三方五主体之间的关系具有动态博弈的特点。研究通过分析资方（管理方）、劳方、商会与工会、政府之间的博弈行为和制度特征，归纳出不同时期劳动关系的运作模式："威权模式"、"非均等对抗模式"和"多元合作模式"。

"威权模式"主要存在于1978～1994年的第一阶段。它是指资方及其联盟在劳动关系中占绝对主导地位，促使政府、劳动者及其联盟按照其意志行动，并对劳动领域的制度建构起到重要影响。国内学者石秀印（2009）曾用此概念解释中国市场经济条件下的劳动关系，并认为传统社会的权威人格延伸到市场经济的雇主与雇员身上。研究认为，在1992年确立社会主义市场经济前，广东在探索市场取向的经济体制改革时，劳动关系的权威模式已显现。自1978年开始，由于广东经济发展的需要以及转型时期制度约束的缺乏，资方及其联盟在与地方政府、劳动者及其联盟的互动中始终处于优势地位。

在劳资关系中，借助国际产业转移浪潮，外资企业和私营企业利用广东土地和劳动力的成本优势，建立劳动密集型的加工制造企业。在当时，这些企业尚处于原始资本积累阶段，致使其只能通过增加劳动者数量，延长劳动力时间，尽可能降低人工成本。而且，在缺乏劳动关系规制的情况下，资方不规范的用工现象普遍存在于广东，特别是珠江三角洲地区。部分企业甚至运用简单粗暴的带有资本主义剥削性质的方式，侵害劳动者应有的权利。对此，在劳动力供大于求的情况下，劳动者基于生存经济的需求以及劳动争议难以解决的现实，一般选择忍气吞声、默默承受；即便选择维权，也只能通过政府行政手段来解决。相比之下，广东国有企业的劳动关系更为规范，较少发生劳动争议。在第一阶段，国企改革的重点在于"放权增效"，较少涉及劳动者就业、利益分配和社会保障等方面的改革。这种"铁饭碗"制度的延续也意味着劳动者依附单位的传统威权关系仍然存在。

在资政关系中，广东政府经济发展需求与资方及其联盟利益相契合，导致资政双方的立场渐趋一致。一方面，资本的"趋利性"使其总是流向成本较低的区域，广东政府掌握大量经济资源和政策资源恰恰满足了企业生存与发展的基本法则。另一方面，在改革开放之初，资方联盟，尤其以香港商会为代表，对广东企业引进资金、技术和人才，走向国际市场起到极为重要的窗口作用。地方政府与资本的良性互动确实积极推动了当时广东经济的快速发展，然而，两者利益的一致性也造成诸多政策制定与执行更多基于资方利益来考量，忽视了对在劳资关系中本处于劣势的劳动者的保护。此外，在"经济先行"的战略思想下，劳动关系的法律框架尚处于建立阶段，解决劳动争议一般通过政府的行政手段。因为行政手段具有浓厚的"人治色彩"，资政利益的结合很可能影响政府立场的"公正性"，造成劳动争议解决的不公平，损害劳动者的权利。

资方的主导地位还表现在压缩工会权力。尽管广东早在 1985 年就发布《关于在中外合资、合作和外商独资企业中建立工会组织的通知》，要求外资企业组建工会，但外资企业的工会组建率持续保持在较低水平。部分企业以员工意愿不高、不符合国际惯例等借口不成立工会；或以"伪民主"的策略方式，指派企业管理人员或企业信赖的员工担任工会主席及干部，严重影响工会的独立性，使其难以在劳动者维权方面发挥作用。更为严重的是，部分地方政府担心组建工会将降低外商投资的积极性，明文规定"外资企业可暂缓组建工会"。

劳动关系的多元论认为，劳资关系处于合作与冲突并存的格局，目标差异往往导致冲突的劳资关系，共同利益有利于劳资关系的稳定发展。在 1995～2007 年，面对市场经济改革的不断深入，广东企业劳动关系的冲突明显多于合作，并逐渐转向公开化的冲突。因此，研究将这一阶段劳动关系模式归纳为"非均衡对抗模式"。它是指在资方主导的劳动关系中，劳动者为争取合法权利进行抗争，但由于双方力量悬殊，劳动者处于弱势地位，因而，这种劳资冲突、劳工抗争往往是非均衡化的。

1995 年，劳动关系规制被纳入中国法治化进程。随着《中华人民共和国劳动法》和诸多地方性法规的颁布与实施，广东企业劳动关系日渐规范，特别是搜身、殴打和辱骂等践踏劳动者人格的企业管理方式逐步被清除。与此同时，在权利意识不断增强，以及国企改革带来的下岗浪潮之下，劳动者一改以往"忍耐"的态度，为争取合法权利进行抗争。无论是在外资企业、私营企业或国有企业，劳动争议和冲突的数量仍持续上升。在形式方面，劳动者的抗争也呈现多元化特征，包括选择在企业内解决争议，或通过调解、仲裁或诉讼等体制维权方式，进行日常抗争或集体抗争等。与前一阶段相比，国家回归到劳动关系的规制角色，劳动者日益显现出抗争意识和能力。

尽管如此，一方面尚未完善的法律体系仍显露出对劳动者权利的保护不足。例如，劳动合同签订并非是强制性的，雇工短期化现象严重。而且，当出现劳资纠纷时，劳动者经常因无法证明劳动关系的事实而导致维权失败。另一方面，随着广东经济发展对资本的高度依赖，资方及其联盟拥有较高的议价能力未曾改变。以香港商会为例，它在《中华人民共和国劳动合同法》起草时，曾提出诸多有利于企业自身发展的建议，最终影响到劳动合同法终稿的敲定。种种迹象表明，资方主导的劳动关系还是获得了延续。

在劳动者方面，由于工会的独立性仍受普遍质疑，以及其在处理维权事件中偏颇的立场，大多数劳动者在进行抗争时均选择绕开工会组织独立开展行动。这种低度组织化的抗争往往容易产生强烈的情感渲染，演变为群体性泄愤事件。自21世纪以来，各种具有破坏性的集体行动屡见不鲜，严重影响到企业的正常生产经营、劳动者的积极性，甚至社会安全秩序。对此，政府将此类行动统一定性为"维稳"事件，以高压和管制的手段加以遏制，堵塞了劳动者诉求表达的途径，反而使劳动者集体抗争愈演愈烈，结果致使劳资冲突持续处于对抗、僵化的状态。可见，劳动者在劳动关系的议价能力虽有提高，但呈现无序化、非组织化、非理性化的特点，对解决劳动争议和纠纷的作用有待进一步加强。

经过30年的发展，自2008年起，广东企业劳动关系出现从"冲突"到"合作"的趋势，劳动关系模式可归纳为"多元合作模式"。它是指劳动关系各主体，包括资方及其联盟、劳方及其联盟、政府之间处于常态化的博弈过程，通过相互合作和协商共同处理劳动领域的事件。进入第三阶段后，日益明显的劳动者维权抗争，促使中央和广东政府不断完善劳动关系领域法律制度，扩大劳动者权益的保护范围。其中，最具代表性的是，2010年广东在全面范围内率先发布《关于开展农民工积分制入户城镇工作的指导意见》。这是广东省首个专门针对农民工落户的政策，对推进全国户籍制度改革有积极的示范作用。"意见"试图从根本上使为城市建设作出贡献的农民工，可与城市居民享受同等待遇提供制度保障。由此不难看出，广东政府对劳动关系规制的内容和范围不断扩大，切实从"公平正义"的角度考量劳动领域的各种政策制定与执行。

更为重要的是，劳动者维权诉求的变化，导致部分劳动争议超出现有法律的框架范围，也无法通过政府直接介入解决。为此，国家和广东政府开始致力于为劳资双方的协商搭建制度性平台，使劳动争议能获得顺利解决。2008年《中华人民共和国劳动合同法》的颁布与实施，标志着劳动关系转向集体化，为劳动者组织化以及集体协商制度的推进奠定了基础。2010 年，佛山市发生的"南海本田罢工"事件是集体协商制度从理论到实践的成功案例。罢工起因是一线生产工人要求加薪，建立工资增长机制。该事件经过政府、学者、律师等多方合力协调，促成劳资双方在集体协商框架内达成共识，最终解决劳动争议。在此基础上，2014年广东修订了《广东省企业集体合同条例》，新增工资集体协商制度，为劳资双方的博弈建立了制度框架。

在第三阶段，工会改革突破以往困境，取得了一定程度的成就。通过落实"企业工会主席直选""健全职工代表大会的企业民主管理制度""推动集体协商制度运作"等措施，致力于改变工会独立性和职能模糊性，并积极向"维权型"工会转变，切实代表工人利益，维护劳动者的合法权益。与此同时，自 2008 年后，在国际金融危机以及劳动力供给的影响下，资方为保证企业的运作与盈利，开始改善以往紧张、激烈的劳资关系，寻求与劳动者建立合作关系，达到劳资双方共赢的局面。

综上所述，随着政府对劳动关系的规制角色日益明晰，劳动者在维权实践中所表现的勇气与智慧，资方及其联盟寻求合作的决心，工会重新回归工人利益代表的角色，劳动关系的三方五主体平等的博弈关系将呈现"常态化"的新发展趋势。

第三，广东企业的劳动关系管理需要考虑全球化的影响，加强政府的规制。

劳动关系冲突协调处理的最终目标不能以任何一方的利益为主，在全球化的背景中，广东政府需要制定针对外向型经济的劳动关系规制政策，以保持经济转型过程中所创造的竞争优势，通过构建劳资双方的和谐关系，既保持对资本的吸引力，又合理维护劳动者的权益，始终不断地提升广东省的国际竞争力。

自 2001 年中国加入世界贸易组织之后的十几年，经济已经全面深入融入全球经济体系之中，国际市场的任何变化，都会显著影响中国的经济发展。由于国际资本的逐利性，中国廉价的劳动力吸引其把生产线转移到中国，同样的理由也可能促使国际资本转移到劳动力更加廉价的国家和地区。经过 37 年的经济转型，广东的经济结构已经从农业经济结构为主转型为工业化经济结构为主，其外向型经济特征非常明显，广东的外贸依存度曾经高达 150%。例如，2001 年其外贸增长曾高达 25.7%，但 2014 年年初确定的目标却是 2.4%。外贸出口增长下降的主要原因在于：中国的刘易斯拐点于 2004 年到来之后，工资上涨迅速，超越了劳动生产率的增长速度，加速减弱了中国经济在制造业的比较优势。

工资和劳动生产率这两个话题一直是经济学界关注的焦点，学者普遍认为工资上涨和劳动生产率增长之间有着内在联系，两者相互影响，相互作用。2010 年之后，广东企业的工资快速上涨带来了成本上升，导致许多中小型企业不敢接外贸订单。造成工资上涨因素有经济运行带来的通货膨胀，但一个重要因素是经济转型过程中因忽视了同步让劳动者分享改革开放成果所导致的贫富差距拉大，另外，近几年劳动争议增多，尤其是集体劳动争议引发加薪潮。有鉴于此，国家在"十二五"规划纲要中针对工资增长，提出了工资控制和增长原则，即"按照市场机制调节、企业自主分配、平等协商确定、政府监督指导的原则，形成反映劳动力市场供求关系和企业经济效益的工资决定机制和增长机制。"

　　集体劳动争议的处理路径，既有法律的集体处理路径，也有工资集体协商的路径选择，还可以聚焦在工作现场，采取管理创新手段等第三种路径。但无论哪种路径，都需要有一个系统的考虑和设计。欧盟的经验值得借鉴，从国家（社会）层面、行业层面和企业层面多方协作和配合，展开工资的集体谈判。正如广东总工会前任主席孔祥鸿所强调："要将工资集体协商纳入可控渠道。"新修订的《广东省企业集体合同条例》于 2015 年 1 月 1 日起正式实施，希望广东企业的工资集体协商能借鉴欧盟的工资节制经验，即工资集体谈判经验，协商主体能把焦点转移到提高企业竞争力，用以竞争优势为目标的工资集体协商逐渐取代劳动者无规律的、无预警的集体停工（罢工）行为，通过工资节制来增强国际竞争力及国家和地方的投资吸引力，同时保障劳动者分享企业的经营成果以及经济转型的成果，只有这样才能促进工资集体协商制度的长远发展，最终构建和谐的劳动关系。

参 考 文 献

安增军，刘琳. 2009. 中国产业梯度转移与区域产业结构调整的互动关系研究. 华东经济管理，（12）：59-63

白涛. 2008. 房地产税收与宏观调控政策研究. 当代经济，（9）：66，67

鲍卫东. 2010. 也从富士康事件谈中国的工会改革. 全国商情，（13）：43，44

波兰尼. 2013. 巨变：当代政治与经济的起源. 黄树民，译. 北京：社会科学文献出版社

波特. 1988. 竞争优势. 夏忠华，译. 北京：中国财经经济出版社

蔡的贵. 2006. 反思基于廉价劳动力的"中国制造". 经济问题，（1）：5-7

蔡昉. 2009. 中国人口与劳动问题报告（No. 10）. 北京：社会科学文献出版社

蔡昉. 2010. 中国人口与劳动问题报告（No. 11）. 北京：社会科学文献出版社

蔡昉，王美艳. 2013. 2013 人口与劳动绿皮书. 北京：社会科学文献出版社

常凯. 1995. 外资企业中集体谈判和集体合同制度的法律问题. 中国法学，（1）：54-58

常凯. 2004. 劳权论. 中国劳动社会保障出版社

常凯. 2005. 劳动关系学. 北京：劳动和社会保障出版社

常凯. 2008. 论劳动合同法的立法依据和法律定位. 法学论坛，23（2）：5-14

常凯. 2009. 劳权保障与劳资双赢. 北京：中国劳动社会保障出版社

常凯. 2011. 中国劳资关系嬗变. 就业与保障，（3）：8-10

常凯. 2013. 劳动关系的集体化转型与政府劳工政策的完善. 中国社会科学，（6）：91-108

陈秉安. 2010. 大逃港. 广州：广东人民出版社

陈国文. 2008. 维权职能的强化. 广州市总工会编. 岁月流金——广州工会大事典 · 工会工作者回忆录：43，44

陈佳贵，等. 2007. 中国工业化进程报告——1995～2005 年中国省城工业化水平评价与研究. 北京：社会科学文献出版社

陈兰通. 2010. 中国企业劳动关系状况报告. 北京：企业管理出版社

陈蓝蓝. 2013. 深圳市劳务派遣规范化发展的研究. 厦门大学学位论文

陈黎明，宫惠晗，雷小艳，等. 2010. 工资增长与 CPI 挂钩吗——基于中国统计数据的实证研究. 统计与决策，（16）：97-100

陈清泰. 1998. 关于国有企业改革的形势与途径. 政策，（8）：4-8

陈清泰. 2008. 重塑企业：30 年制度变迁. 北京：中国发展出版社：70

陈秋彦，张小冬. 2002. 加工贸易与广东的经济发展. 南方经济，（11）：47-51

陈升东. 2014. 香港商会独特的影响力. 广东经济，（1）：86-89

陈诗达. 2006. 2006 浙江就业报告. 北京：中国劳动社会保障出版社：55-67

陈斯毅. 1999. 广东劳动制度改革的回顾与展望. 广东社会科学，（3）：42-46

陈斯毅. 2009. 广东企业工资制度改革 30 年回顾与展望. 广东经济，（1）：24-29

陈伟光. 2005. 序///广州工人运动史研究委员会办公室编. 广州市工会志

陈永忠，陈微波. 2011. 国有企业、政府关系与"隐性雇主"定位拿捏. 改革，（4）：111-115

陈远敦，王长城. 1994. 论最低工资及其确定. 中南财经大学学报，（5）：71-76

程保平. 2006. 产权制度、合谋条款及国家成功——农民工工资纠纷案（以建筑市场为例）的契约理论再解释. 经济评论，（3）：25-35

程承坪，张旭，程莉. 2014. 工资增长对中国制造业国际竞争力的影响研究——基于中国1980—2008年数据的实证分析. 中国软科学，（2）：60-67

程延园. 2002. 外资企业劳动关系存在的问题及对策. 中国人力资源开发，（1）：58-60

程延园. 2011. 劳动关系. 北京：中国人民大学出版社

程延园，王甫希. 2012. 变革中的劳动关系研究：中国劳动争议的特点与趋向. 经济理论与经济管理，（8）：5-19

崔校宁. 2003. 透视中国商会体系的定位和构建. 商业经济与管理，（11）：18-22

邓小平. 1993. 邓小平文选. 第3卷. 北京：人民出版社

邓小平. 1994. 工人阶级要为实现四个现代化作出优异贡献. 邓小平文选：第2卷. 北京：人民出版社

邓新建. 2009-01-08. 珠江三角洲外资大量非正常撤离村委会垫付工资. 法制网-法制报

丁为民，漆志平. 2008. 中国企业劳动关系：转型、紧张、迈向和谐. 当代世界与社会主义，（1）：10-16

董保华. 2010. 最低工资立法之"提水平"与"统范围"——从本田罢工事件中的薪酬问题谈起. 探索与争鸣，（9）：7-11

董志凯. 1999. 从工资制度变革的历史看调整分配体制. 经济研究资料，（7）：17-18

杜尔哥. 2013. 关于财富的形成和分配的考察. 北京：华夏出版社

杜美娴，冯鸿禧. 2008. 代表和维护职工利益参政议政，促进改革的顺利进行. 广州市总工会编. 岁月流金——广州工会大事典. 工会工作者回忆录：93，94

杜书云，王海杰. 2007. 农民工的主体性认同与和谐劳资关系构建. 当代经济研究，（6）：46-49

凡勃仑. 1959. 企业论. 北京：商务印书馆

樊纲. 2014. 制度改变中国——制度变革与社会转型. 北京：中信出版社

方可成. 2010-12-30. "十年担当"特刊. 南方周末，1

冯同庆. 2009. 劳动关系理论. 北京：中国劳动社会保障出版社

冯同庆. 2010. 工资协商的源流、适用条件诸问题——化解劳资对立而实现协调的制度. 经济社会体制比较，（5）：15-22

冯同庆. 2012a. "事后协商"与"事先协商"——一种始于自发而被推广还可创新的模式和经验. 中国工人，（9）：4-14

冯同庆. 2012b. 国有企业的劳动关系与和谐程度测量. 中国工人，（2）：15-20

冯占军. 2010. 从富士康事件透视新生代农民工生存困境. 长江论坛，（4）：59-63

弗里曼，梅多夫. 2011. 工会是做什么的？美国的经验. 陈耀波，译. 北京：北京大学出版社

傅高义. 1991. 先行一步：改革中的广东. 广州：广东人民出版社

傅高义. 2013. 邓小平时代. 北京：生活·读书·新知三联书店

高芳芳. 2014. 我国集体劳动关系协调方式研究. 首都经济贸易大学学位论文

龚基云. 2004. 转型期中国劳动关系研究. 合肥：安徽人民出版社

广州工人运动史研究委员会. 2005. 广州市工会志. 广州工人运动史研究委员会办公室编：62-67

郭庆松. 2007. 当代中国国有企业劳动关系研究述评. 上海行政学院学报, （9）：92-100

郭占恒. 1981. 对剩余劳动和剩余价值的看法——与卓炯、郑兴听同志商榷. 学术研究, （5）：68-70

郭正林. 1994. 广东社会保障制度面临的挑战与基本对策. 中山大学学报（社会科学版）, （2）：31-36

韩兆洲, 安宁宁. 2007. 最低工资、劳动力供给与失业——基于 VAR 模型的实证分析. 暨南学报（哲学社会科学版）, （1）：38-44

何家骐. 2013. 外资企业劳资纠纷管理问题研究——以广东为例. 华南理工大学学位论文

贺艳芳. 2010. "富士康事件"原因及对策. 吉林农业, （6）：213

虹霓. 2009. 走进中国高层政要. 北京：中国当代出版社

胡锦涛. 2007. 高举中国特色社会主义伟大旗帜为夺取全面建设小康社会新胜利而奋斗——在中国共产党第十七次全国代表大会上的报告. 北京：人民出版社

胡锦涛. 2012. 坚定不移沿着中国特色社会主义道路前进为全面建成小康社会而奋斗——在中国共产党第十八次全国代表大会上的报告. 北京：人民出版社

华尔德. 1996. 共产党社会的新传统主义：中国工业中的工作环境和权力结构. 龚小夏译. 香港：牛津大学出版社中国有限公司

黄国璇. 2008. 改革开放中的工会组建. 广州市总工会编. 岁月流金——广州工会大事典 · 工会工作者回忆录：15-22

黄孟复. 2008. 中国民营企业劳动关系状况调查. 北京：中国财政经济出版社

黄仕琴. 1999. 引导下岗职工转变观念是顺利推进再就业工程的关键. 广东交通, （1）：41-43

黄速建, 黄群慧, 王钦, 等. 2008 中国国有企业改革三十年回顾与展望. 中国企业改革发展三十年理论与实践研讨暨中国企业管理研究会 2008 年会. 中国企业改革发展三十年：49

加拉格尔. 2010. 全球化与中国劳工政治. 郁建兴, 肖扬冬, 译. 杭州：浙江人民出版社

江依妮, 曾明. 2010. 中国政府委托代理关系中的代理人危机. 江西社会科学, （4）：204-208

江泽民. 2002. 全面建设小康社会开创中国特色社会主义事业新局面——在中国共产党第十六次全国代表大会上的报告. 北京：人民出版社

姜琦, 张月明. 2001 悲剧悄悄来临：东欧政治大地震的征兆. 上海：华东师范大学出版社：29

康芒斯. 2009. 制度经济学. 赵睿译. 北京：华夏出版社

科钱, 科尔文. 2010. 集体谈判与产业关系概论. 李丽林, 吴清军, 译. 大连：东北财经大学出版社

科斯. 2013. 变革中国. 王宁译. 北京：中信出版社

科伊内, 高尔戈齐. 2013. 欧洲：工资和工资集体协商. 崔钰雪, 译. 北京：中国工人出版社

孔祥鸿. 1998. 广东工人运动大事记. 广州：广东人民出版社

寇肯, 卡茨, 麦克西. 2008. 美国产业关系的转型. 北京：中国劳动社会保障出版社

赖若愚. 1987. 关于工会建设的几个问题. 中国工运学院. 李立三赖若愚论工会. 北京：档案出版社

兰建军. 2002. 入世对房地产业的影响及对策. 经济论坛, （15）：71

雷辉.2008. 发挥效率工资在改善企业管理方面的"乘数效应". 工业技术经济，（3）：80-83

雷佑新，雷红.2005. 论农民工劳动合同缺失的成因及解决思路. 经济体制改革，（4）：101-104

冷溶，汪作玲.2004. 邓小平年谱 1975-1997（下）. 北京：中央文献出版社

李昌辉，刘明伟.2011. 关于 600 家中国企业劳动关系与人力资源管理实务的调查报告. 国际劳工组织

李德友. 2007. 基于人口红利的广东人口年龄结构对经济发展的影响研究. 华南师范大学学位论文

李华杰，李其应.1983. 深圳特区企业实行合同用工制度. 南方经济，（2）：58-62

李华杰，李其应.1997. 深圳特区企业实行合同用工制度. 曾牧野主编. 改革开放时期广东经济学会文萃（第一辑）. 广州：学术研究杂志社

李惠斌.2004. 劳动产权概念：历史追溯及其现实意义. 马克思主义与现实，（5）：21-30

李军燕.2010. 突出工会的维护职能实现劳动者体面劳动. 中国党政干部论坛，（12）：34-35

李亮山.2012. 我国劳动关系政府规制研究. 北京交通大学学位论文

李亮山.2013. 我国劳动关系政府规制的必要性研究. 中国管理信息化，（5）：16

李亮山，李雁.2013. 我国劳动关系政府规制的策略研究. 商业时代，（18）：106-107

李萌.2004. 市场失灵、组织缺位与农民工权益保护——制度经济学视角下城市农民工工资拖欠问题. 社会主义研究，（6）：130-133

李敏，黄翠龙.2012. 心理契约对农民工工作绩效影响的实证研究. 管理学报，（4）：522-528

李敏，黄青良，周恋.2013. 心理契约、公平感、发言权与工作卷入——基于劳务派遣工的实证研究. 商业经济与管理，（6）：39-47

李明甫.1995. 国外最低工资的确定及调整机制. 中国劳动，（5）：37-40

李培林.1992. 另一只看不见的手：社会结构转型. 中国社会科学，（5）：3-17

李平，宫旭红，张庆昌.2011. 工资上涨促进劳动生产率提升：存在性及门槛效应研究. 山东大学学报（哲学社会科学版），（3）：83-91

李其应.2002. 理论创新推动广东劳动制度改革. 创业者，(12)：32-33

李琪.2003. 改革与修复——当代中国国有企业的劳动关系研究. 北京：中国劳动社会保障出版社

李琪.2008. 产业关系概论. 北京：中国劳动社会保障出版社

李强.2007. 广东省非公有制企业劳动纠纷问题研究. 法治与经济（上半月），（7）：80-82

李石泉.1983. 论工资增长与劳动生产率增长的关系. 财经研究，（5）：37-43

李小霞.2009. 劳动合同法对在华外资企业劳资关系的效应研究. 上海交通大学学位论文

李友梅，孙立平，沈原.2009. 转型社会的研究立场和方法. 北京：社会科学文献出版社

李振杰.1999. 私营企业透视. 北京：经济管理出版社

厉以宁.2013. 中国经济双重转型之路. 北京：中国人民大学出版社

利丹.2008. 论 1978～1991 年华人华侨港澳同胞在广东改革开放中的作用. 珠江经济，（12）：89-92

梁满光.2008. 广东省劳动合同制度三十年回顾与展望. 中国劳动保障新闻网

梁文松，曾玉凤.2010. 动态治理——新加坡政府的经验. 北京：中信出版社

林毅夫.1991. 财产权利与制度变迁. 上海：三联出版社

林原. 2007. 经济转型期中国最低工资制度研究. 北京交通大学学位论文

林振恭, 陈育琳. 1993. 三资企业工人怠工罢工的特点和对策. 中国劳动科学, （5）：33-35

刘承思. 1982. "剩余价值"不是资本主义的特殊经济范畴吗? 学术研究, （1）：26-28

刘福成. 2006. 农民工权益无法保障的现状、成因及对策研究. 生产力研究, （3）：41-43

刘辉, 周慧文. 2007. 农民工劳动合同低签订率问题的实证研究. 中国劳动关系学院学报, （3）：18-21

刘建华. 2011. 南海本田工资集体协商案始末. 小康, （8）：98-101

刘钧. 2007. 我国社会保障制度改革的进展与前景. 宏观经济管理, （7）：55, 56

刘俊彦. 2007. 新生代：当代中国青年农民工研究报告. 北京：中国青年出版社

刘丽, 任保平. 2008. 工资、物价和经济增长的内在关系——来自中国数据的实证检验. 社会科学研究, （1）：72-76

刘林平, 张春泥, 陈小娟. 2010. 农民的效益观与农民工的行动逻辑——对农民工超时加班的意愿与目的分析. 中国农村经济, （9）：48-58

刘世定, 王汉生, 孙立平, 等. 1995. 政府对外来农民工的管理——"广东外来农民工考察"报告之三. 管理世界, （6）：187-197

刘叔院. 1999. 1989~1992 年邓小平改革开放思想研究. 华北电力大学学报（社会科学版）, （4）：19-21

刘闻佳. 2010. 从"富士康事件"看新生代农民工的心理现状及对策. 长江论坛, （4）：69-73

刘徐方. 2010. 现代服务业融合发展的动因分析. 经济与管理研究, （1）：40-44

刘雪明, 魏景容. 2013. 习仲勋制定广东改革开放政策及思想要. 重庆社会科学, （11）：5-11

刘艳艳. 2010. 从富士康事件看新生代农民工的劳动权益保护. 山东省青年管理干部学院学报, （6）：22-24

刘有贵, 蒋年云. 2006. 委托代理理论述评. 学术界, （1）：69-78

刘元文, 高红霞. 2002. 产权改革后国有企业劳动关系基本状况. 工会理论与实践, （12）：3-7

刘跃斌. 1998. 德国行业协会的服务职能. 德国研究, （2）：33-36

鲁士海. 1989. 论工资的有序增长. 改革, （6）：109-113

陆学艺, 李培林. 1991. 中国社会发展报告. 沈阳：辽宁人民出版社

陆学艺, 李培林. 2007. 中国社会发展报告. 北京：社会科学文献出版社

吕国泉. 2011. 构建和谐劳动关系的路径选择. 思想政治工作研究, （5）：25-27

吕楠. 2008. 改革开放三十年中国劳动合同制的演变. 中国国际共运史学会 2008 年年会暨《中国改革开放三十年与世界社会主义》研讨会论文集：8

吕政. 2003. 论中国工业的比较优势. 中国工业经济, （4）：5-10

罗尔斯. 1988. 正义论. 北京：中国社会科学出版社

罗流发. 1996. 香港在广东投资的现状与前景. 港澳经济, （12）：17-22

洛克. 1964. 政府论. 北京：商务印书馆

洛克. 2007. 政府论. 翟菊农, 叶启芳, 译. 北京：商务印书馆

马克思. 1995a. 雇佣劳动与资本//马克思恩格斯选集. 第 1 卷. 北京：人民出版社：332-350

马克思. 1995b. 哲学的贫困//马克思恩格斯选集. 第 1 卷. 北京：人民出版社：192

莫荣, 廖骏. 2011. 工资增长：经济发展方式转变的要求. 中国劳动, （7）：6-10

穆光宗. 1990. 民工潮与中国的城市化. 社会科学家，（6）：46-50

穆勒. 2009. 论自由. 严复，译. 上海：三联书店

诺斯. 1994. 经济史中的结构与变迁. 陈郁，罗华平，等译. 上海：三联书店

潘毅，陈航英. 2014-05-14. 广东集体协商条例的出台困难重重. 凤凰网评论. http://news.ifeng.com/a/20140514/40297533_0.shtml

钱纳里，等. 1989. 工业化和经济增长的比较研究. 上海：三联书店

乔健，郑桥，余敏，等. 2011. 迈向"十二五"时期中国劳动关系的现状和政策取向. 中国劳动关系学院学报，（3）：8-13

秦晖. 2012. 市场的昨天与今天. 北京：东方出版社

秦诗立. 2001. 商会的性质：一个市场缺陷和非市场缺陷视角的研究. 浙江社会科学，（5）：20-23

秦诗立，岑丞. 2002. 商会：从交易成本视角的解释. 上海经济研究，（4）：52-60

权衡. 2010. 从富士康事件正视目前的劳动关系和经济转型. 探索与争鸣，（7）：10-11

任达. 1989. 国际大循环手册. 大连：大连海运学院出版社

塞风，甄煜炜. 1995 我国实行最低工资若干问题研究. 管理世界，（3）：198-203

森. 2001. 贫困与饥荒. 王宇，王文玉译. 北京：商务印书馆

商红日. 2001. 国家与政府：概念的再界定——兼论国家与政府的区别. 北方论丛，（3）：39-45

邵宁. 2014. 十八届三中全会《决定》与国有企业改革. 现代国企研究，（Z1）：8-23

申朴，孔令丞. 2010. 现代服务业为主导：产业结构优化路径的选择，（1）：65-69

沈原. 2006. 社会转型与工人阶级的再形成. 社会学研究，（2）：99-118

沈原. 2009. "强干预"与"弱干预"：社会学干预的两条途径//李友梅，孙立平，沈原. 转型社会的研究立场和方法. 北京：社会科学文献出版社

盛培德. 1993. 论广东改革开放历史新阶段——1992年广东经济发展述评. 广东社会科学，（4）：10-17

盛宇明. 2010. 低工资标准和工资集体协商机制是根本解决收入分配恶化的无他选择和必经途径. 中外企业家，（5-6）：8-12

施文慧. 2003. 服务业发展与FDI关系的文献综述. 市场周刊，（2）：72，73

石晓天. 2014. 三方协商机制及其对劳动政策过程的影响——以广东省为例. 中国劳动关系学院学报，（2）：23-28

石秀印. 2009. 劳动关系：权威模式、鱼塘困境及和谐路径. 江苏社会科学，（5）：84-92

时培真. 1981. 剩余价值不是资本主义特有的经济范畴. 学术研究，（4）：75

史新川. 2010. 中国劳动关系系统论——从单位型向市场型. 北京：中国民主法治出版社

斯科特. 2007. 弱者的武器. 南京：译林出版社

宋彬，宋华. 2006. 从企业与员工关系演变看国企改革. 同济大学学报（社会科学版），（8）：113-118

宋子鹏，杨少浪. 2008. 广东民营经济发展现状与对策分析. 华南评论，（8）：14

孙雨婷. 2010. 本田"罢工门"后的冷思考. 现代企业，（21）：198

褚兆强，王育南，张青蕾. 2008. 广州市环卫工人后顾之忧问题的调查报告//广州市总工会编. 踏过浮沉——广州工会优秀调研报告：137-144

汤蕴懿，胡伟. 2006. 制度变迁与制度均衡——析上海地方治理过程中外国商会的角色. 上海交

通大学学报（哲学社会科学版），（5）：64-69

唐钧. 2008. 从改革理念变迁看社会保障制度改革三十年. 新京报，A6

唐青，季六行. 2008. 美发美容不是"三低"行业. 成才与就业，（10）：29-30

滕一龙. 2013. 加快推动工资立法进程. 中国政协，（24）：27

田辉. 2003. 国企企业制度改革和劳动关系问题研究. 首都经济贸易大学学位论文

佟新. 2007. 2007 年外资企业劳动关系现状与思考. 工会理论研究，（6）：6-9

万向东，刘林平，张永宏. 2006. 工资福利、权益保障与外部环境. 管理世界，（6）：37-45

汪新艳. 2009. 中国员工组织公平感结构和现状的实证解析. 管理评论，（9）：39-47

汪洋. 2011-01-20. 加快转型升级建设幸福广东，南方日报，A1

王河. 1983. 深圳特区劳动合同制的探讨. 社会科学，（11）：77-81

王继承. 2009. 中国企业劳动制度 30 年改革与变迁的经验启示. 重庆工学院学报（社会科学），
（5）：11-15

王珺. 1998. 论转轨时期国企经理行为与治理途径//曾牧野，等. 转型期广东经济改革与发展. 广
州：广东经济出版社：71-83

王珺，郑筱婷. 2006. 广东和江浙地区外来工工资的比较研究——来自关系约束模型的解释. 管
理世界，（8）：18-27

王勤. 2006. 当代国际竞争力理论与评价体系综述. 国外社会科学，（6）：32-38

王绍光. 2012. 波兰尼《大转型》与中国的大转型. 北京：生活·读书·新知三联书店

王小鲁. 2000. 中国经济增长的可持续性与制度变革. 经济研究，（7）：3-15

王晓晖. 2012. 生产政治——中小型私营企业劳动关系研究. 西安：西南交通大学出版社

王延中. 2004 中国的劳动与社会保障问题. 北京：经济管理出版社

王月华. 2014-10-21. 历史转折处的 80 年代. 广州日报，A16

王兆国. 2010. 在全总十五届四次执委会议上的讲话. 中国工运，（8）：4-7

韦森. 2012. 大转型：中国改革下一步. 北京：中信出版社

魏昂德. 1996. 共产党社会的新传统主义：中国工业中的工作环境和权力结构. 香港：牛津大学
出版社

闻效仪. 2010. 瑞典劳动关系中的合作主义. 中国人力资源开发，（4）：76

翁洪波. 2001. 加入 WTO 对房地产业的影响及对策. 宁波经济丛刊，（1）：28，29

沃尔夫. 1993. 市场或政府. 北京：中国发展出版社

吴宏洛. 2007. 转型期的和谐劳动关系. 北京：社会科学文献出版社

吴江，等. 2008. 非公有制企业劳资关系研究——以广东为例. 北京：经济科学出版社

吴江秋. 2013. 现代制造企业的劳资矛盾与对策—对富士康事件的再反思. 宜宾学院学报，（7）：
71-74

吴敬琏，马国川. 2013. 重启改革议程——中国经济改革二十讲. 北京：生活·读书·新知三联
书店

吴军民. 2005. 行业协会的组织运作：一种社会资本分析视角——以广东南海专业镇行业协会为
例. 管理世界，（10）：50-57

吴巧瑜. 2011. 粤港民间商会社会治理功能比较研究. 中国行政管理，（12）：109-112

吴清军. 2012. 集体协商与"国家主导"下的劳动关系治理. 社会学研究，（3）：66-89，243

吴向红. 2001. 加快健全广东社会保障制度. 南方经济, （9）：54-56

习仲勋主政广东编委会. 2007. 习仲勋主政广东. 北京：中共党史出版社

萧冬连. 2014. 国有企业改革之路：从"放权让利"到"制度创新". 中共党史研究, （3）：9-19

谢敬彬. 2008. 支持改革, 维权当先///广州市总工会编. 岁月流金——广州工会大事典工会工作
　　者回忆录：101，102

信卫平. 2002. 对我国现阶段劳动者劳动的重新认识. 工会理论与实践, （6）：10-14

熊水龙. 1994. 不容侵犯的权益——广东外来工管理及权益保护问题调查综述. 同舟共进,
　　（10）：4-6

徐长垣. 2009. 关于过劳死相关法律问题的探析. 科技信息, （4）：24

徐淑英, 王端旭, 张一驰. 2002. 中国中层管理者的雇佣关系：探究国有企业与非国有企业的区
　　别//徐淑英, 刘忠明. 中国企业管理的前沿研究. 北京：北京大学出版社：313-336

徐昕. 2007. 为权利而自杀——转型中国农民工的"以死抗争"//吴毅. 乡村中国评论（第2辑）.
　　济南：山东人民出版社：15-31

徐忠爱. 2005. 农村人力资源开发和城乡二元经济结构转型. 生产力研究, （1）：43-44

许荣东. 1994. 广东劳动立法新特点. 创业者, （4）：9

许晓军, 李珂. 2006. 职工眼中的企业工会——企业工会现状调查. 中国劳动关系学院学报,
　　（2）：48-52

薛丁齐. 2013. 在学习和实践中建设五型工会. 中国劳动关系学院学报, （4）：44-48

阎志刚. 1996. 社会转型与转型中的社会问题. 广东社会科学, （4）：86-92

阳大胜, 刘范一. 2009. 广州与深圳农民工政策比较研究. 特区经济, （10）：64-66

杨怀印, 赵清莹. 2015. 经济新常态下社会保障制度的调整研究. 云南社会科学, （5）：80-83

杨嫩晓. 2010. 西安现代服务业集群发展的动因与策略研究. 商业研究, （8）：140-143

杨瑞龙. 1998. 我国制度变迁方式转换的三阶段论. 经济研究, （1）：3-10

杨瑞龙, 卢恩来. 2004. 正式契约的第三方实施与权力最优化——对进城务工人员工资的契约论
　　解释. 经济研究, （5）：4-12

杨善华, 苏红. 2002. 从"代理型政权经营者"到"谋利型政权经营者"——向市场经济转型背
　　景下的乡镇政权. 社会学研究, （1）：17-24

杨绪松, 靳小怡, 肖群鹰. 2006. 农民工社会支持与社会融合的现状及政策研究——以深圳市为
　　例. 中国软科学, （12）：18-26

杨莹. 2009. 工会在社会转型期中维权困境的研究. 上海交通大学学位论文

姚仰生. 2011. 从南海本田事件看企业工会发展进路之选择. 工会理论研究, （3）：22-24

叶进, 曹陇华. 2006. 政府在规避社会风险中的主体作用. 科学·经济·社会, （3）：3-6

叶文国. 2000. 浅谈我市劳动争议案件的现状与处理对策. 广东工运, （12）：87-90

叶燕斐, 黄琳. 2007. 商会管理. 成都：四川人民出版社

伊兰伯格, 史密斯. 1999. 现代劳动经济学：理论与公共政策（第六版）潘功胜, 等译. 北京：
　　中国人民大学出版社

应星. 2006. 略论叙事在中国社会研究中的运用及其限制. 江苏行政学院学报, （3）：71-75

于建嵘. 2009. 从刚性稳定到韧性稳定——关于中国社会秩序的一个分析框架. 学习与探索,
　　（5）：113-118

于立，姜春海. 2003. 中国乡镇企业吸纳劳动就业的实证分析. 管理世界，（3）：76-82

于欣. 2008. 外资企业劳动关系分析. 生产力研究，（5）：83-85

喻华铸. 2000. 中小企业的比较优劣势及其发展对策. 经济学情报，（4）：58-64

约翰. 2007. 人性化的雇佣关系——效率、公平与发言权之间的平衡. 北京：北京大学出版社

云利珍，杨美琳.2001. 香港与广东经济增长的互动性简析. 经济前沿，（5）：25-27

曾明. 1981. 社会主义没有剩余价值这个经济范畴. 学术研究，（4）：76，77

曾牧野. 1997. 改革开放时期广东经济学会文萃（一）. 学术研究杂志社出版

曾牧野，廖建祥，李克华. 1992. "三资"企业经营管理研究. 南方经济，（4）：57-72

翟云玉. 2004. 广东省农民工权益维护与保障问题研究. 探求，（4）：49-53

张富强，肖丹颖，何维.2006. 论广东社会保障法规体系的完善. 广东经济，（3）：38-43

张厚义，明立志. 1999. 中国私营企业发展报告（1978－1998）. 北京：社会科学文献出版社

张颂豪.1991. 西方国家的雇主协会及其在劳资关系中的作用. 外国经济与管理，（8）：22，23

张五常. 2006. 没有必要实行最低工资制. 商界（中国商业评论）：98

张一弛. 2004. 从扩展的激励—贡献模型看我国企业所有制对雇佣关系的影响. 管理世界，
　　（12）：90-98

张云梅. 2011. 中国国有企业改革历程与展望. 辽宁省社会主义学院学报，（1）：78-81

张卓元. 2008.30 年国有企业改革的回顾与展望. 企业文明，（1）：15-18

章迪诚. 2006. 中国国有企业改革编年史（1978-2005）. 北京：中国工人出版社：81，526，632

赵红梅. 2010. 从"富士康事件"看我国劳动者权益保护机制的缺陷. 法务时评，（8）：3-11

赵永亮，张捷.2009. 商会服务功能研究——公共品还是俱乐部品供给. 管理世界，（12）：48-56

郑功成. 2001. 中国社会福利发展论纲——从传统福利模式到新型福利制度. 社会保障制度，
　　（1）：3-7

郑广怀. 2005. 伤残农民工：无法被赋权的群体. 社会学研究，（3）：99-118

郑杭生，洪大用. 2004. 中国转型期的社会安全隐患与对策. 中国人民大学学报，（2）：2-9

郑杭生，李路路. 2005. 社会结构与社会和谐. 中国人民大学学报，（2）：2-8

中华全国总工会办公厅. 1982. 中华全国总工会文件选编. 北京：工人出版社

周黎安. 2007. 中国地方官员的晋升锦标赛模式研究. 经济研究，（7）：36-50

周叔莲. 1998. 二十年来中国国有企业改革的回顾与展望. 中国社会科学，（6）：44-58

周骊耕. 2014. 工资集体协商在广东. 中国工人，（3）：13-20

朱斌. 2008. 北欧社会模式与工会的地位和作用. 当代世界与社会主义，（2）：41

朱英，郑成林. 2005. 商会与近代中国. 武汉：华中师范大学出版社

卓炯. 1980. 对剩余价值论的再认识. 学术研究，（5）：27-32

邹建锋. 2004-10-27. 下岗：社会转型期的焦虑和痛楚. 中国经济时报，3

Appiah-Ad K. 1998. Market orientation and performance：empirical tests in a transition economy.
　　Journal of Strategic Market，6：25-45

Arrowsmith J，Sisson K. 1999. Pay and working time：towards organization-based systems? British
　　Journal of Industrial Relations，37（1）：51-75

Bacon N，Storey J. 2000. New employee relations strategies in britain：Towards individuals or
　　partnership? British Journal of Industrial Relations，38（3）：407-427

Bean R. 1994. Comparative Industrial Relations: An Introduction to Cross—national Perspectives. SecondEdition. London: Routledge

Benson J, Debroux P, Yuasa M, et al. 2000. Flexibility and labour management: Chinese manufacturing enterprises in the 1990s. The International Journal of Human Resource Management, 11 (2): 183-196

Blyton P, Dastmalchian A, Adamson R. 1987. Developing the concept of industrial relations climate. Journal of Industrial Relations, 29 (2): 207-216

Burawoy M. 1985. The Politics of Production. Verso

Cammann C, Fichman M, Jenkins D, et al. 1983. Assessing the attitudes and perceptions of organizational members//Seashore S, Lawler E, Mirvis P, et al. Assessing organizational change: A guide to methods, measures and practices. New York: John Wiley

Card D, Krueger A B. 1995. Myth and Measurement: The New Wage Economics of the Minimum Wage. Princeton: Princeton U. P

Commons R J. 1934. Institutional Economics. University of Wisconsin Press

Conway N, Briner R B. 2009. Fifty years of psychological contract research: what do we know and what are the main challenges//Hodgkinson G P, Ford J K. International Review of Industrial and Organizational Psychology. John Wiley and Sons, Ltd: 71-130

Conway N, Coyle-Shapiro J A M. 2012. The reciprocal relationship between psychological contract fulfillment and employee performance and the moderating role of perceived organizational support and tenure. Journal of Occupational and Organizational Psychology, 85 (2): 277-299

Cooke F L. 2002. Ownership change and reshaping of employment relations in china: A study of two manufacturing. Industrial Relations, 44 (1): 19-39

Cooke F L. 2005. HRM, Work and Employment in China. New York: Routledge

Crouch C. 1982. Trade unions: The logic of collective action. Fontana Press.

Dastmalchian A, Blyton P, Adamson R. 1989. Industrial relations climate: Testing a construct. Journal of Occupational Psychology, 62: 21-32

De Jong J, Schalk R, De Cuyper N. 2009. Balanced versus unbalanced psychological contracts in temporary and permanent employment: associations with employee attitudes. Management and Organization Review, 5 (3): 329-351

Deery S J, Iverson R D. 2005. Labor-Management Cooperation: Antecedents and Impact on Organizational Performance. Industrial and Labor Relations Review, 58 (4): 588-609

Ding D Z, Warner M. 1999. "Re-inventing" China's industrial relations at enterprise-level: an empirical field-study in four major cities. Industrial Relations Journal, 30 (3): 243-260

Dunlop J T. 1958. Industrial Relations Systems. New York: Henry Holt

Edwards P. 2003. Industrial Relations: Theory and Practice. Oxford: Blackwell Publishing

Edwards P, Gilman M. 1999. Pay equity and the national minimum wage: what can theories tell us? Human Resource management Journal, 9 (1): 20-38

Edwards P, Ram M, Gupta S S, et al. 2006. The structuring of working relationships in small firms: Towards a formal framework. Organization, 13 (5): 701-724

Feldman D C. 1976. A contingency theory of socialization. Administrative Science Quarterly，21（3）：433-452

Fox A. 1974. Beyond Contract：Work，Power and Trust Relations. London：Faber

Frenkel S J. 2001. Globalization，athletic footwear commodity chains and employment relations in China. Organization Studies，22（4）：531-562

Giddens A. 2009. Sociology（6th）. UK，Polity

Guest D. 2004. Flexible employment contracts，the psychological contract and employee outcomes：an analysis and review of the evidence. International Journal of Management Reviews，5-6（1）：1-19

Haberler G. 1959. Wage policy and inflation// Bradley P D. The Public Stake in Union Power，Charlottesville，Va. ：University of Virginia Press：63-85

Hammer T H，Currall S C，Stern R N. 1991. Worker representation on boards of directors：a study of competing roles. Industrial and Labor Relations Review，44（4）：661-680

Hashimoto M. 1981. Minimum Wages and On-the-job Training. Washington：American Enterprise Institute for Public Policy Research

Hom P W，Tsui A S，Wu J B，et al. 2009. Explaining employment relationships with social exchange and job embeddedness. Journal of Applied Psychology，94（2）：277

Jia L，Shaw J D，Tsui A S，et al. 2014. A social-structural perspective on employee-organization relationships and team creativity. Academy of Management Journal，57（3）：869-891

John M. 1994. The union response to HRM：Fraud or opportunity? Personnel Management，26（9）：42-45

Johnson J L，O'Leary-Kelly A M. 2003. The effects of psychological contract breach and organizational cynicism：not all social exchange violations are created equal. Journal of Organizational Behavior，24（5）：627-647

Kessler I，Purcell J. 2003. Individualism and Collectivism in Industrial Relations//Edwards P. Industrial Relations：Theory and Practice. Oxford：Blackwell Publishing

Kessler I，Coyle-Shapiro J，Purcell J. 1999. Outsourcing and the employee perceptive. Human Resource Management Journal，9（2）：5-19

Lee C K. 1995. Engendering the worlds of labor：women workers，labor markets，and production politics in the south China economic miracle. American Sociological Review，60（3）：378-397

Li H，Zhang，Y. 2007. The role of managers，political networking and functional experience in new venture performance：Evidence from China's transition economy. Strategic Management Journal，28：791-804

Lord R. G，Foti R J. 1986. Sehema theories，information processing，and organizational behavior//Sims H P，Gioia D A，Assoeiate. The Thinking Organization. SanFrancise：Jossey-Bass

Lu X. 1997. Business ethics in China. Journal of Business Ethics，16：1509-1518

Machin S，Manning A，Woodland S. 1993. Are Workers Paid Their Marginal Product? Evidence from a Low Wage Labor Market. Centre for Economic Performance，LSE，Discussion Paper，158，July

Machington M，Parker P. 1990. Changing Patterns of Employee Relations. London：Harvester

Wheatsheaf

Machlup F. 1952. The Political Economy of Monopoly. Baltimore: Johns Hopkins University Press

MacMahon J. 1996. Employee relations in small firms in Ireland: An exploratory study of small manufacturing firms: Employee Relations, 18 (5): 66-80

Manning A. 1996. The Equal pay act as an experiment to test theories of the labor market. Economica, 63: 191-212

McDermott A M, Conway E, Rousseau D M, et al. 2013. Promoting effective psychological contracts through leadership: The missing link between hr strategy and performance. Human Resource Management, 52 (2): 289-310

Moorman R H. 1991. Relationship between organizational justice and organizational citizenship behaviors: Do fairness perceptions influence employee citizenship? Journal of Applied Psychology. Journal of Applied Psychology, 6 (76): 845-855

Morrison E W, Robinson S L. 1997. When employees feel betrayed: a model of how psychological contract violation develops. The Academy of Management Review, 22 (1): 226-256

Niehoff B P, Moorman R H. 1993. Justice as a mediator of the relationship between methods of monitoring and organizational citizenship behavior. The Academy of Management Journal, 36 (3): 527-556

Nolan P, Brown W. 1983. Competition and workplace wage determination. Oxford Bulletin of Economics and Statistics, 45 (3): 269-287

Pun N. 2005. Made in China: Women Factory Workers in a Global Workplace. Duke University Press

Pun N. 2007. Gendering the dormitory labor system: production, reproduction, and migrant labor in south China. Feminist Economics, 13 (3-4): 239-258

Purcell J. 1987. Mapping management styles in employee relations. Journal of Management Studies, 24 (5): 533-548

Purcell J, Ahlstrand B. 1994. Human Resource Management in the Multi Divisional Company. Oxford: OUP

Purcell J, Sission K. 1983. Strategies and practice in the management of industrial relations// Bain G S. Industrial Relations in Britain, Oxford: Blackwell

Ram M. 1994. Managing to Survive. Oxford: Blackwell

Ram M, Edwards P, Jones T. 2007. Staying Underground: Informal Work, Small firms and Employment Regulation in the UK, Work and Occupations, 34: 318-344

Ram M, Gilman M, Arrowsmith J, et al.2003. Once more into the sunset? Asian clothing firms after the national minimum wage. Environment and Planning: Government and Policy, 21: 71-88

Reilly A H, Brett J M, Stroh L K. 1993. The impact of corporate turbulence on: managers' attitudes. Strategic Management Journal, 14 (S1): 167-179

Robinson S L, Wolfe Morrison E. 2000. The development of psychological contract breach and violation: a longitudinal study. Journal of Organizational Behavior, 21 (5): 525-546

Rousseau D M. 1989. Psychological and implied contracts in organizations. Employees' Responsibilities and Rights Journal, 2: 121-138

Rubery J，Edwards P. 2003. Low pay and the national minimum wage // Edwards P. Industrial Relations：Theory and Practice，Oxford：Blackwell：447-469

Shaw J D，Dineen B R，Fang R，et al. 2009. Employee-organization exchange relationships，hrm practices，and quit rates of good and poor performers. Academy of Management Journal，52（5）：1016-1033

Shore L M，Barksdale K. 1998. Examining degree of balance and level of obligation in the employment relationship：a social exchange approach. Journal of Organizational Behavior，（19）：731-744

Simons H C. 1948. Economic Policy for a Free Society，Chicago：University of Chicago Press

Snape E D，Redman T. 2012. Industrial relations climate and union commitment：An evaluation of workplace-level effects. Industrial Relations：A Journal of Economy and Society，51（1）：11-28

Storey J，Bacon N. 1993. Individualism and collectivism：into the 1990s. The International Journal of Human Resource Management，4（3）：665-684

Storey J，Sisson K. 1990. Limits to transformation：human resource management in the british context. Industrial Relations Journal，21（2）：60-65

Tan J，Peng M W. 2003. Organizational slack and firm performance during economic transitions：Two studies from and emerging economy. Strategic Management Journal，24：1249-1263

Tekleab A G，Takeuchi R，Taylor M S. 2005. Extending the chain of relationships among organizational justice，social exchange，and employee reactions：The role of contract violations. The Academy of Management Journal，48（1）：145，146

Tsai C-J，Sengupta S，Edwards P. 2007. When and why is small beautiful? The experience of work in the small firm. Human Relations，60（12）：1779-1807

Tsang E W K. 2002. Acquiring knowledge by foreign partners from international joint ventures in a transition economy：learning-by-doing and learning myopia. Strategic Management Journal，23：835-854

Tsui A，Wang D. 2002. Employment relationships from the employer's perspective：Current research and future directions//Cary L. Cooper I T R. International Review of Industrial and Organizational Psychology. John Wiley and Sons Ltd：77-114

Tsui A，Pearce J L，Porter L W. 1997. Alternative approaches to the employee-organization relationship：does investment in employees pay off? Academy of Management Journal，40（5）：1089-1121

Undy R，Kessler I，Thompson M. 2002. The impact of the National Minimum Wage on the Apparel Industry. Industrial Relations Journal，33（4）：351-364

Uzzi B. 1997. Social structure and competition in inter firm networks. Administrative Science Quarterly，41（1）：35-67

Warner M. 1996. Economic reforms，industrial relations and human resources in the people's republic of China：An overview. Industrial Relations Journal，27（3）：195-210

Warner M. 2000. Changing Workplace Relations in the Chinese Economy. St. Martin's Press

Wessels W J. 1980. Minimum Wages，Fringe Benefits，and Working Conditions. Washington：

American Enterprise Institute for Public Policy Research

Winfield I. 1999. Manufacturing in China: A UK firm case study. Employee Relations, 21 (4): 430-436

Zhao H, Wayne S J, Glibkowski B C, et al. 2007. the Impact of Psychological Contract Breach on Work-related Outcomes: a Meta-analysis. Personnel Psychology, 60 (3): 647-680

Zhao M, Nichols T. 1996. Management control of labour in state-owned enterprises: Cases from the textile industry. The China Journal, 36 (7): 1-21

附录1　广东省1986～2014年部分法律条规项目

广东省国营企业实行劳动合同制实施细则（1986 年 9 月 27 日颁布）

广东省国营企业招用工人实施细则（1986 年 9 月 27 日颁布）

广东省国营企业辞退违纪职工实施细则（1986 年 9 月 27 日颁布）

广东省国营企业职工待业保险实施细则（1986 年 9 月 27 日颁布）

广东省劳动安全卫生条例（1988 年 1 月 16 日通过）

广东省外商投资企业中方干部管理规定（1988 年 4 月 22 日颁布）

广东省经济特区劳动条例（1988 年 8 月 12 日通过）

广东省劳务市场管理规定（1988 年 7 月 7 日颁布）

广东省女职工劳动保护实施办法（1989 年 1 月 29 日颁布）

广东省劳动争议仲裁工作规则（1989 年 2 月 17 日批准，1989 年 3 月 18 日发布）

广东省劳动安全卫生监察办法（1989 年 12 月 22 日颁布）

广东省外商投资企业劳动管理规定（1989 年 4 月 10 日颁布）

广东省城镇集体所有制企业承包合同暂行规定（1989 年 2 月 14 日颁布）

广东省企业职工劳动权益保障规定（1994 年 1 月 18 日通过）

广东省企业职工最低工资标准的通知（1995 年 1 月 1 日颁布）

广东省企业集体合同条例（1996 年 9 月 1 日施行）

广东省劳动监察条例（1996 年 10 月 1 日施行）

广东省人民代表大会常务委员会《关于珠海市执行〈广东省珠海市经济特区职工社会保险条例〉中有关医疗保险、养老保险规定的决定》（1998 年 1 月 4 日施行）

广州市劳动合同管理规定（1998 年 3 月 1 日施行）

广东省企业职工劳动权益保障规定（1997 年 10 月 16 日施行）

广东省经济特区劳动条例（1997 年废止）

广东省劳动安全卫生监察办法（1998 年 1 月 1 日施行）

广东省职工社会养老保险暂行规定（1998 年 1 月 1 日施行）

中共广东省委、广东省人民政府关于进一步做好国有企业下岗职工基本生活保障和再就业工作的决定（粤发【1998】11 号）

广东省社会工伤保险条例（1998 年 11 月 1 日施行）

广东省失业保险规定（1999 年 1 月 1 日施行）

中共广东省委关于贯彻《中共中央关于国有企业改革和发展若干重大问题的决定》的意见（粤发【1999】15 号）

广东省流动人员劳动就业管理条例（1999 年 5 月 1 日施行）

广州市劳动力市场管理条例（1999 年 12 月 30 日批准）

广东省工会劳动法律监督条例（2000 年 11 月 24 日通过）

广东省社会养老保险实施细则（2000 年废止）

广东省社会工伤保险条例实施细则（2000 年废止）

广东省失业保险条例（2002 年 7 月 22 日通过）

广东省国营企业实行劳动合同制实施细则（2002 年废止）

广东省国营企业辞退违纪职工实施细则（2002 年废止）

广东省劳务市场管理规定（2002 年废止）

广东省临时工养老保险办法（2002 年废止）

广东省外商投资企业劳动管理规定（2002 年废止）

广东省全民所有制企业临时工管理实施细则（2002 年废止）

广东省人民代表大会常务委员会关于废止《广东省珠海经济特区职工社会保险条例》的决定（2003 年 9 月 26 日通过）

广州市人民代表大会常务委员会关于废止《广州市劳动合同管理规定》的决定（2003 年 9 月 26 日批准）

深圳市实施《中华人民共和国工会法》办法（2003 年 9 月 26 日批准）

关于修改《广东省劳动合同管理规定》第二十九、三十条的决定（2003 年 5 月 13 日发布）

广东省工伤保险条例（修订）（2004 年 1 月 14 日通过）

广东省人民代表大会常委委员会关于废止《广东省劳动安全卫生条例》的规定（2004 年 3 月 30 日）

广东省实施《中华人民共和国工会法》办法（2004 年 9 月 24 日）

深圳市员工工资支付条例（2004 年 9 月 24 日）

中共广东省委、广东省人民政府关于深化国有企业改革的决定（粤发【2005】15 号）

中共广东省委、广东省人民政府关于发挥行业协会商会作用的决定（粤发【2006】2 号）

广州市安全生产条例（2007 年 3 月 29 日批准）

广州市实施《中华人民共和国工会法》办法（2008 年 3 月 27 日批准）

深圳市实施《中华人民共和国工会法》办法（2008 年 5 月 29 日批准）

广东省国营企业招用工人实施细则（2008 年废止）

印发广东省企业职工基本养老保险省级统筹实施方案的通知（2009 年 2 月 25

日发布）

广东省企业职工最低工资规定

广东省工伤保险条例（修订）（2012 年 1 月 1 日施行）

广州市劳动关系三方协商规定（2011 年 11 月 30 日批准）

广东省企业集体合同条例（2014 年 9 月 25 日通过）

附录 2　2010～2013 年广东省劳动者集体行动列表

时间	事件
2010 年 1 月	东莞丽宏毛织厂罢工
	佳能珠海有限公司员工罢工
	中大印刷厂工人罢工
2010 年 3 月	1～5 月富士康全国十连跳事件
	东莞市台资企业强盛电线电缆公司员工停工
2010 年 4 月	佳能珠海有限公司员工罢工
	东莞常平灿达电子厂百余工人停工
2010 年 5 月	广东南海本田汽车零部件制造公司员工罢工
2010 年 6 月	广东佛山丰富汽配员工罢工
2010 年 9 月	深圳兄弟工业有限公司工人罢工
2011 年 1 月	东莞市某五金饰品加工厂劳资纠纷停工
	深圳联创科技园爆发千人罢工
	深圳市吉塑公司大罢工维权
2011 年 2 月	佛山一工厂人提前下班集体要求涨薪
2011 年 3 月	深圳泛斯泰罢工事件
2011 年 5 月	新美亚员工罢工
	惠州古塘坳工业区唐德电子厂千人罢工
2011 年 6 月	惠州市 TCL 罗格朗国际有限公司员工罢工
	东莞长安冠利钟表厂数百工人停工
	广东广州番禺区世门手袋厂员工罢工
	深圳爱普生罢工
2011 年 7 月	东莞市今井工艺厂女工停工
	东莞素艺玩具厂工人聚集政府门前讨薪
2011 年 8 月	深圳宝安龙华宏光车料有限公司员工罢工
	益力多深圳分公司百余员工罢工
2011 年 10 月	深圳沙井冠星精密表链厂丁人罢工
	古驰血汗厂工人罢工
	广东省中山市小榄大道日用品厂工人罢工
	广东东莞某公司欠薪，员工上路讨薪

续表

时间	事件
2011 年 11 月	广东东莞长安镇台资鞋厂工人罢工
	裕成制鞋厂员工罢工
2011 年 12 月	深圳海量员工罢工至少 14 天
2012 年 1 月	深圳三洋电机沙井分厂工人罢工
	广州威乐办公用品公司员工三度罢工
2012 年 2 月	官洲依利安达公司工人罢工
	深圳勤兴软胶公司工人停工
2012 年 3 月	深圳欧姆电子厂员工罢工
	深圳港资裕霸塑料五金制品厂工人罢工
	兴泰鞋厂 3 月与 5 月罢工两次
	深圳奥兰若科技公司千余员工罢工
2012 年 5 月	广州村田电源技术公司千人罢工
	东莞港资快美加礼品公司员工罢工
	东莞台资福泰鞋厂千余工人罢工
2012 年 6 月	广州西铁城精密公司多工人罢工
2012 年 7 月	深圳嘉级印刷厂千人罢工
	深圳伦教连达电子厂工人集体停工
	雷士照明员工停工
2012 年 8 月	珠海市联思电子厂千名员工罢工
2012 年 9 月	广东番禺昶联公司员工罢工
	东莞来得利皮具厂工人罢工
2012 年 10 月	深圳福佳电子厂近千工人罢工
	深圳仪军电线电缆公司员工登楼秀
2012 年 11 月	深圳宝安区沙井兴旺电子厂工人集体罢工
	深圳市皇冠电子公司工人罢工
	东莞市诺基亚工厂百名技术人员罢工
	广东省深圳市福永胜技制品厂工人罢工
2012 年 12 月	深圳港资王氏华高科技公司工人罢工
	深圳港资华彩公司数千工人罢工
	广东东莞创宝达工人罢工
	广东三洋家电员工罢工
2013 年 1 月	深圳沙井镇崇光电器制品厂厂工人罢工
	东莞常平灿达电子厂工人停工
	广东省深圳市新赛斯电子厂工人集体罢工 惠州市大亚湾合正电子
	深圳市龙岗区欧凡有限公司工人罢工维权

续表

时间	事件
2013 年 1 月	中大印刷厂工人罢工
	深圳骏马工业公司派遣员工罢工
	东莞奥利电器制品公司
	广东中山市志和家电制品厂
	广东省东海塑胶公司工人停工
	东莞长安冠利钟表厂加班太多工人停工
2013 年 2 月	广东省东莞市信柏塑股有限公司工人罢工
	国际纸业广州番禺包装有限公司工人罢工
	广东省东莞灯泡厂工人罢工
	广东省罗力比力奇水暖设备公司工人罢工
	广东番禺创信鞋业有限公司
	广东东莞光裕灯泡厂千人罢工
	广东惠州合正电子科技公司 300 人罢工
2013 年 3 月	佛山富士康普立华科技有限公司工人罢工
	工资涨幅谈不拢，南海本田再次停工
	广东茂名市日资丰达电机公司罢工
2013 年 4 月	格第电子（深圳）有限公司工人罢工
	港资东保利电业有限公司工人罢工
	东莞市高迪电子元件有限公司工人罢工
	深圳市港资沙湾电机电业制造厂工人堵路
	广州今仙电机有限公司集体罢工
2013 年 5 月	深圳大成工业社工人罢工游行
	广东惠州三洋上千工人罢工
	港资贝恩医疗设备广州公司工人集体停工
	深圳金××玩具厂搬迁引发工人徒步集体行动
	广东省深圳市金顺台艺品厂近千工人游行
	东莞十和田电子厂工人罢工
	广东番禺协大橡胶有限公司罢工
2013 年 6 月	深圳安特塑胶工人罢工
	佛山富士康分厂普立华工人停工
2013 年 7 月	广东东莞寮步镇辉腾玩具厂工人集会维权
2013 年 8 月	广东东莞侑兴鞋业公司工人罢工
	深圳市龙岗区恒信金属制品厂工人罢工
	深圳强竣电子科技有限公司工人堵路堆权
	广东深圳新兴纺织公司橡根部工人罢工

续表

时间	事件
2013 年 8 月	广东深圳宝德玩具厂上千工人罢工
	广东惠州天缘电子公司工人堵路讨薪
2013 年 9 月	广东东莞时利科技电子厂工人罢工
2013 年 10 月	广东多丽制衣（珠海）有限公司工人罢工
	深圳宝安区观澜冠志电子制品厂工人罢工
2013 年 11 月	深圳西新智德精密零件公司工人罢工
	艾默生电气（深圳）有限公司工人罢工
	深圳市吉祥腾达科技有限公司工人罢工
	深圳市凌进电子有限公司工人罢工
	番禺百名工人集体谈判成功维权
	深圳光明区恒 T 橡胶公司工人集体停工
	成霖洁具（深圳）股份有限公司工人罢工
	广东东莞捷铃箱包工人集会维权
	深圳先进微电子科技公司工人罢工
	广州东莞鸿泰玩具厂工人堵门讨薪
2013 年 12 月	广东惠州统将同建公司工人罢工
	深圳市宝安区造寸制衣（深圳）有限公司罢工
	广东东莞鑫达玩具制品厂工人罢工
	深圳日立员工罢工

致　　谢

本书稿的出版需要感谢以下的机构和个人：

1. 感谢广东省教育厅人文社会科学重大攻关项目资助（项目批准号：11ZGXM63003）。

2. 感谢华南理工大学工商管理学院民营经济研究基金资助。

3. 感谢博士生蔡惠如、鲁竞夫，以及硕士生吴梦涛、廖春霞、黄怡、李璐、黄秦、刘婷参与和数据整理。

4. 感谢在本书研究中，所有对数据收集、观点提炼提供帮助的同行。